KB097692

청년팔이 사회

77만원·88만원세대|촛불세대|삼포·N포세대|세월호세대|앵그리397세대|이케아세대|실크세대|G세대|달관세대|비트코인세대|버려진 세대

청년팔이 사회

세대론이
지배하는
일 상
뒤 집 기

김선기 지음

오월의봄

차례

들어가며 · · · 6

감사의 말 · · · 14

1장.   이것도 청년, 저것도 청년   17

1. 5포세대가 된 '성실한 나라의 앨리스' · · · 18

2. '세대', 일상을 지배하다 · · · 29

2장.   세대론 홍수: 신세대부터 N포세대까지   47

1. '신세대'의 탄생 · · · 54

2. 세대 정치의 등장 · · · 66

3. '88만원세대'를 의심한다 · · · 79

4. '청년세대', 전쟁터가 되다 · · · 90

5. '청년'이라는 이름의 방패막 · · · 115

3장. '청년세대' 담론, 이 불편함의 정체는 무엇인가   133

1. '청년'은 어떻게 생산되는가? · · · 139

2. '20대 투표율' 신화 · · · 156

3. 학벌주의, 문제는 20대 대학생? · · · 173

4. '청년세대'를 둘러싼 '아무 말' 대잔치 · · · 182

5. '3포세대' 파헤치기 (1): 누구의 포기이고 누구의 위기인가 · · · 196

6. '3포세대' 파헤치기 (2): 'N포세대론', 어디서 멈췄나 · · · 209

7. '청년'을 위한 언론은 없다 · · · 217

4장. '청년세대' 담론 다시 쓰기   231

1. '청년', 어디에도 존재하지 않는 집단 · · · 235

2. 청년은 청년이 잘 안다?: 청년당사자운동의 명암 · · · 246

3. '청년' 명함: 기회인가 위기인가? · · · 261

4. '상상된 공동체', 청년세대: 배제된 자들의 연대 · · · 271

나가며: '탈-청년'을 위하여   281

미주 · · · 291

참고문헌 · · · 307

찾아보기 · · · 317

들어가며

일상적으로 수다를 나눌 때는 물론이고, 대학원에서 열리는 세미나나 학술 행사와 같이 나름대로 좀 더 공식적인 대화가 이루어지는 상황에서도 심심치 않게 이런 이야기를 듣곤 한다. "요즘 대학생들은 예전하고 달라서……" "요즘 젊은 친구들은……" 같은 관용적인 어구로 시작하는 이야기들은 하나같이 경제 수준, 인터넷 등 기술 발전, 몇몇 역사적 사건을 근거로 삼아 자신의 논리를 구축해나간다. 성장 배경이 과거와 달라졌으니 요즘 청년들은 옛날 청년들, 혹은 지금의 어른들과 '다를 수밖에' 없다는 게 그런 이야기를 하는 사람들의 핵심 전제이다. 그리고 그런 말들은 비슷한 생각을 공유하고 있는 기자나 정치가, 방송인, 연구자들을 통해 지식으로 확립된다.

그럴 때마다 그 논리와 '다른 이야기'를 한번 꺼내보는 것이 지금껏 내가 맡아온 역할이다. 청년들이 보수화되고 있다고 이야기하는 사람, 청년들이 경쟁에만 몰두하고 있다고 말하는 사람, 청년들이 학벌주의에 오염되어 있다고 말하는 사람, 여성 청년들이 과거의 여성들과 다른 종류의 인간이 되었다고 말하는 사람, 청년들이 책을 읽지 않고 투표도 하지 않는 게 문제라고 말하는 사람에게, 계속해서 반대되는 이야기를 넌지시 던져보곤 한다. 주로 내가 알고 있는 반례를 제시하거나, 청년세대와 기성세대 간에 별다른 차이가 없다는 것을 보여주는 통계치를 제시하는 식이다.

애석하게도 내가 제시하는 '다른 이야기'는 곧잘 기각되는 것 같다는 느낌을 자주 받는다. 청년세대에 관한 일종의 가설들을 그들은 쉽게 포기하지 않는다. 시대가 바뀌었고, 성장 배경이 다르니 '당연히 뭔가 다른 점이 있겠지'라는 식으로 청년 혹은 세대에 관한 그들의 관점은 매우 안전하게 유지된다. 최근 한 세미나에서 만난 어떤 40대 대학원생이 "요즘 청년은 인종이 다르다"는 아주 강력한 이야기를 해서 한껏 당황스러움을 느낀 적도 있었는데, 아무튼 그 정도로 '청년세대'는 무언가 다를 것이라는 믿음이 견고하게 자리 잡고 있는 듯하다.

물론 연령^{age}이나 출생 코호트^{birth cohort}로 사람들을 묶어 범주 간의 차이를 따져보는 작업은 자연스러운 일이며, 때로는 사회학적으로 중요한 발견을 하는 단초가 될 수도 있다. 그것이 세대사회학^{sociology of generation}이 존재하는 이유이기도 하다. 그러나 연령이나 세대에 따라 다른 특성을 지닌다는 전제가 실증적인 증거들까지 잡아먹게 되는 순간, 심각한 문제가 발생한다. 세대 차이나 세대적 특성을 논의할 때 필요한 체계성이나 엄밀함을 놓칠 경우, 세대사회학적인 사고틀은 반대로 가장 세대사회학적이지 않은 공허한 사고틀로 전환된다.

각각의 세대가 서로 다른 특성을 지닌다는 생각, 요즘 청년들은 과거와 다르게 이러하거나 저러하다는 생각, 이런 생각들을 기사나 논문 등에서 전개하는 것이 매우 중요한 일이라는 믿음이 한국 사회에서는 꽤나 굳건히 자리 잡고 있는 것 같다. 이러한 상황에 개입할 수 있도록, 세대와 청년에 관한 이야기를 다른 관점에서 최대한 논리적으로 풀어보는 것이 이 책이 하려고 하는 일이다. 한 번에 모든 것을 바꿀 수 있다고는 생각하지 않는다. 그러나 어찌 되었든 "그래도 청년은 기성세대와 뭐든 다르지 않겠어요?"라고 끝까지 이야기하는 사람보다는 "그래도 청년과 기성세대가 어떤 면에서는 공유하는 점이 있지 않겠어요?" 혹은 "그래도 그게 청년한테만 문제가 되는 건 아니지 않나요?"라고 우선 말하는 사람이 많아지기를 바란다. 세대라는 요인을 전제하고 쉽게 무언가를 주장하는 사람들이 줄어들 때, 역설적으로 오늘날 세대의 문제 혹은 청년 문제라고 여겨지는 많은 것을 해결하는 실마리를 찾을 수 있다고 믿기 때문이다.

이 책은 크게 네 부분으로 구성된다. 1장에서는 세대와 청년에 관한 이야기가 많아지고 있는 지금의 상황을 '세대주의 generationalism'라는 개념으로 포착하면서 이 책의 주요한 논의로 독자들을 초대한다. 2장에서는 한국 사회에서 세대 담론이 어떠한 방식으로 발전해왔는지를 역사적으로 살펴본다. 구세대와 신세대를 가르는 식의 단순한 세대 논의는 기원을 찾기 어려울 만큼 오래된 것이지만, 세대에 대한 사회과학적 지식이 축적되기 시작한 1990년대 이후로 점점 더 다양한 사회현상들이 세대라는 설명 방식과 밀접하게 연관되었다는 점을 보이고자 한다. 다시 말해 이 책은 한국 사회에서 세대주의 현상이 본격화된 시기를 1990년대 이후로 본다. 신세대, 386세대, 88만원세대 등 세대 담론의 적용 범위를 혁신했다고 여겨지는 세대 명칭들을 차례대로 검토한 후, 세대 개념을 경유해 벌어지고 있는 현실 정치와 문화정치의 양상들을 검토한다. 이 과정에서 독자들은 특히 '청년세대'를 지식화하는 문제를 둘러싼 치열한 담론 경쟁을 확인할 수 있을 것이다.

3장에서는 세대라는 범주 및 '청년'이리는 개념이 사회적으로 널리 쓰이게 된 과정을 다루며, 오히려 그런 '청년세대' 담론이 현실의 여러 청년들을 억압할 수 있다는 점을 지적한다. 핵심을 간략히 정리해보면 다음과 같다. 첫째, '청년세대' 담론은 젊은 층 인구를 '청소년화'하는 방식으로 작동하고, 이는 결국 청년들을 타자화하게 된다. 청년을 일탈적이거나 미성숙한 인구로 간주해, 공론장에서 공적 주체의 역할을 맡기에 부적합하다고 보는 것이다. 둘째, 세대 내 동질성을 지나치게 강조함으로써 세대 내부의 상대적인 소수자들을 배제하게 될 수 있다. 이 책은 특히 진보적인 '청년세대' 담론으로 여겨지는 '3포세대' 담론이 놓치고 있는 것을 지적하고자 한다. 셋째, 다수의 '청년세대' 담론은 '진보 진영'에서 생산되는데, 이는 역설적으로 청년과 사회를 보수화하는 결과로 이어질 수 있다. 젊은 층의 투표율을 지나치게 강조했던 진보 정치 세력의 '청년세대 위주 선거 전략'이 세대 갈등을 정치적으로 활용할 수 있게 만들었듯 말이다.

4장에서는 대안을 논의한다. '청년세대' 담론이 수많은 사회문제를 논의하는 데 이미 광범위하게 사용되고 있는 상황에서, 또한 많은 청년 단체들과 청년 개인들이 자신들의 문제를 정치적으로 발화하기 위해 '청년'이라는 단어를 써야 하는 상황에서, 세대론의 덫을 벗어나 어떻게 새로운 담론을 만들어나갈지 고민한다. 청년에 관한 토론이 앞으로 새로운 지평 위에서 전개되기를 바라는 마음으로, 해답을 제시하기보다는 '청년'에 관한 내 생각의 일부를 공유하고자 했다.

흔히 '청년 문제'라고 정의되는 다양한 현상들, 예컨대 청년실업이나 주거, 부채, 또는 젊은 세대의 정치적 주체성이나 문화적 특질에 관한 문제, 그리고 '기성세대'와의 차이로 언급되는 무기력함, 미성숙함, 탈물질적·탈정치적 성격 등을 직접 다루지는 않을 것이다. 나열한 문제들 중 일부는 앞으로 더욱 체계적으로 논의돼야 한다. 다만 이 책은 청년들의 문제를 재차 진단하고 해결 방안을 제시하는 것을 목표로 하지 않는다는 점을 분명하게 밝혀두고 싶다. 오늘날 한국 사회에서 '청년'이 왜 그런 방식으로 다뤄지고 있는지, 다시 말해 어떤 제도적, 문화적 기반 위에서 그런 담론이 출현하게 되었는지를 추적해보는 것이 이 책의 목표라 할 수 있겠다.

이 책의 원고 일부는 기존에 내가 작성해왔던 '청년' 문제, '청년세대' 담론에 관한 다양한 글들을 보완 및 수정한 것이다. 2014년 《문화와 사회》에 발표한 논문 〈세대 연구를 다시 생각한다: 세대주의적 경향에 대한 비판적 검토〉, 서울시 청년허브 공모연구 보고서 〈청년들, 청년세대 담론을 해체하다〉, 2016년 《언론과 사회》에 발표한 논문 〈'청년세대' 구성의 문화정치학: 2010년 이후 청년세대 담론에 관한 비판적 분석〉, 2017년 《문화와 사회》에 발표한 논문 〈청년-하기를 이론화하기: 세대 수행성과 세대 연구의 재구성〉, 2018년 《한국언론정보학보》에 발표한 논문 〈사회운동론의 관점에서 정책 거버넌스 현상 읽기: 청년당사자운동의 정치적 기회 구조 분석을 중심으로〉, 그리고 '고함20'을 비롯한 몇몇 매체에 기고했던 원고들이 바탕이 되었다. 물론 단행본의 형식에 맞게 문체와 범위를 전면적으로 재구성했다.

'청년'과 관련된 담론과 정책 등을 연구한 경력이 쌓이면서 최근 '청년'이라는 타이틀이 붙은 각종 논의 테이블에 참여할 기회들이 주어지고 있다. 그중에는 나에게 자극을 주는 논의도 있지만, 지루하다거나 지겹다거나 피로하다는 생각이 드는 자리 또한 많은 게 사실이다. 익숙한 과거를 반복하는 '청년' 담론을 마주할 때마다 또 한 번의 예정된 실패를 목격하는 듯하다. 청년으로서 '청년'이라는 말을 가지고 무언가를 요구하는 동료 활동가들도 비슷하게 지쳐 있는 것 같다. 청년을 찾는 곳은 많고, '청년'에 대한 이야기는 넘쳐나는데, 앞으로 나아가는 느낌은 없고 같은 이야기만을 되풀이하는 상황 탓이다.

이 책 한 권이 모든 '청년' 이슈에 대한 명확한 답변을 제시하는 것은 아니다. 그러나 '청년' 문제를 설정하고 대안을 내놓는 기존의 지배적인 담론, 그리고 세대 문제에 대한 주류적인 이해에 대항하는 다른 접근법들을 이 책에 모았다. 나는 비성찰적인 세대주의에 기반을 둔 '청년' 담론의 누적이 청년-시민을 포함한 모든 시민의 삶을 실질적으로 낫게 만들기보다는, 오히려 '청년'의 이름을 팔아 사회적인 해악을 끼칠 수 있다고 생각한다. 많은 '청년' 담론은 청년들을 위하는 척하지만 사실상 청년이라는 이름을 팔아 그 담론을 생산하는 본인의 가치를 높이고 이득을 도모한다. 이와 같은 이른바 '청년팔이'에 적극적으로 대항하기 위해서라도 '청년'과 '세대'라는 개념 자체에 끊임없이 질문을 던지고, 더 나은 대안적인 세대주의를 실천하기 위해 끊임없이 성찰해야 한다. 다양한 변화의 역사들이 알려주듯, 기존의 상식을 넘어서는 더 나은 담론을 만드는 데에는 짧지 않은 시간과 많은 이들의 노력이 필요하다. 이 책이 그 성찰과 변화의 여정에 작게나마 기여할 수 있기를 바란다.

감사의 말

막연하게 내 생각을 책으로 만들고 싶다는 바람이 현실이 되기까지 도움을 주신 많은 분들이 생각난다. 석사과정을 시작하면서 '청년'에 관한 연구는 하지 않겠다고 하다가 결국 이 주제를 석사학위 논문의 주제로 잡았을 때, 나를 지도해주신 이상길 선생님께서 "네가 하려는 것이 좋은 연구 주제가 될 수 있다"고 용기를 주셨다. 언제나 횡설수설이 되는 내 생각들을 들어주시고 내 세계를 계속해서 넓혀주시는, 멋진 학자이자 연구자인 선생님을 만나지 못했다면 지금쯤 나는 굉장히 다른 길 위에 서 있을지도 모르겠다는 생각을 한다. 석사 1년차 때 강의실에서 '청년 담론이 꼭 청년에게만 소구하는 건 아니라는' 아이디어를 주셨던 윤태진 선생님과 학위 논문 작성 과정에서 많은 조언을 주시고 좋은 글과 생각으로 항상 자극을 주시는 이기형 선생님, 그리고 '문화'를 공부해도 되겠냐고 처음으로 상담을 했을 때 "이 길은 마음을 풍요롭게 하는 길"이라고 말씀해주셨던 이기웅 선생님, 그리고 학회에서, 또 논문을 통해서 많은 공부를 하게 해주시는 문화연구

선배 연구자 분들, 동료 대학원생들에게도 감사의 마음과 팬심을 고백하고 싶다. 선생님께 직접 배우지는 못했지만, '청년세대'라는 주제에 대해 생각하면서 한국에 세대사회학이라는 분야를 소개·논의해오신 서강대 전상진 교수님과 경상대 박재홍 교수님의 글에서 많은 도움을 받았다.

"나는 공부하는 사람"이라면서 온갖 바쁜 체를 했는데도 내가 기웃거리면 늘 따뜻하게 반겨주고, 고민 거리를 함께 나눠주고 생각을 정리할 수 있는 기회를 만들어준 서울청년정책네트워크, 시흥청년아티스트, 청년유니온, 민달팽이유니온, 전국청년정책네트워크의 '청년활동가'들에게도 감사한 마음을 전한다. 더 나은 세상을 생각하고 고민하는 당신들의 '멋짐'이, 그 '젊은 마음'이 변치 않기를 언제나 응원한다. 나는 2009년부터 '고함20'(www.goham20.com)이라는 인터넷 언론에서 기자로 활동해왔다. 이곳 구성원들과 '청년'이라는 단어에 대해 치열하게 고민하고 토론한 시간들은, 대학원에 입학해 이와 관련된 문제의식을 연구 형태로 정리하게 된 계기가 되었다. 2009년 이후 10년에 가까운 시간 동안 치열하게 생각하고 토론하고 글을 썼던 200명이 넘는 '고함이' 친구들 모두에게 고맙다. '청년'과 관련된 이런저런 연구들을 함께했던 동료들—구승우, 김지수, 박경국, 양대은, 옥미애, 이준형, 임동현, 정보영, 채웅준, 천주희, 최태섭, 최혁규—에게도 감사의 말을 전한다. '고함20 청년연구소' 때부터 함께 '청년연구 길'

을 걸어온 채태준, 마지막에 힘을 낼 수 있게 원고를 꼼꼼히 검토해준 정준영에게는 특히 큰 감사를 표하고 싶다. 나에게 뭔가를 더 하게 하는 에너지를 주는 신촌문화정치연구그룹 연구동료들에게도 고맙다. 이 책은 우리가 모두 함께 쓴 것이기도 하다.

게으르면서도 일을 벌이기를 좋아해 원고를 쉽게 주지 않는 필자를 믿고 기다려준 오월의봄의 임세현 편집자님, 그리고 이 책을 단행본화할 수 있도록 첫 계기를 만들어주셨던 인물과사상사의 박상문 편집장님께도 죄송함과 감사함의 마음을 전한다. 마지막으로 끝없는 믿음을 주시는 부모님과 가족들에게도 감사하다. 나이를 조금씩 더 먹을수록, 우리 부모님이 굉장히 멋진 사람들이라는 게 내게 얼마나 큰 힘이 되는지를 느낀다.

2019년 5월
김선기

1

이것도 청년,
저것도 청년

5포세대가 된
'성실한 나라의 앨리스'

앨리스는 청년이 아니다

유행어의 사회적 효과는 종종 상상을 초월해 나타난다. 2011년《경향신문》특별취재팀이 만든 신조어인 3포세대(연애, 결혼, 출산을 포기한 청년층)가 딱 그런 경우다. 3포세대는 청년들이 처한 현실을 이야기할 때 웬만해선 빠지지 않는 단어로 등장하면서 매번 자신의 존재감을 입증했고, 5포(내 집 마련, 인간관계), 7포(꿈, 희망), N포, 다포로 무한 증식해왔다. 3포세대의 전형적인 모습을 재현한 캐릭터들이 드라마, 영화, 연극, 소설에 범람했고, 미혼 인구의 이성교제 의향과 실제 이성교제 비율이 얼마나 되는지를 알아보는 연구 조사까지 이루어졌다.[1]

배우 이정현이 청룡영화제에서 여우주연상을 수상하면서 화제를 모은 영화 〈성실한 나라의 앨리스〉(2014) 역시 '3포세대 청년들'의 공감을 살 만한 영화로 알려져 있다. 어떤 기사는 〈성실한 나라의 앨리스〉를 "경제적인 이유로 연애, 결혼,

출산 등을 포기하는 3포세대들의 현실을 풍자한 블랙코미디 영화"라고 소개하고 있고, 공식 예고편 영상에는 아예 '희망 없는 5포세대'라는 자막이 대문짝만하게 박혀 있다. 영화 홍보사에서 만든 인터뷰 영상에도 감독과 배우에게 '5포세대에게 전하는 메시지를 이야기해달라'는 질문이 나온다. 블로거나 네티즌이 쓰는 영화평에도 '15포세대의 눈물'과 같이 청년 문제를 연상시키는 내용이 가득하다.

그러나 단언컨대 〈성실한 나라의 앨리스〉는 청년 문제를 다룬 영화가 아니다. 이 영화의 주인공인 수남(이정현 분)은 5포세대도 아니고, 3포세대도 아니다. 기본적으로 수남의 삶은 3포세대를 정의하는 핵심 개념인 '포기'와는 거리가 멀다. 수남은 어떻게든 남들이 갖춘 '행복의 조건들'을 쟁취하겠다는 필사의 의지를 가진 캐릭터이다. 아이는 없지만 연애를 해서 결혼도 하고, 집 때문에 힘겨워하기는 하지만 어쨌든 '내 집 마련'에도 성공한다. 게다가 영화가 보여주는 배경에 따르면 수남은 오늘날의 청년세대보다 나이가 많은 윗세대 인물이다. 컴퓨터가 등장하지 않은 시대에 실업계 고등학교를 다닌 수남은 영화에서 교복을 입고 열심히 주판알을 튕긴다. 2019년 현재를 기준으로 수남의 나이는 최소 40대로 짐작된다. 다시 말해 수남을 2010년대의 청년세대로 보거나, 〈성실한 나라의 앨리스〉를 청년세대에 대한 영화로 보기는 사실상 어렵다.

생활이 어려울수록 '성실히' 살아야겠다고 다짐하지만, 성실히 살수록 더 깊은 구렁텅이로 빠지는 삶을 그리는 이 영화는 오히려 한국 사회의 어두운 면을 수남의 삶을 통해 폭로하는, 계급 불평등 문제를 중심으로 설계된 각본에 가깝다. 수남이 겪는 연속적인 불행은 온갖 위험이 얼마나 불평등하게 분배되는지를 극단적이면서도 매우 현실적으로 묘사한다. 실업계 고등학교 출신의 가난한 공장 사무 노동자인 수남은 비슷한 계급의 가난한 공장 노동자 규정(이해영 분)을 만나 연애를 하고 결혼을 한다. 다른 계급 간의 사랑이라는 사건은 수목드라마에서나 나올 법한 비현실적인 일이다. 결혼 후 얼마 지나지 않아 규정은 손가락이 잘리는 산업재해를 입게 되고, 노동에 필요한 신체 능력은 물론 삶에 대한 의지까지 상실한다. 그렇게 영화는 가난한 공장 노동자가 화이트칼라 노동자나 자본가에 비해 후천적으로 장애를 얻게 될 확률이 높다는 것을 보여준다.

언덕 위 동네에 '내 집'을 마련하지만 수남에게 남은 것은 빚더미뿐이다. 얼마 지나지 않아 수남은 남편의 병원비를 대기 위해 고시원으로 거처를 옮기고 자신의 집에는 전세 세입자를 들인다. 모두가 '내 집 마련'의 꿈을 꾸지만 '부동산 공화국' 한국에서 하층계급은 열악한 주거 환경에 놓이거나 하우스푸어가 되기 십상이다. 누구보다 성실하게 살아왔지만 점점 가난해지기만 하는 수남에게 국가나 사회는 도움을 주기는커녕 도움을 가장해 위험을 떠넘긴다. 경제적인 빈곤만으로도 벅찬 인생을 살았던 수남은 결국 폭력과 신체 훼손의 위협에 노출되고 만다.

〈성실한 나라의 앨리스〉는 분명 '5포세대'에 대한 영화가 아니라, 가난한 자가 가난한 자로 재생산될 수밖에 없는 모순적인 한국 사회의 현실, 즉 불평등 문제를 직접적으로 겨냥하고 있는 블랙코미디이다. 영화를 만든 안국진 감독도 이 영화의 모티브를 SBS의 장수 프로그램인 〈생활의 달인〉에서 얻었다고 언급한 바 있다. '생활의 달인'이 될 만큼 성실하게 살았지만, 그들이 "몇 년만 더해서 돈 벌어서 쉬고 싶다, 이제는 집을 사고 싶다"고 말하는 모습에서 현실 배반적인 느낌을 받았다는 것이다.

사회 전체의 근본적인 모순에 강력한 펀치를 날리는 이 영화가 '5포세대'가 된 청년들에 대한, 혹은 청년들을 위한 영화로 포장·소비되는 과정은 한국 사회의 한 풍경을 상징적으로 보여준다. 〈성실한 나라의 앨리스〉에 '5포세대'라는 프레임이 씌워진 데에는 상업적인 계산이 크게 작용한 것으로 추측된다. 사회적 이슈와 연관시켜 화제를 만드는 것은 가장 기본적인 마케팅 방법 중 하나다. 민감한 사회적 이슈를 연상시키는 영화들이 연이어 호평을 받고 흥행하는 상황으로 미루어보건대, 한국 사회의 가장 큰 이슈인 '청춘/청년' 역시 '팔리는 상품'이 되기에 전혀 부족함이 없어 보인다.

영화평론의 단골 소재, '청년'

비슷한 사례들은 도처에 널려 있다. '청년' 문제를 다루는 영화로 스스로를 포지셔닝하고, 실제로 그렇게 해석되는 작품들이 끊임없이 등장한다. 젊은이들의 방황과 성장, 사랑과 갈등을 다루는 청춘영화·성장영화는 시대를 막론하고 언제나 존재했지만, 최근 비슷한 장르의 영화들에 대한 만연한 독해법은 인류의 '보편적인' 경험으로서의 청춘 시절을 이야기하는 것과는 분명 차이가 있다. 청년들이 미래에 대해 낙관보다는 비관, 희망보다는 절망의 감각을 품게 되었다고 지적하는 역사적으로 특수한 시기의 '청년 문제'가 영화평론을 통해 끊임없이 부각된다.

그러나 청년 문제를 다룬 영화로 논의되는 시나리오들의 핵심 주제가 정말 청년 문제일까? 이에 대해서는 좀 더 면밀한 검토가 필요하다. 2015년 개봉한 영화 〈돌연변이〉를 보자. 〈돌연변이〉는 생선인간이 된 박구(이광수 분)로 인해 벌어지는 일련의 사건들을 중심으로 한국 사회의 여러 모순들을 우화적으로 풀어낸다. 감독은 한국 사회에 대한 시니컬한 시선을 영화 전체에 전방위적으로 뿌려놓는다. 생동성 실험에 참가했다가 부작용으로 생선인간이 된 박구가 세상에 등장하자 제약회사와 국가권력에 분노를 표출하는 사람들, 생선인간 캐릭터를 가방이나 옷에 달고 다니면서 저항의 메시지를 나타내는 것이 문화가 되는 상황, 대중들의 분노가 정쟁에 이용되면서 확대·왜곡되는 과정 등. 영화의 기본적인 얼개는 세월호 참사 이후 한국 사회에서 벌어진 일련의 사건들을 떠오르게 한다. 언론 자유를 주장하며 파업하는 명문대 출신 기자 노조원들이 지방대 출신 시용 기자를 무시하는 차별 발언을 하고, 언제나 '정의의 편'에 서는 것으로 유명한 변호사가 뒤에서는 권력과 손을 잡고, 순전히 연구를 위한 일이라는 믿음으로 박구를 학대하고 강자의 편에 섰던 연구원은 강자들에게 버려지고 나서야 자신이 저지른 행동의 무게를 깨닫는다. 스스로 정의롭다고 주장하는 세상의 모든 존재를 조소하기라도 하는 듯한 삐딱함이 이 영화가 가진 매력이자 미덕이다.

몇몇 비평은 이 영화에서 발견할 수 있는 더 큰 야심이나 세계관을 온전히 평가하지 못하는 것처럼 보이기도 한다. 이 영화를 '힘에 부친 청년세대를 위한 위로'라는 한 줄로 간단히 정리하거나, 영화에 등장하는 생선인간 박구를 '3포세대의 자화상' '청년실업이 낳은 괴물'과 같은 언어 안에 가두는 평론들이 그런 경우에 해당한다. 권오광 감독은 "생선으로 변해가는 돌연변이 박구보다 더 이상하게 변해가는 '돌연변이들의 사회'에 대한 이야기를 해보고 싶었다"고 자신의 연출 의도를 명확하게 밝힌 바 있다. 돌연변이가 된 청년세대뿐 아니라 돌연변이가 된 기성세대, 국가, 학계, 기업, 언론,

사회 그 모든 것이 돌연변이들의 사회를 구성하고 있을 테다. 그렇기에 이 영화를 단순히 취업난과 가난 때문에 생동성 실험 아르바이트를 해야 하는 지경까지 몰려 생선인간이 된 피해자 청년의 안타까운 이야기로만 읽는 것은 매우 부분적인 독해에 불과하다.

더 최근의 사례로는 2018년 개봉한 영화 〈소공녀〉를 이야기하고 싶다. 영화는 자신이 머무를 곳을 찾아 옛 친구들의 집을 돌아다니는 미소(이솜 분)의 여정을 통해 저마다의 방식으로 30대의 일상을 살아가는 인물들의 모습을 담아낸다. 청년들의 삶을 현실적으로 그려냈다는 평가를 받는 영화들 사이에서도 〈소공녀〉는 특별히 매력적인데, 젊은 캐릭터들의 사회적 위치와 인생의 목표, 추구하는 삶의 전략 등이 매우 다양하다는 점 때문이다. 청년세대 내부의 복잡한 이질성을 다양한 캐릭터를 통해 보여줌으로써, 〈소공녀〉는 청년들이 겪는 문제를 세대적인 빈곤으로 환원하는 빈곤한 세계관에서 성공적으로 달아난다. 결혼을 통해 '계급 상승'을 이뤘지만 어딘가 불안해 보이는 정미(김재화 분), 반대로 결혼을 통해 하층계급화를 경험한 현정(김국희 분), 일시적인 성노동을 통해 탈빈곤을 시도하지만 좌절하는 민지(조수향 분), 안정된 결혼 생활을 꿈꿨으나 돌싱 하우스푸어가 되어버린 대용(이성욱 분)의 삶은 결코 청년세대라는 이름이 지시하는 동일성으로 환원되지 않는다. 이들을 행복하게 혹은 불행하게 만드는 조건은 세대적 조건이 아니라, 젠더, 섹슈얼리티, 계급, 가치관, 삶의 전략, 한국 사회의 특수성 등이 교차하는 곳에서 생성되는 복합적인 조건이다.

미소의 애인으로 등장하는 한솔(안재홍 분)은 그녀와의 안정적인 미래를 기약하며 사우디로 돈을 벌러 떠난다. 그의 선택은 어쩐지 낯설다. '요즘 청년들'은 미래를 준비하는 것보다는 현재의 행복을 중요시한다는 식의 이해가 만연해 있기 때문이다. 오히려 한솔의 선택은 개발 시대에 해외로 파견되어 가족들에게 꾸준히 생활비를 보낸 지난 세대의 아버지 상을 떠오르게 한다.

집 대신 글렌피딕 위스키 한 잔과 담배를 선택하는 미소는 영화 속 인물들 가운데서도 매우 독특하고 전위적이다. 이 영화를 '보편적' 청년 문제를 다룬 영화로 보는 얕은 시각, 그리고 내러티브에 등장하는 청년 캐릭터들을 "N포세대지만, 스타일은 포기 못하는 세대"로 정의하는 영화평론가의 '한 줄 평'이 아쉬운 이유다. 이 짧은 문장은 청년세대 내부의 이질성이라는 객관적인 현실을 뭉개버리며, 미소라는 인물이 '삶에서 정말 중요한 것'이 무엇인지 (연령대를 가리지 않고) 관객들 모두에게 던지는 질문을 삭제한다. 영화는 단지 오늘날 청년들의 삶이나 가치관을 반영하는, 그래서 역으로 그것을 징후적으로 보여주는 텍스트 정도로 가볍게 다뤄지고 만다.

대중문화에 올라탄 '청년'

다른 모든 예술 작품과 마찬가지로 영화는 '열려 있는 텍스트'이다. 수용자가 가진 사전적인 정보와 해석틀에 따라 다양한 의미로 독해될 여지가 있다. 그러나 관객들이 영화를 독창적인 방식으로 감상할 수 있는 가능성은 다양한 차원에서 제한된다. 영화를 생산하는 과정에는 감독을 비롯한 여러 생산자들, 그리고 제작사나 투자사와 같이 작품의 흥행에 상업적 이해관계를 갖고 있는 주체들이 개입한다. 영화를 관람하기 전 관객이 접하게 되는 수많은 정보도 관객들의 해석틀이 형성되는 데 적지 않은 영향을 미친다. 홍보사는 시놉시스, 포스터, 예고편 등을 이용해 대중들에게 어떤 첫인상을 남길 것인지 결정한다. 홍보사의 보도자료를 토대로 제작되는 TV의 영화 소개 프로그램이나 관련 기사들은 바로 그 첫인상을 재생산하는 데 기여한다. 영화평론가들의 한 줄 평이나 비평문 또한 (관객들이 사전에 그것들을 찾아본다면) 영화를 바라보는 하나의 기준으로 작용할 수 있다. 평론가들의 시각에 동의하든 동의하지 않든 말이다.

홍보나 비평은 영화 산업에서 필수적인 영역이지만, 어찌되었든 그것들이 영화의 수용 양상을 특정한 방식으로 유도할 수 있다는 사실은 그 자체로 분석해볼 만하다. 〈성실한 나라의 앨리스〉나 〈돌연변이〉〈소공녀〉 등의 사례로 보건대, 이 영화들을 오늘날의 청년세대에 관한 영화로 규정하는 홍보 전략이나 비평 경향은 영화에 내재된 다양한 의미들 중 '불쌍한 청년의 좌절'을 부각하는 한편, 다른 의미들은 충분히 해석될 수 없도록 배제하는 경향이 있다. 정확히 반대로 이 현상을 분석해볼 수도 있다. 홍보나 마케팅은 대중들이 그 영화를 통해 보고 싶어 하는 현실이 무엇인지, 확인하고 싶어 하는 가치가 무엇인지를 찾아내려 노력하고, 바로 그것을 자신들의 전략으로 삼기 때문이다. 평론가들 또한 대중이자 사회의 일원이므로, 현상을 바라보는 평론가의 세계관은 그 사회의 지배적인 세계관과 일치할 수 있다.

위의 영화들에 비해 크게 흥행한, 한국 사회의 세대론 위에 절묘히 올라탄 천만 영화 〈국제시장〉은 어떨까? 청년들보다 경제력이 있는 중장년층이 살아온 '어려웠던 시기'를 재현한 이 영화는 '국제시장세대'라는 신조어를 낳기도 했다. 어떤 매체들은 '청년실업만 이야기하고 중장년층에 대한 공경이 없는 사회에 일침을 놓는 영화'라는 식의, 또 다른 매체들은 '기성세대의 과거를 미화하는 영화'라는 식의 세대 프레임을 통해 작품을 해석하면서 〈국제시장〉의 화제성을 배가했다. 보편적인 감성에 호소하는 '감동적인 휴먼드라마' 정도로 독해될 수도 있었을 이 영화에 세대론이 덧씌워진 것은 바로 한국 사회가 공유해온 세대 갈등 때문이다. 성공한 전례는 그 아류의 등장을 예고하기 마련이다. 청년 문제나 세대론이 사회에서 끊임없이 논의되고, 인터넷 포털사이트의 '실시간 검색어'에도 '헬조선'이나 '미생' '3포세대' 같은 단어들이 종종 오르내린다. 이러한 사회 트렌드를 영화는 물론 드라마, 웹툰, 음악 등과 같은 각종 문화 콘텐츠와 엮어 이야기하는 홍보 전략이나 비평, 혹은 나아가 아예 그런 문제를 전면에 내세우는 작품이 지속적으로 등장하는 것은 어쩌면 당연한 수순인지도 모르겠다.

작품의 생산과 소비, 그 과정 전반을 매개하는 비평에 이르기까지, 문화 텍스트에는 '청년'과 '청년 문제' 내지는 '세대 문제'에 대한 특수한 이해 방식들이 침투해 있다. 그러나 나는 이러한 이해 방식들을 당연한 것으로 여기지 않는다. 이것은 특수하다. 청년은 20대와 30대를 포괄하는 개념인가? 오늘날의 청년들은 과거의 청년들 혹은 오늘날의 기성세대와는 근본적으로 다른 존재인가? 청년 문제의 주된 원인은 청년들의 경제적인 빈곤함인가? 청년은 미래보다는 현재를 중요하게 생각하는가? 청년들은 연애, 결혼, 출산을 '포기'했는가? 이 책은 이 '당연한' 상식들에 의문을 품고 이를 검증해보고자 한다.

'세대', 일상을 지배하다

모두가 '세대'를 외치는 세상

〈성실한 나라의 앨리스〉〈돌연변이〉〈국제시장〉 같은 영
화들에 청년세대니 5060세대니 하는 말들을 붙여 이야기하
는 흐름은 전형적인 세대주의generationalism 현상에 해당한다. 나
는 세대주의 개념이 '세대'라는 집단 범주와 관련해 오늘날의
한국 사회에서 전개되는 다양한 현상들—세대generation라는 개념
이 매우 일상적으로 사용되고 있는 상황, 어떤 경우에는 이 개념을 사
용하는 것이 부적절해 보이는 상황에서 오용·남용되고 있는 상황, 88
만원세대, 실크세대, G세대, 3포세대, 달관세대, 비트코인세대 등 세대
개념과 관련된 수많은 신조어가 유행하고 있는 상황 등등—을 포괄
적으로 설명하기에 매우 유용하다고 본다.

세대주의는 로버트 볼이 《1914 세대The Generation of 1914》에서
처음 사용한 개념으로, "정치가, 저널리스트, 대중적 지식인
들이 세대의 중심성을 주장하는 다양한 방법들을 통해 사회
적인 것과 정치적인 문제들을 (다른 개념들을 제쳐두고) 세대의

개념으로 풀어 이야기하는 현상"을 일컫는다. 나는 이 개념을 영국의 정치학자 조너선 화이트의 논문[2]을 통해 처음 접했는데, 영국에서 '버려진 세대[jilted generation]'라는 개념이 유행하는 등 최근 유럽에서도 세대 개념이 다양한 방식으로 생산·소비되고 있다는 것을 그의 글을 통해 알게 되었다. 카렌 포스터의 연구[3]는 세대주의적인 현상이 일상에서 어떠한 방식으로 발생하는지에 대한 흥미로운 사례를 제공한다. 이 연구는 캐나다인 52명을 인터뷰해 수집된 자료를 바탕으로 하며, 인터뷰는 자신의 노동 생애사[working life]를 이야기하는 방식으로 진행되었다.

연구자가 '세대'라는 단어를 먼저 사용하지 않는다는 원칙하에 진행되었음에도, 인터뷰 참여자들이 먼저 세대 개념을 꺼내 자신의 구술에 활용하는 응답 패턴이 나타났다. 예컨대 자신의 젊은 시절에 비해 현재 직장에 여성 인력이 많아진 현상을 언급하면서, 그 원인으로 '요즘 젊은 여자들'은 '옛날 여자들'과 다르다는 점을 꼽는다. 요즘 여성들은 가정생활 못지않게 직장 생활을 열심히 해서 그렇다고 덧붙이는 식이다. 대다수의 응답자들은 여성의 권리 향상을 위해 일어난 수많은 투쟁 과정과 그로 인해 여성들의 사회 진출이 용이해진 역사와 구조의 문제를 지적하는 대신, 모든 변화를 과거 여성들과는 다른 '새로운 세대 여성들' 탓으로 돌리는 경향이 있었다. 직장 내 여성 비율이 높아진 원인이 여성운동 탓인지, 아니면 새 세대의 출현 탓인지, 더 나아가 둘 중 어느 쪽이 더 큰 비중을 차지하는지, 무엇이 더 맞는 말인지는 단정하기 어렵다. 다만 이 연구 사례는 많은 사람이 이 문제의 진실을 '세대 교체로 인해 벌어진 일'로 여긴다는 것만큼은 분명히 보여준다.[4]

비슷한 사례는 한국의 일상에도 얼마든지 있다. 언젠가 내가 탄 택시 기사님이 했던 말이 딱 그랬다. 서울 신촌 주변에서 길이 정체되자 그는 이게 다 박원순 서울시장이 '독재적인 방식으로' 신촌 연세로를 대중교통 전용도로로 만들어버려서 그렇다고 볼멘소리를 했다. 그는 '박원순 서울시장을 지지하면 자신들이 이렇게 불편해지는 것도 모르고, 요즘 젊은 사람들은 철이 덜 들고 아는 게 없어서 박원순을 자꾸만 찍어준다'며 투덜댔다. 박원순이 서울시장으로 선출된 까닭을 '젊은 세대의 지지' 탓으로 이야기한 것이다. 여기서 그가 '철이 덜 들고 아는 게 없어서 박원순을 찍는' 집단으로 '진보 집단' '민주낭 지지자' 또는 특정한 계급 대신 '젊은 세대'를 콕 집어 지목한 것을 주의깊게 볼 필요가 있다.

상대적으로 젊은 연령층에서 박원순 서울시장이나 민주/진보 세력에 대한 지지도가 높게 나타나는 것은 사실이다. '요즘 젊은 애들이 박원순을 자꾸 찍어준다'는 말이 큰 틀에서 틀린 말은 아니라는 뜻이다. 세대주의 개념이 내포하는 문제의식은 '요즘 젊은 여자들의 직장 문화는 다르다' '요즘 젊은 애들은 철이 덜 들었다' 등과 같은 말들 자체의 진실성을 따지고 드는 것과는 거리가 있다. 그런 말들 하나하나가 맞는지 틀린지는 별도로 따져볼 문제다. 내가 묻고자 하는 것은 우리는 도대체 왜 '세대'만을 이야기하고, 다른 것들은 의식적으로든 무의식적으로든 논의에서 배제하는가이다.

누가 '헬조선 놀이'를 주도하는가

한국 사회가 2015년 가장 유행한 신조어인 '헬조선'과 '흙수저'('수저 계급론')를 소화해온 방식에서도 세대주의는 여실히 드러난다.[5] 본래 헬조선은 'DC인사이드'의 '역사 갤러리'에서 일부 유저들이 조선이나 대한민국을 비하하기 위해 제한적으로 사용하던 단어였으나, 이후 한국 사회의 전반적인 문제점들을 비판하는 뉘앙스로 활용되면서 주류 언론에도 등장했다.

흥미로운 것은 언론이 '헬조선'을 20~30대 젊은이들이 사용하는 세대적인 언어로 표상하고, '헬조선 정서'를 그 세대의 특정한 문화인 것처럼 설명하며 이 신조어를 사회적으로 확산시켰다는 사실이다. 헬조선이라는 신조어 자체를 주제로 삼은 최초의 기사는 《동아일보》에 실린 조동주 기자의 칼럼 〈2030이 부르는 또 다른 대한민국 헬조선〉이다.[6] "'헬조선(hell+朝鮮).' 2030세대가 대한민국을 부르는 말입니다. 지옥 같은 조선이라는 뜻이죠." 첫 문장과 기사 제목부터가 헬조선이 젊은 세대의 언어라는 것을 전제한다. 뒤이어 대한민국이 젊은 세대에게 '지옥'과 같이 인식되는 것은 대한민국이 '젊은이들에게' 살기 힘든 나라가 되었기 때문이라는 설명이 나온다. "대한민국은 요즘 젊은이가 살아가기에 점점 척박한 땅이 되어가고 있습니다."

헬조선이 2030세대의 언어라는 명제는 절반만 진실이다. 젊은 층 일부도 헬조선의 문제의식에 공감하는 것이지, 젊은 층만 그렇게 생각하는 것은 아니기 때문이다. 대한민국은 젊은이들이 살기 힘든 국가이기도 하지만, 그건 젊은이가 아닌 다른 많은 사람에게도 마찬가지이다. '헬조선 OECD 1위 50관왕'이라는 제목의 게시물[7]이 온라인상에서 확산된 적이 있는데, 이때 언급된 지표 목록을 보면 청년들만의 문제가 아니거나, 청년들의 문제가 아닌 항목들이 꽤 많이 포함되어 있다.[8] 자살률, 산업재해 사망률, 가계 부채, 남녀 임금 격차, 노인 빈곤율, 저임금 노동자 비율, 노인 교통사고 사망률, 어린이 행복지수, 공공사회복지 지출 비율 등 대부분의 항목은 '청년 문제'라는 카테고리와 느슨하게 연결될 뿐 이를 직접적으로 지시하지는 않는다.

온라인상에서 '헬조선 놀이'를 하는 네티즌들을 젊은 층으로 상정하는 전제 또한 의문스럽다. 웹사이트 헬조선

(hellkorea.com)의 운영자인 아이디 '헬조선'은 '프레시안'과의 인터뷰에서 사이트 방문자 중 이른바 '2030세대'는 60퍼센트 정도라고 말했다.⁹ 이는 운영자 자신이 30대 초반의 청년이고, 20~30대의 이용 비율이 많기는 하지만, 10대나 40대 이상의 비율도 40퍼센트나 된다는 말이기도 하다. '헬조선 놀이'에 젊은 층이 더 많이 가담하고 있다는 인식은 일부 사실에 기초한 것이기는 하지만, 젊은 세대는 중장년층에 비해 대체로 진보적이거나 사회비판적이며 웹상에서 더 적극적으로 활동한다는 식의 선입견이 전제된 상태에서 섣불리 내려진 판단이다.

온라인상의 일시적인 유행어에 가까웠던 '헬조선'을 무시할 수 없는 영향력을 발휘하는 사회 담론으로 제조해낸 주체가 다름 아닌 주류 언론이라는 점도 특기할 만하다. 헬조선이라는 말 자체를 언론이 창조했다고 이야기하는 것은 아니다. 다만 인터넷에서 제한적으로 쓰이던 신조어를 하나의 사회 흐름으로 포착해, 더 많은 사람에게 '헬조선'이라는 말과 그와 관련된 문제의식을 알리는 데 언론이 크게 기여했음을 지적하는 것이다. '헬조선'을 진짜 외치고 싶어 한 이들은 2030세대가 아니라 그 말에 자신의 이해관계를 걸 수 있는 사람들이었던 것은 아닐까? '젊은 사람들이 대한민국을 헬조선으로 표현한다'라는 말을 내세워 어떤 핵심을 드러내고자 한 사람들이야말로 어쩌면 '헬조선'의 더욱 중요한 주체인지도 모른다. 지금의 대한민국이 정말 지옥 같다고 주장하면서 사회 개혁의 동력을 얻으려는 쪽이든, 조국 '비하'가 잘못된 일이라는 것을 강조하고 애국주의를 내세워 '국민'의 결집을 도모해보려는 쪽이든 말이다.

결과적으로 '헬조선'이라는 단어는 모두가 참여하는 전쟁터가 되었다. 즉 처음에는 일부 2030세대가 주도적으로 사용한 것이 사실이라 하더라도, 이제는 더 이상 특정 세대의 언어라고 보기 어렵다. 헬조선을 유머 코드를 넘어서 진지하게 바라보아야 할 현상으로 담론화한 것은 주류 매체이며, 따라서 헬조선을 통해 알 수 있는 것은 "청년이 아니라, 오히려 기성세대의 정신구조일지도 모른다."[10] 심지어 일부 청년들은 2030세대의 유행어로 알려진 '헬조선'을 전혀 알지 못한다.[11] 그럼에도 '헬조선'을 다루는 대부분의 기사와 SNS 글들은 여전히 그것을 20대나 청년에게나 해당하는 이야기로 논한다. 헬조선 담론의 생산자와 소비자를 젊은 세대로 한정하고서는 그들에 대해 이러쿵저러쿵 떠들어댄다. '하늘이 감동할 만큼 노력해봤냐'며 일침을 날리거나,[12] 아무것도 하지 않으면서 댓글이나 다는 '사회 불만 세력'으로 규정하는 일도 서슴지 않는다.[13]

세대론, 무엇이든 주워 담는 마법의 상자?

헬조선 담론은 특정한 사회 담론이 세대주의적으로 이해되는 방식을 전형적으로 드러낸다. 이러한 이해의 양식은 사회적으로 공유된 것으로, 누구든 별다른 고민 없이 손쉽게 이를 활용할 수 있다. 그만큼 사람들은 세대라는 사고틀을 거의 자동적으로 떠올린다. 다시 말해 별다른 의도 없이 '헬조선'을 세대 문제로 떠올린다. 그리고 이는 역설적으로 세대 담론이 특별한 효용이 없거나 실재를 왜곡한다고 판정되는 경우에조차 '세대화'가 쉽게 사라지지 않는 이유가 된다.

한때 2015년을 전후로 해서 '청년세대' 담론이 쇠퇴기에 접어들 것이라고 예상했던 적이 있다. 세대론을 생산하는 강력한 동인이 청년들을 정치적으로 동원하려는 목적에 있다고 판단했기 때문이다. 그러한 전략은 2012년 말 대선에서 명확한 한계를 드러낸 바 있다. (이에 관해서는 2장에서 더 자세히 논한다.) 그럼에도 세대라는 변인과 어떤 관계를 갖는지 알 수 없는 모호한 이슈들 가운데에서 세대 문제가 불쑥불쑥 출현하는 것을 지속적으로 목격했다. '헬조선'은 물론 여러 사회 이슈들을 해석하는 담론에서도 세대 혹은 청년세대라는 단어는 눈에 띄는데, 이제는 세대주의가 정말 비의도적이고 자동적으로, 나아가서는 어떤 '진정성'마저 갖추고 있음을 느낀다. 많은 논자가 특정 문제와 세대 변수 간의 연관성을 실제로 믿고 있다는 의미에서 그렇다.

세대론의 소재들을 전부 다 나열하자면 끝도 없지만, 여기에서는 최근 세대와 관련해 논의된 이슈들을 간략하게 훑어보겠다. 우선 비트코인 이슈가 있다. 2017년 11월 28일 이낙연 총리가 국무회의에서 "청년, 학생들이 빠른 시간에 돈을 벌고자 가상통화에 뛰어"드는 경우가 있다며 우려를 표한 이후, 언론은 이를 세대론과 연결시키는 방식으로 쟁점화했다. '헬조선' 한국 사회에서 좌절한 20~30대 젊은 층이 '흙수저'를 탈출하는 유일한 방법으로 비트코인에 빠져들고 있어 '한탕주의'가 우려된다는 기사들이 대거 쏟아졌다.[14] 정부의 규제 움직임이 감지되자, 이러한 규제가 미래 세대에 대한 기성세대의 통제 내지는 억압에 가깝다는 담론도 나왔다. 다음은 《중앙일보》 경제부 고란 기자의 주장이다. "암호화폐 '타도'를 외치는 쪽은 모두 60대다. 사업하는 사람은 30~40대다. 암호화폐가 바꿔갈 세상에 살게 될 이들은 10~20대다. 혹시 '과거 세대'가 '미래 세대'를 위한 '현재 세대'의 시도를 막고 나선 건 아닐까."[15] 이후 정부가 실제로 암호화폐 규제 정책을 발표하고 이에 대한 반대 여론이 형성된 것을 두고도 2030세대의 분노와 박탈감 때문이라는 해석이 제기됐다.[16]

구체적인 입장은 상이했지만 한 가지 내용에 대해서는 합의가 마련되었다. 바로 비트코인 현상을 (청년)세대 현상으로 볼 수 있다는 점이다. 그 근거로는 20대와 30대가 비트코인 앱을 가장 많이 사용하고 있다는 것, 다른 투자 상품들과 비교했을 때 젊은 층이 차지하는 비율이 높다는 것 등이 제시됐다. 물론 이 '통계'들은 사실에 기초한 것이다. 그러나 이 통계를 어떻게 해석할 것인지에 대해서는 논쟁이 있을 수 있다. 새로운 기술은 보통 젊은 층을 중심으로 확산되기 때문에 일시적으로 젊은 층이 비트코인의 주요 이용자처럼 보이는 착시가 일어날 수도 있다. (실제로 비트코인과 청년을 연결하는 담론의 유행기가 지나간 이후, 비트코인의 경우에도 연령이 높을수록 평균 투자액이 현저히 높다는 통계 자료가 공개되었다.[17]) 그러나 이와 같은 대안적인 설명은 충분히 검토되지 않았고, 비트코인이 청년세대 현상으로 빠르게 규정되면서 헬조선, 흙수저, (미성숙함에서 연유하는) 한탕주의, 기성세대와의 불화 등 청년세대에 관한 지배적인 해석틀이 금세 담론을 장악했다.

물론 이는 단시간에 현상을 분석하는 기사를 내놓아야 하는 언론의 상황을 고려하면 어느 정도 이해할 수 있는 일이다. 하지만 세대주의적인 담론 구조가 일상화되면 우리는 다음과 같은 문제를 감수해야만 한다. 바로 '다른 목소리'의 상대적인 실종이다. '고함20' 필진 '압생트'는 비트코인 문제와 관련해 퍼져 있는 세대론이 세대 변인 외의 다른 변인들을 검토하지 않기에 다양한 설명 요인들을 놓치게 된다고 분석한 바 있다.[18] 남성들이 여성들에 비해 비트코인 경험이 두 배가량 많다는 사실(젠더 변인), '흙수저의 한탕주의'라는 일반적인 설명과는 달리 응답자가 자신의 생활 수준을 높게 평가할수록 비트코인 구매 경험률이 높아진다는 사실(계급 변인)을 비트코인 세대론은 가볍게 지나친다.

한국 국적의 테니스 선수로는 최초로 메이저 대회 4강에 진출한 정현이 화제를 모을 때도 어김없이 세대론이 등장했다. 여러 매체가 약속이라도 한 듯, 기획보도와 사설에서 정현 선수를 '청년세대'로 호명했다. 정현을 "글로벌 수준의 실력과 자신감, 영어, 세련된 매너, 거기에 유머감각까지 갖춘 한국 청년세대의 한 표본"이라고 소개하면서 "높은 실업률과 기회의 불공정이 이들을 괴롭힐지언정 그 저력과 패기를 꺾지는 못할 것"이라고 주장하는가 하면,[19] 피아니스트 조성진, 아이돌그룹 방탄소년단과 정현 선수를 묶어 "우리는 유전자가 완전히 달라진 듯한 세대를 보고 있다"고 과장하기도 했다.[20] 정현의 등장이 젊은 'N포세대'의 학습된 무력감을 깨고 도전의식을 불러일으키고 있다는 진단,[21] 정현 선수가 2030세대에서 '신드롬급 인기'를 일으키며 영웅이 되었다는 주장 등이 연이어 나왔다.[22]

1990년대 후반 박세리, 박찬호 등의 스포츠 스타가 등장했을 때에도 이 선수들이 자국민에게 희망이 된다는 담론들이 등장한 바 있지만, 2000년대 중반 이후 등장한 스포츠 스타들은 지속적으로 '청년세대'론으로 호출됐다. 2010년 밴쿠버올림픽 당시 김연아, 이상화, 모태범, 이승훈 등의 금메달리스트들에게는 'G세대'라는 세대 명칭이 붙여졌다. 청년세대를 상징하는 일종의 기호 역할을 부여받은 것이다. 이 모두가 세대주의적 담론 소비의 한 방식을 명징하게 드러낸다.

남북 관계가 급변하는 맥락에서도 유사한 담론이 등장했다. 통일이나 북한에 관한 인식이 세대별로 다르다는 담론들이 반복된 것이다. 젊은 세대가 중장년층에 비해 북한이나 통일에 관한 부정적 인식을 더 많이 가지고 있다는 조사 결과와 해석이 주를 이뤘다. 연령대별 통계의 평균 수치를 참고하면 결코 틀린 분석은 아니다. 그러나 연령별 평균치의 차이가 미미한 상황에서, 세대 차이라는 전제는 기어이 또 하나의 세대론을 만들어내고 만다. 북한과 관련된 긍정적 검색어와 부정적 검색어의 사용 빈도를 조사한 통계에 따르면, 10대 12.7퍼센트(긍정적인 검색어 100개가 검색될 때 부정 검색어는 12.7개가 검색됨), 20대 11.3퍼센트, 30대 13.4퍼센트, 40대 12.6퍼센트, 50대 7.8퍼센트, 60대 5.5퍼센트로 집계됐다. 이 결과를 전 세대에 걸쳐 부정적인 검색어의 비율이 낮아지고 있다는 데 초점을 두어 보도할 수도 있었을 텐데, 3040세대의 부정적 검색 결과가 5060세대에 비해 많다고 요약한 보도가 나왔다.[23] 세대 차이를 지적한 것이다. 대북 인식에 관한 이 같은 세대주의 담론은 평창올림픽을 앞두고 여자 아이스하키팀 남북 단일팀을 추진하는 과정에서도 어김없이 등장했다. 언론은 청년세대가 단일팀에 특히 반대하는 이유가 이

들이 기성세대와 다른 '공정성' 감각을 지니고 있기 때문이라는 분석을 연일 내놓았다.[24]

이미 많은 사람들이 과잉된 세대론에 피로감을 호소하고 있다. 특정 현상을 '세대'나 '청년'과 가장 먼저 연관 짓는 사람들이 잔존하는 한, 비슷한 담론은 계속 반복될 것이다. 《중앙일보》 이현 기자는 이렇게 말한다. "세대 담론은 쉽고 재밌다. 하지만 같은 마음도 다르게, 다른 사람도 같게 만드는 함정이 있다. 그냥 좀 솔직해지면 좋겠다. 2030 핑계 대지 말고."[25] 이 칼럼은 세대주의적 담론에 내재하는 문제점을 명쾌하게 꿰뚫는다.

왜 하필 '세대'였을까?

왜 이런 현상이 발생하는 것일까? 왜 헬조선은 젊은 세대의 언어로 여겨지게 된 것일까? 언제부터 특정한 사회현상을 세대별로 구분지어 설명하거나, 특정 연령층의 속성으로 귀속시키는 것이 자연스러워졌을까? 왜 사람들은 어떤 이야기를 하든 '세대'와 '청년' '요즘 애들'과 같은 단어를 기어코 꺼내고야 마는 것일까? 우선 세대론이 이 정도로 범람하게 된 원인에 대한 몇 가지 설명을 검토해보자.

우선, 실제로 '세대 차이'가 과거에 비해 심화돼 세대 문제가 중요하게 다뤄지게 되었다는 설명이 있다. 기술 발전이나 문화 변동의 속도가 빨라져, 태어난 시기나 나이에 따라 가치관이나 행동 양식이 다를 수밖에 없다는 것을 자연스럽게 받아들이는 논리다. 그러나 이는 결과에 따라 원인을 끼워 맞추는 일종의 결과론적인 해석에 가깝다. 앞서 세대적 해석틀이 특정 세대와 긴밀히 관련된다고 보기 어려운 현상들에까지 과도하게 적용되는 사례들을 충분히 살펴보았다. 실재하는 세대 현상과 세대 담론은 그 증감의 방향과 크기가 서로 어긋날 수 있다. 둘 사이의 적잖은 상관관계를 전제하는 것이야말로 큰 오류일지 모른다.

다른 한편으로는 세대 담론이 지닌 현실적인 쓸모를 강조하는 설명이 있다. 다수의 세대사회학자가 그런 방식으로 세대 담론의 생산을 체계적으로 설명하는 길을 제시해왔다. 예컨대 사회학자 박재흥은 1990년대 이래 한국 사회에서 다양한 방식으로 '세대 이름'을 생산해온 3대 주체로 대중매체, 기업과 광고기획사, 정치권을 꼽았다.[26] "대중매체는 시대 풍속과 사람들을 이해하는 방편으로, 기업과 광고기획사는 마케팅 대상의 층화와 차별화를 통한 판매 확대와 이윤 증식을 위해, 정치권에서는 유권자의 분할 포섭이라는 선거 공학적 계산에 의해"세대론을 이야기하게 된다는 것이다. 세대 문제를 오랫동안 연구해온 사회학자 전상진은 《세대 게임: 세대 프레임을 넘어서》에서 '세대' 범주가 현실에서 쓸모를 발휘하는 현상 전반을 지시하는 개념으로 (책 제목과 동일한) '세대 게임'을 제시한다.[27] 그에 따르면, '세대 게임'은 "공적 토론 또는 공공 영역이 세대라는 주제에 주목하도록 만"든다. 또한 그것은 "참가한 사람들이 세대를 이뤄 서로 경쟁하고 다투는 활동"이자 "게임의 판을 짠 집단들이 어떤 이익을 취하기 위해 세대를 활용하여 사람들의 경쟁이나 싸움을 부추기는 움직임"을 의미한다.

여기서 또 다른 문제가 발생한다. 세대 담론은 도대체 어떻게 현실적인 쓸모를 갖게 된 것일까? 세대 명칭을 만들어 특정 연령층을 마케팅 대상이나 표밭으로 호명하려고 할 때, 그 세대 명칭·세대 담론이 효과적으로 작동하려면 호명되는 사람들의 암묵적인 동의가 반드시 필요하다. 예컨대 '2030세대가 투표장으로 나와 5060세대가 국가의 운명을 독단적으로 결정할 수 없도록 해야 한다'는 주장이 받아들여지기 위해서는, 호명되는 사람들이 그 세대 담론의 의미를 이해하고 수용해야 한다.

그렇기 때문에 세대론을 만드는 사람들은 자신의 전략이 소비자/유권자/독자들에게 어떻게 받아들여질지를 재고하지 않을 수 없다. 여러 가지 대안 중 실제로 선택되는 전략은 대개 그중 가장 성공할 가능성이 높다고 합의된 전략이다. 따라서 세대론을 바탕으로 한 마케팅 전략, 정치 전략의 급증이 보여주는 것은 세대를 중심으로 사람들을 효과적으로 구분하고 또 동원할 수 있다는 믿음의 총체이다.

질문은 더욱 분명해졌다. 세대론을 만드는 사람들과 그것을 수용하는 사람들은 어떻게 세대 문제가 중요하다는 믿음을 공유하게 되었을까? 왜 우리는 '세대'라는 범주로 무언가를 설명하는 일이 정당하다고 믿게 되었을까? 이 물음에 '사이다스러운' 답변을 내놓기는 어렵다. 동구권 몰락으로 마르크스주의가 퇴조하면서 계급 대신 세대나 젠더 등이 사회를 설명하는 중요한 범주로 다뤄지기 시작했다는 논의도 있지만, 왜 그게 하필이면 '세대'였는지를 온전히 설명하기란 어렵다.

하지만 세대 담론이 어째서 이렇게까지 일상을 지배하게 되었는지 그 원인을 찾으려는 노력은 생각보다 그리 중요하지 않을 수도 있다. 그 원인으로 지목할 만한 역사적인 분기점이 무엇인지 밝혀냈다고 해서 그게 없던 일이 되지는 않기 때문이다. 특정 집단이 어떤 목적을 위해 세대 담론을 지속적으로 만들어내고 있다는 것을 밝혀내고, 그 집단의 행태를 비판한다고 해서 이 상황을 완전히 극복할 수 있는 것도 아니다.

세대주의적 세대론의 일상화를 추동하는 것은 오히려 세대를 이야기하는 것이 정당하다는 무의식이 아닐까? 그 무의식은 권력을 쥐고 있는 소수를 넘어 한국 사회의 구성원들이 공유하고 있는 무엇이다. 따라서 세대주의가 어떻게 발생하게 되었는지 인과적으로 설명하는 것보다 지금 '세대'나 '청년'이라는 단어가 활용되고 있는 방식과 그 방식들의 전제를 명확하게 이해함으로써 그것과 단절하는 방법을 찾는 것이 훨씬 시급할지 모른다. 우선 전자의 문제, 즉 '세대'가 언제부터 이렇게 많은 현상을 설명하는 정당한 개념이 되었는지 살펴보려고 한다.

2

세대론 홍수:
신세대부터
N포세대까지

"왜 하필 이런 한국에 태어났을까?", "미국에서 살지 뭐라고 도로 나와?" 이따위 말은 외견 몰지각한 말이긴 하지만 노했거나 넋을 잃은 젊은 세대들이 흔히 발하는 말이 아니던가? 그러나 그것이 단순히 몰지각하기만 한 말은 아닌 상 싶다. 절대만능의 낙원에 비할 수 있는 인생 초기를 지나 그것도 민족전래의 무궁한 망재자질을 타고나 전도에 얼마든지 우수하게 그것을 발휘할 수 있을 기대하며 자라난 젊은 세대들이 조상의 노구 세대들이 조성해놓은 운명의 현실 앞에 나타날 때 조상을 미워하느니, 운명을 처부숴야만 될 자기네들의 처지를 한탄하는 말이겠으니 말이다. 이러므로 조금만이라도 눈이 뜨인 젊은 세대들은 항상 기성세대의 사소한 과실에도 과민하게 반응하여 비판하고 증오하며, 증오하면 반동적으로 죄악감을 느끼고 자기 징벌의 필요성, 다시 그것은 갖은 파괴, '자기 및 타인에 대한' 적대 행위로 의곡변장되어 사회에 여러 문제를 던지게 될 것이다. (강조는 필자)

요즈음 대학생들처럼 기성 사회와 기성세대에 대해 불만이 크고, 또 그 불만을 노골적으로 서슴없이 표현했던 세대는 없었던 것 같다. 젊은이들이 기성 질서에 대들고 무턱대고 순종하기를 마다하는 것은 결코 나쁜 현상만은 아니다. 그것은 새 세대가 자기들 나름으로 새로운 세계를 구축해가기 위한 필수적인 과정이기 때문이다. (강조는 필자)

근대화 과정 속에서 기성세대는 가정생활이나 사회생활에서 역경을 이겨나가는 끈기와 인내를 몸에 익히고 이를 그대로 간직하고 있다. 반면 **어려움을 별로 겪지 않고 자란 젊은 세대**는 쉽게 싫증을 내는 조급함, 모든 일을 기피하는 인내심 부족으로 풍요와 절제, 편의와 인내가 공존해야 한다는 사실을 깨우치지 못하는 경향이 있다. …… 이러한 일들은 가치관의 혼란, 인간성의 황폐화, 물질문화 속의 극단적 이기주의, 그리고 이런 요소들이 뒤섞인 복합적인 사회상 등에서 그 원인을 찾을 수 있으나 무엇보다도 젊은이들의 지제력의 상실에서 비롯된 것으로 볼 수 있다. (강조는 필자)

첫 번째 글의 첫 문장이 강렬하다. "왜 하필 이런 한국에 태어났을까?"라는 의문문은 즉각적으로 2015년의 '헬조선' 담론을 떠올리게 한다. 그러나 이어지는 문장들에 등장하는, 다소 어려운 한자 성어들이나 옛글투가 이것이 적어도 최근에 쓰인 글은 아니라는 추측을 가능케 한다. 이 글은 1953~1970년 발행된 월간 《사상계》 1961년 4월호에 실린 유석진의 글 〈신세대와 구세대의 알력: 세대 간의 갈등을 중심으로〉의 일부이다.[1] 한국을 살기 어려운 나라로 표상하는 '헬조선'의 문제의식을 마치 최근의 젊은 세대가 갖고 있는 특유한 문제인식인 것처럼 논한 2015년의 수많은 세대 담론들을 떠올려보면, 1960년대에 이미 이러한 글이 쓰였다는 사실 자체가 매우 낯설게 느껴진다.

두 번째와 세 번째 글도 마찬가지이다. 2018년 현재 상황을 묘사한 것이라고 해도 전혀 무리가 없어 보이는 두 글은 모두 30여 년 전에 작성된 것이다. 두 번째 글은 1976~1980년 발간된 월간 《뿌리 깊은 나무》 1979년 7월호에 수록된 남기심의 글 〈그래도 대학생은 잘 있다〉의 일부이고,[2] 세 번째 글은 1990년 한국사회학회가 펴낸 《한국 사회의 세대 문제》라는 단행본의 일부이다.[3] 특히 세 번째 글, 세대 문제를 학문적으로 다루려는 사회학자의 글에서 엿보이는, 젊은 층에 대한 별다른 근거 없는 일방적인 폄하는 황당하게 느껴진다.

위의 글들이 작성된 연도를 바탕으로 당시 '청년'이었던 사람들의 현재 나이를 추측해보면 어떨까? 꽤나 흥미로운 일일 것이다. 1961년에 청년이었을 당시의 20대(20~29세)는 2019년 현재 노년층(78~87세)이 되었다. 1979년의 청년은 현재 장년층(60~69세)이고, 1990년의 청년 또한 현재 중년(49~58세)에 해당한다. 오늘날 2030 혹은 2040의 연령대를 넘긴 세대는 다음과 같은 각종 혐의에서 자유롭다. 조국을 부정하고 '헬조선'을 외친다는 혐의, 윗세대에게 노골적으로 불만을 제기한다는 혐의, 어려움을 별로 겪지 않고 자라 인내심이 부족하다는 혐의 말이다. 오히려 이들은 젊은 시절 전쟁이나 산업화 시기를 겪어 보수화된 세대로 알려져 있다.

젊은 시절 일정한 특성을 지닌 세대로 명명된 인구 집단은 시간이 흐르며 종종 그러한 분석에서 자유로워진다. 그 이유는 무엇일까? 그들이 나이가 들었기 때문에, '젊은 사람들'이라는 범주에서 벗어났기 때문에 더는 사회가 그들을 쉽게 판정하지 않는다는 것 말고는 달리 설명할 방법이 없다. 1961년, 1979년, 1990년의 청년들이 나이가 들면서 자연스럽게 예의를 체득하고, 인내심이 많아지고, 국가를 긍정하게 되기라도 한 것일까? 또한 나이가 들면 현실을 있는 그대로 자연스럽게 받아들이게 되기 때문에 사회에 불만을 갖고 있는 젊은이들과 그렇지 않은 기성세대는 항상 대립할 수밖에 없는 것일까?

위와 같은 질문들에 '아니다'라고 답할 수 있음을 우리는 이미 알고 있다. 사회에 특별히 불만 없고 보수적 정치 성향을 가진 예의 바르고 인내심 많은 20대는 물론 현실 비판적이고 진보적 정치 성향을 가진 60대 혹은 인내심 없고 뭐든 제멋대로인 노인도 많기 때문이다. 20대라서 사회에 불만을 갖는다거나 인내심이 없다고 말하는 것, 반대로 60대라서 보수적이라고 말하는 것은 불가능하다. 사회에 불만 있는 20대 혹은 보수적인 60대를 현실에서 찾아볼 수는 있지만, 20대는 사회에 불만이 있다거나 60대는 보수적이라고 단정하는 것은 원칙적으로 불가능하기 때문이다.

젊은 세대와 기성세대 간의 세대 차이를 지적하는 담론이 수십 년간 지속되는 현상을 들여다보기 위해서는 분석의 차원을 실재하는 두 세대의 특성에서 담론의 수준으로 옮겨야 한다. (세대는 관념일 뿐 실재하지 않는다.) 과거에 쓰인 텍스트들을 있는 그대로 믿으며 실제로 그 모든 시기에 젊은 층이 기성세대와는 무언가 다른 정치적 특성이나 가치관을 갖고 있었다고 결론 내리는 쪽보다는, 그 텍스트들이 어떤 배경에서 만들어졌는지 한 번쯤 의심해보는 쪽이 좀 더 합리적이다. '객관적인 현실' 속 젊은 층과 무관하게 '젊은 층' '젊은 세대' '청년'과 같은 집단을 기성세대와 대립시키는 담론이 반복적으로 생산되는 것은 아닌지 따져보아야 한다.

'요즘 애들은 버릇이 없다' 유의 가장 원초적인 세대 담론은 그 기원을 따질 수도 없을 만큼 오래되었다. 어쩌면 인간이 시간을 감각한다는 단순한 사실 때문에 출생 순서를 기준으로 사람들의 성질을 범주화하는 분류 작용, 즉 세대 담론이 자연스럽게 나타나게 된 것인지도 모른다. 그러나 앞서 세대주의라는 개념을 살펴보았듯, 세대론은 출생이라는 시간성과는 다소 관련 없는 여타의 관념들을 세대와 연관 지으면서 스스로를 더 포괄적이고 체계적인 지식의 영역으로 정당화한다.

따라서 한국 사회에서 세대 담론이라는 지식이 새로운 대상과 현상들에 적용·확산된 과정을 살펴보고자 한다. 어떻게 세대는 단순히 '요즘 애들'의 풍속을 비판하기 위한 도구를 넘어 문화, 정치, 경제 그리고 정책 영역에서 통용되는 지식이 되었을까? 한국 학계에 세대사회학이라는 분야가 소개되기 시작한 1990년대 초반부터 들여다보자.

'신세대'의 탄생

신세대, 존재하지 않는 집단?

1990년대 초반은 한국 사회의 세대 담론이 중요한 변곡점을 맞이한 시기다. 국내 세대 연구가 본격화되는 등 '세대'라는 범주어가 이전에 비해 일상화되었기 때문이다. 전상진에 따르면, 이는 사회주의권 국가들이 몰락하는 시대적 배경 속에서 "계급·계층 개념의 실천적, 학문적 효용성이 의문시되는 분위기"가 형성되고 계급 범주의 보완물·대체물로서 세대 범주가 부상하게 된 것과 관련이 있다.[4] 또한 한국 사회는 근대화, 서구화, 경제 성장, 민주주의 이행 등을 매우 압축적으로 이룬 탓에 이 시기에 세대 문제의 중요성이 더 부각된 측면이 있다. 박재홍에 따르면, 당시 한국 사회에는 "유교적 규범을 내면화한 세대와 서구적 가치관에 익숙한 세대, 일제 식민 통치를 겪은 세대와 겪지 않은 세대, 동족 상잔의 비극과 절대적 빈곤을 뼈저리게 체험한 세대와 전쟁 이후 출생하여 큰 어려움 없이 자란 세대" 등이 공존하는 '동시대인의 비동시대성'이 극심하게 나타났으며, 따라서 "계급 갈등, 지역 갈등과 함께 세대 갈등이 한국 사회가 극복해야 할 3대 갈등 중의 하나로 지적되기도" 했다.[5]

1990년대 초반 등장한 '신세대' 담론은 세대 문제와 관련해 상당히 중요한 주제다. 당시 연구자들은 이전의 신세대가 그저 젊은 사람들을 구세대와 구별해 부르는 이름이었던 데 반해, '신세대' 담론은 "보통명사로서의 신세대와는 다른"의미를 가지며 "대략 70년대에 출생한 10대 후반부터 20대 초반까지의 젊은이를 그들 특유의 특성과 관련지어 지칭하는 고유명사"의 지위를 획득했다고 지적한다. '신세대'라는 용어 사용이 폭증하기 시작한 것은 1993년으로, 당시 광고 업체들이 '신세대'라는 용어를 광고 카피로 대거 사용했다.[6] 또한 그해 '미메시스'라는 문화운동 모임이 《신세대: 네 멋대로 해라》라는 책을 출간하면서 신세대를 둘러싼 담론 논쟁에 불을 지폈다.

월간 《말》에 실린 '미메시스' 일원의 인터뷰 기사는 당시 '신세대' 담론의 주창자들이 해당 담론에 어떤 문화운동적인 가치를 부여했는지 잘 드러낸다.[7] 그들은 신세대를 "물려받은 풍요를 누리는 철부지"로 규정하는 '구세대'의 시각을 거부하면서, "신세대의 사회적 파워와 감성적인 열정을 무조건적으로 옹호한다"고 선언한다. 또한 '민주주의, 임금 인상'에 집중한 구세대 사회운동의 저항 방식이 '파업, 시위' 등으로 단조

로웠던 데 비해, 신세대의 새로운 저항은 "훨씬 복잡하고 근본적인 요구", 즉 '자유와 풍요로운 삶'을 추구한다고 주장한다. 당시 부유층 자제들인 '오렌지족'과 중산층 이하 자제들인 '낑깡족'은 '신세대'가 추구하는 '새로운 저항'의 상징으로 여겨졌다.

그러나 미메시스 그룹이 실재하는 '신세대'와 그들의 가치 지향, 삶의 방식을 긍정한다는 식으로 주장한 것에 비해, 정작 '신세대'가 가리키는 실체는 다소 모호했다. 그래서인지 이화여자대학교에서 열린 심포지엄에서 당시 대학생들은 "신세대의 존재를 인정하면서도 자기 주위에 그런 사람들이 있는지 궁금해하고, 심지어 대부분이 막상 자신은 신세대의 범주에서 빼주기를" 바라는 모습을 보였다.[8] 이에 언론과 연구자들은 '신세대'가 실재하는지, 존재한다면 어떤 특성을 갖는 세대인지 알아내려고 했다. 그러나 결과적으로 형성된 '신세대'의 상은 미메시스 그룹이 선언했던 진취적이고 혁명적인 모습과는 거리가 있었다. 1990년대 한국의 신세대는 "전통적인 입신양명 사상이나 출세주의를 앞세우지 않으며, 사회문화에 대해 이성주의적이 아니라 감성주의적으로 대응하는" 세대로 여겨졌다.[9] 소비 지향성·개인 지향성·탈권위 지향성이 '신세대'를 설명하는 거의 공식적인 지식이 되었다.[10]

'신세대' 담론에 대한 비판들도 쏟아졌다. 특히 문화이론연구회에서는 이론적 차원에서 신세대론에 강력한 의문을 제기했다. 미메시스 그룹이 주장한 신세대의 '새로운 저항'이란 이들이 보기에는 "오로지 감성의 무정부주의적 전복을 꾀하고 있다는 점에서 이론적 근거가 빈약하고, 신세대만의 세상을 갈구하고 있다는 점에서 세대 이기주의에 매몰된 것"이었다. 그러한 세대 중심적 사고틀은 "계급, 경제, 지역, 환경, 민족 등의 사회적 갈등들"을 주변화하고 은폐하며, 신세대론은 "부상하고 있는 세대들을 그러한 사회적 갈등들로부터 격리, 봉쇄하는" 이데올로기적 효과를 지닌다.[11]

상업주의로 무장한 저널리즘과 광고 회사들이 젊은 층을 소비주의 문화로 편입시키기 위해 신세대론을 주장하고 있다는 혐의 또한 제기되었다. 이 문제 제기는 '신세대'와 '구세대'라는 구분 자체가 실체 없는 모호한 것이라는 비판과 함께 이루어졌다. 당시 강준만 교수는 "신세대는 신세대이기 때문에 신세대"라는 표현으로 '신세대' 담론의 허구성을 꼬집었다. 그는 신세대는 '분류의 산물'이며, "일단 신세대라고 하는 가공의 '준거 집단'을 만들어"놓은 마케팅 차원의 생산물을, 사후에 "언론과 전문가들이 사회학적으로 분석"하면서 신세대라는 범주가 더욱 공고해졌다고 주장한다.[12]

신세대론이 말해주는 것

신세대론은 한국 세대 담론의 매우 중요한 축이다. 이 담론의 확산 과정에서 나타난 특정 세대에 대한 지식 축적, 담론을 통한 문화정치, 비판 담론의 전개 양상 등이 이후 등장하는 수많은 세대 담론에서 거의 그대로 반복되기 때문이다. '신세대' 담론의 구조적 특징을 살펴봄으로써 이후의 다양한 세대론에 대한 관점을 더욱 선명하게 다듬을 수 있다.

1990년대의 신세대론은 이전의 세대 담론들과 어떻게 다를까? 우선, 이전의 세대 구분 논의가 주로 소수의 사회 지도층에게 적용되었던 데 비해, 신세대론은 특정한 연령층의 인구 전체를 지칭하는 방식으로 확장되었다. 예컨대 1920년대 청년운동에서 '청년'은 일제강점기라는 위기 상황에 처한 조국을 계몽할 엘리트 주체의 성격을 강하게 가지고 있었다. 또한 스스로를 '신세대' 따위의 명칭으로 규정하며 부상한 1990년대 이전의 주체들은 문학계와 같이 특수한 사회 영역 내의 세대 교체론과 관련되어 있었다. 이에 비해 1990년대의 신세대는 특정 연령대를 겨냥한 광고 마케팅 수단으로 폭넓게 호명되는 경향이 있었다. 2017년을 기준으로 15~29세 인구가 전체 인구의 18.9퍼센트 정도를 차지한다면, 1990년 당시에는 '신세대'로 호명되던 15~29세가 전체 인구의 30.1퍼센트를 차지하고 있었다. 그야말로 거대한 시장이었다.[13] 이렇게 보면, 오늘날과 같이 인구 전체를 특정 세대의 일원으로 분류할 수 있다고 보는 이 상상력은 독재가 종결되고 형식적 민주화가 달성된 후 한국 사회에 출현한 '대중'과 대중 사회의 산물인지도 모른다.

그다음으로, 이전의 세대론들이 상당 부분 자기규정적이었던 데 비해, 신세대론은 시간이 흐르면서 외부규정적인 성격을 더 짙게 띠었다.[14] 문화연구자 이재원은 '신세대'가 지칭했던 1970년대생에 관한 담론이 자기규정 담론에서 외부규정 담론으로 전환되는 과정을 '신세대'와 'X세대'라는 기표의 경합으로 포착한다.[15] 미메시스 그룹을 필두로 한 신세대들은 젊은 세대들의 행태를 일방적으로 비판하는 취지의 '오렌지족'이라는 멸칭을 거부하면서 스스로 '신세대'라는 명칭을 내세웠으나, 정작 젊은 층 당사자들은 그 단어를 잘 쓰지 않았다. 그보다는 "상품을 팔기 위한 수단"으로 서구에서 수입된 'X세대'라는 명칭이 훨씬 더 널리 수용되었다.

자기규정적 세대론이 자신들이 세대 교체를 통해 새로운 주체의 자격을 갖추었음을 강조하는 '주관적' 성격을 띤다면, 외부규정적인 세대론은 특정한 연령대에 대한 '객관적'이고 '과학적'인 분석을 통해 생산된 지식으로 여겨진다. 여기에서 신세대론의 또 다른 특징이 도출되는데, 이제 세대 담론은 (당사자이든 외부자이든) 세대론 주창자들의 통찰력이 창조하는 무언가가 아니라 이미 존재하는 특정 집단의 평균적 특징을 약간의 '과학적'인 방법(설문조사의 통계 처리, 인터뷰 자료의 질적 분석 등)을 동원해 알아낼 수 있는 무언가가 된다. 사람을 연구하는 인간과학에서 세대라는 변인이 정당화되면, 세대의 여러 가지 특성들을 변수화해 측정 단위로 만들고, 이 변수들에 개입해 조절할 수 있다는 식의 사고가 가능해진다. 예컨대, 세대(연령대)별 소득, 주거비 등은 물론 대북對北관, 사회적 지지감, 행복감 등을 조사해, '청년세대에게 주거 지원을 해야 한다' '청년들의 대북관이 문제이므로 교육 방안을 마련해야 한다'는 식의 주장을 내놓을 수 있는 것이다. 세대를 다루는 사회학의 도입과 발전이 역설적으로 '당사자'가 스스로를 특정 세대로 자임할 수 있는 가능성을 축소시킨 꼴이다.

마지막으로, 신세대론에서 세대 개념의 강조점이 연령 코호트 집단에서 출생 코호트 집단으로 전환되는 경향이 나타났다.[16] 신세대론이 등장한 1990년대 이전에도 신세대라는 기표는 주기적으로 출현했는데, 이때의 신세대는 연령을 기준으로 구세대/기성세대와 구분하는 용법에 가까웠다. 즉 현재의 구세대는 과거의 신세대이고, 현재의 신세대는 미래의 구세대가 된다는 식의 자연사적인 운명에 바탕을 둔 세대 구분이었으며, 어떤 연령 집단이 지닌 현재의 특성은 그들이 나이를 먹으며 일정하게 변할 것이라고 상정되었다. 반면 1990년대의 '신세대' 내지는 'X세대'는 2010년대와 그 이후

에도 여전히 같은 이름을 유지할 수 있다고 여겨졌다. 1990
년대의 '신세대'는 1970년대나 2010년대의 청년들과는 질적
으로 변별되는 특성을 가진 이들로 받아들여진 것이다. 여기
에는 특정 연령 집단의 현재 특성이 그들이 나이를 먹더라도
어느 정도 유지될 것이라는 가정이 깔려 있다.

　결국 세대 문제에 대한 탐구는 사회와 문화의 변동을 예
측해보는 일과 긴밀히 연관된다. 젊은 층이 기성세대에 비해
사회적으로 더 많은 주목을 받는 것도 이런 맥락에서 설명
가능하다. 젊은 층의 현재 모습이 곧 사회의 미래상과 연동
된다고 여기는 것이다.

'청년'과 '세대', 무대에 등장하다

　물론 여기에는 '청년'이 민족이나 국가의 미래와 의미론
적 연관 관계를 맺고 무대 전면에 소환되어온 좀 더 오래된
역사가 있다. 역사학자 이기훈은《청년아, 청년아, 우리 청년
아: 근대, 청년을 호명하다》라는 책에서 '청년'이라는 개념을
둘러싼 의미들 사이의 상호 경쟁에 주목한다. 그런 경쟁을
통해 "당대의 젊은이에게 다양한 인식과 행동의 양식"이 제
시되었다는 진단이다. 청년에게 곧잘 따라붙는 "민족과 민주
주의에 대한 소명의식" "사회를 이끌어나갈 선구자" "사회의

지도와 훈련을 받아야 할 불량한 존재" 등의 이미지는 '청년'
이라는 개념이 국내에 도입되었을 때(1890년대 무렵)부터 이
미 형성되기 시작했다.[17]

1990년대 초반 사회학을 통해 도입되기 시작한 '사회과
학적' 세대 연구 방법은 '청년' 그리고 세대 구별과 세대 갈
등 등의 문제와 관련한 수많은 담론들이 지속적으로 생산될
수 있도록 지름길을 열어주었다. 객관적으로 존재하는 세대
문제를 알아내야 한다는 열망, 그리고 그것이 어떤 방식으로
든 유용하게 쓰일 수 있다는 믿음은 사회과학이 세대 변인을
관행적으로 활용하도록 했다. 경영학·소비자학 및 광고·마
케팅 분야에서도 세대와 관련된 지식이 쏟아졌다. 언론 역시
학계 전문가들과 함께 이런저런 세대 담론들을 적극적으로
생산·유통했다.

'386세대' 'N세대' '88만원세대' 'G세대' '촛불세대' '3포
세대' '달관세대' '세월호세대' 등의 수많은 조어가 '히트를
치며' 세대 문제를 상기시킬 때마다, 사람들은 그 세대에 대
해 알고자 했다. '신세대'의 사회경제적·성격적·가치 지향적
특성, 구체적으로는 정신 건강, 취향 체계, 정치 지향, 라이프
스타일, 소비 성향 등이 포괄적으로 조사됐듯, 그 이후의 세
대들을 정밀히 파헤치는 연구 역시 계속되고 있다. '신세대'
에는 다양한 정치적 열망이 투사됐다. 대표적으로 '신세대'의
형상에서 기성 한국 사회에 존재하지 않았던 긍정적인 특질

들을 읽어내려고 했던 미메시스 그룹은 대학 운동권의 한 분 파였다. '신세대'를 폄하하며 기성의 가치 쪽으로 이들을 계도하든, 반대로 '신세대'에게서 탈물질주의나 진정한 개혁성을 읽어내는 식으로 찬양을 하든, 어느 쪽이든 '신세대'에 대한 담론은 결국 정치적인 것과 불가분의 관계에 있었다. 세대의 정치성에 관한 질문 역시 이후의 다양한 세대 담론에서 반복됐다. 뒤에서 더 자세히 살펴보겠지만, 특히 '88만원세대'나 '3포세대'는 젊은 세대의 '객관적'인 경제 상황을 과장함으로써 이들을 특정한 정치적 주체로 호명한 담론이었다.

세대론을 부정하고 비판하는 대항 담론들도 지속적으로 만들어졌다. 대항 담론의 유형은 크게 두 가지였다. 우선 특정한 연령대의 인구가 공유하고 있는 특질, 즉 세대의 존재 자체는 어느 정도 인정하면서 그 세대를 설명하는 구체적인 방식과 내용을 중심으로 이의를 제기하는 방식이 있다. '신세대'론을 예로 들면, 언론이나 운동권 대학생들이 말하는 '신세대'가 진짜 신세대의 모습을 담아내지 못한다고 주장하는 방식이 여기에 해당한다. 이와 달리 '신세대'의 존재 자체에 의문을 표하는 방식도 있다. 비슷한 또래이기는 하지만 서로의 삶이 크게 다른데 이것을 하나의 세대로 묶는 것 자체가 억지라는 것이다. 정리하면, 전자는 "신세대는 ~이다/아니다"라는 식의 논의를, 후자는 "신세대가 있다/없다"라는 식의 논의를 펼친다.[18]

우리는 세대론 그 자체를 의심할 필요가 있다. 세대 담론을 이야기하는 다수가 어떤 세대 담론에 대해서는 그 허구성을 비판하면서도 또 다른 세대 담론은 그럴듯한 담론으로 인정한다면, 세대 담론이라는 현상 일반 자체를 비판적인 입장에서 완전히 재성찰해야 한다고 본다. 다양한 사회현상들을 세대라는 틀로 설명하는 세대주의 경향이 점점 더 심화되는 오늘날, 우리는 세대라는 프레임을 강하게 의심해야 한다. 물론 이렇게 세대론 자체를 상대화하자는 시각이 완전히 새로운 것은 아니다. 세대론을 경계하자는 입장은 세대 담론이 등장하고 그것이 사회 문제가 될 때마다 등장했다. 일단은 1990년대의 신세대론에 대한 문화이론연구회의 비판을 일부 그대로 인용하는 것으로 갈음해보자. 세대주의적 경향이 왜 이토록 문제가 되는지는 3장에서 더 자세히 다루고자 한다.

'신세대 과잉 담론'은 세대 간 갈등과 대립을 중심 문제로 설정하는 경향을 보여준다. 그러나 우리는 90년대 세대를 논하면서 '신세대 정체성'의 함정에 빠져 모든 문제를 '세대론'으로 환원시켜서는 안 될 것이다. …… 세대의 문제가 다른 문제로 남김없이 환원될 수 있다고 주장하는 것은 물론 아니다. 요컨대 일련의 상이한 형태들을 취하는 사회적 갈등들(경제, 민족, 지역, 성, 계급 등)은 불균등하고 불안정하지만, 바로 그렇기 때문에 과잉결정의 원인이 된다. 또한 과잉결정은 단일한 요소로 이루어지지 않고 중첩된다. 여기에서 문제는 갈등과 모순들의 중층성이 아니라 그것들의 연결고리가 끊어지는 것이다. 다시 말해서, 갈등과 모순들이 총체적 효과라는 점을 지우면서 스스로를 단일한 사건으로 고립시키는 것.[19]

세대 정치의 등장

'노무현 현상': '세대'가 투표에 미치는 영향

2002년은 세대에 또 한 번 관심이 집중된 해였다. 이번
에도 마찬가지로 젊은 세대에게 광범위한 관심이 쏟아졌다.
1993년의 '신세대' 담론이 광고, 마케팅 차원에서 젊은 층을
소비자로 호명함으로써 그들의 사회적·문화적 특질이나 취
향에 대해 활발히 논의할 수 있는 장을 마련했다면, 2002년
의 젊은 층에게 쏟아진 세대적 관심은 현실 정치의 맥락에
기초하고 있었다. 당시 "새천년민주당의 국민참여경선에서
노무현 후보가 젊은 층으로부터 유난히 높은 지지를 받으면
서 대선 후보가 된 것"은 "한국 정치에서 세대 변인이 주목받
기 시작"하게 만든 하나의 사건이었다.[20] 한국 사회의 정치 현
상을 분석하는 데 세대가 중요한 요인이 될 것이라는 진단은
이전에도 정치학자들이 제기한 바 있으나,[21] 세대 문제가 현
실 정치에서 크게 이슈가 된 것은 이때가 처음이었다.

소위 '노무현 현상'은 계속되었다. 노무현은 2002년 대

선에서 젊은 층의 압도적 지지를 받아 대통령으로 당선됐다. 2004년 국회의원 선거에서는 '대통령 탄핵 소추안 가결'의 역풍을 맞아 열린우리당이 152석이라는 과반 의석을 얻기도 했다. 젊은 층의 투표 성향은 두 선거 모두에서 큰 주목을 받았는데, 중장년층은 상대적으로 보수 정당인 당시 한나라당을 지지하는 유권자의 비율이 높았던 반면 젊은 층 유권자들은 열린우리당과 노무현 대통령에게 압도적인 지지를 보냈기 때문이다. 두 번의 선거 결과는 '인터넷'을 무기로 삼은 '젊은 세대'의 승리로 곧잘 해석되었다.

17대 총선은 20·30대가 변화의 주체로 확고하게 자리매김한 가운데 '세대 갈등 치유'라는 또 하나의 숙제를 안겨주고 막을 내렸다. 지난 대선이 45세를 기준으로 투표 성향이 엇갈렸다면 이번에는 20·30대와 50·60대 사이에 극명한 '세대차'가 드러났다. 이 같은 변화는 사회 발전의 원동력인 동시에 또 다른 사회 갈등의 불씨로 해석되고 있다.[22]

위의 글은 2004년 제17대 국회의원 선거 결과를 분석한 《경향신문》의 기사를 인용한 것이다. 연령대에 따라 투표 성향이 엇갈렸다는 분석이 틀린 것은 아니다. 실제로 그렇기 때문이다. 그러나 투표 성향에서 나타나는 세대 차를 과연 선거 결과를 분석하는 핵심 요소로 다룰 만한지는 별도의 문제다. 한국 정치에서 세대 변인이 본격적으로 주목받기 시작한 것은 2002년 이후였지만, 연령대에 따라 선호하는 후보가 달라지는 현상이 그 이전의 선거에서는 없다가 2002년 즈음에 갑자기 새롭게 나타난 것은 아니기 때문이다.

역대 대통령 선거 자료에서 드러나듯, 연령대별로 후보들의 지지율이 차이가 나는 현상은 꽤 오랫동안 지속되었다. 한국갤럽의 자료에 따르면,[23] 민주화 이후 첫 대통령 선거였던 1987년 제13대 대통령 선거에서도 연령대별로 1위를 차지한 후보가 달랐다. 예컨대 노태우 후보는 20대 지지율이 20.5퍼센트에 그쳤지만 50대 이상에게는 55.3퍼센트의 지지를 받았고, 김영삼 후보는 50대 이상의 지지율이 15.4퍼센트밖에 되지 않았지만, 20대에게는 37.4퍼센트의 지지를 받았다.

역대 대통령 선거에서 연령대별 투표 성향은 나름대로 극명하게 갈려왔다.(〈표 1〉) 1987~1991년 실시된 세 번의 선거(1987년 대통령 선거, 1988년 국회의원 선거, 1991년 광역의회 의원 선거) 결과를 바탕으로 한 연구 논문에서도, 이 시기에 이미 "세대 요인이 한국 유권자의 투표 행태에 중요한 영향을 미치고 있음"을 언급한다. 특히 "민주 세대와는 달리 신세대에 속하는 구성원들은 여당뿐 아니라 야당에 대해서도 강한 부정적 태도를 가진다"는 것을 하나의 시사점으로 제시하고 있기도 하다.[24] 언론이 2002년 즈음 사람들의 정치 성향이나 선거 결과를 해석하면서 세대 요인을 부각하기는 했지만, 그것을 세

〈표 1〉 역대 대통령 선거 연령대별 득표율[25]

구분	제13대 대선(1987)			제14대 대선(1992)			제15대 대선(1997)		
	노태우	김영삼	김대중	김영삼	김대중	정주영	김대중	이회창	이인제
전체	36.6	28.0	27.1	42.0	33.8	16.3	40.3	27.9	19.2
20대	20.5	37.4	31.2	22.2	37.3	20.7	43.2	27.9	24.6
30대	27.7	33.2	30.3	31.5	26.4	22.4	43.7	34.8	20.7
40대	41.0	24.4	25.6	49.0	30.0	10.5	37.2	44.1	17.8
50세 이상	55.3	15.4	23.4	55.9	30.9	8.5	34.2	51.0	14.8
50세 이상- 20대	34.8	-22.0	-7.8	33.7	-6.4	-12.2	-9.0	23.1	-9.8

구분	제16대 대선(2002)			제17대 대선(2007)			제18대 대선(2012)	
	노무현	이회창	권영길	이명박	정동영	이회창	박근혜	문재인
전체	48.9	46.6	3.9	48.7	26.1	15.1	51.6	48.0
20대	62.0	31.4	5.7	39.8	24.9	18.0	31.8	67.6
30대	60.2	30.7	8.2	38.6	27.7	14.8	30.1	69.1
40대	43.4	50.8	4.9	46.9	22.9	19.7	46.1	53.3
50세 이상	33.4	65.5	1.0	60.0	23.4	13.2	70.7	28.6
50세 이상- 20대	-28.6	34.1	-4.7	20.2	-1.5	-4.8	38.9	-39.0

※ 전체 수치는 각 후보의 실제 득표율, 연령대별 수치는 한국갤럽의 최종 예측치

대 요인의 중요성이 실제로 더 확대된 결과로 보기는 어렵다는 것이다. 그보다 이 시기의 정치적 세대 담론은 세대주의적 상상이 정치 영역으로 확장되어 나타난 결과이다.

특정 담론이 출현하고 유행하게 되면, 자연스럽게 담론 효과가 발생한다. 이후 다양한 정치 이슈에 대한 여론조사나 선거와 관련된 통계를 작성할 때 연령대(세대)별 분석을 추가하는 것이 관례화되었다. 특정 사안에 대한 의견 성향은 어떤 기준에 따라 달라질까? 소득 수준이나 교육 수준, 직업군에 따라 다른 여론이 형성된다고 가정할 수도 있고, 혹은 주거 형태, 좋아하는 음악이나 영화 장르, 친밀한 사람들의 수 등과 같이 조금은 익숙하지 않은 기준을 중심으로 차이가 발생하는 경우도 '상상'해볼 수 있다. 사람들을 분류하는 범주는 무한히 많지만, 이 중 일반적으로 '중요하거나 유효하다고 여겨지는' 범주는 단 몇 가지로 추려진다. 한국 현실 정치에서 중요하게 다뤄진 범주는 영남/호남의 지역주의, 도시/농촌의 지역 격차, 직업군을 중심으로 한 계층, 진보/중도/보수로 구분되는 정치 성향 등이었다. 세대주의적으로 선거 결과를 해석하는 담론이 출현한 이후, 세대/연령이라는 범주 역시 바로 그 목록에 추가되었다.

세대론, 현실을 만들어내다

이러한 범주들은 단순히 연구자들이나 언론 매체들이 사회현상을 '중립적으로' 조사할 때에만 활용되지 않는다. 실제로 이 범주들은 정치가들이 각자의 지지 세력을 결집하거나 확장하기 위해 전략을 세울 때 활용된다. 현실 정치를 직접 수행하는 정치인들뿐만 아니라, 한국 사회의 정치적 지형 내에서 일정한 역할을 담당하는 '이념화/정치화된 언론 매체들' 역시 이 범주들을 활용해 기사를 쓸 수 있다. 정치학자 박상훈은 《만들어진 현실》이라는 책에서 영남·호남의 지역성이라는 '정당화된 범주'가 현실 정치에 어떻게 동원되는지 보여준다. 책 제목인 '만들어진 현실'은 "우리 사회에서 지역주의 문제라고 이야기되는 것의 상당 부분이 실제 있는 그대로 현실을 말하는 것이 아닌 특정의 이데올로기적 효과를 위해 '창조'되고 '동원'"되었다는 점을 꼬집는다.[26]

지역주의라는 '만들어진 현실'은 실제로 지역주의를 부추기는 효과를 가져왔고, 이는 최근까지도 유효하게 작동해왔다. 예컨대 2016년 제20대 총선에서 국민의당이 호남 지역에서 선전하며 다수의 의석을 확보한 결과를 호남 유권자들의 '반反문재인 정서'와 연관 짓는 분석이 꽤 제출됐다.[27] 마찬가지로, 세대에 따른 정치 성향 차이라는 구성된 현실constructed reality이 나타나자 세대라는 범주는 곧바로 현실 정치에서 여러 목적에 활용·이용되기 시작했다.

제일기획은 P세대를 규명한 후 이들의 어버이 세대이며, P세대와 실버세대 사이에 위치한 45세에서 64세까지의 중장년층을 상대로 조사했다. 이른바 4564세대다. 조사는 지난해 하반기 전국 5대 도시 1,200명을 대상으로 이뤄졌다. 결론은 이렇다. "뜨거운 햇볕과 말라버린 땅, 어두운 저장고와 침묵의 시간 속에서 인고의 시기를 견디어낸 후 비로소 새로운 빛깔과 향으로 다시 태어나는 포도주와 같은 세대다." WINE 은 "인고의 시기를 거쳐 사회적·개인적으로 잘 통합되고^{Well} ^{Integrated} 숙성된 어른 세대^{New Elder}"란 의미라는 설명이다.[28]

최근 그동안 우리 사회의 주류였던 60대의 경륜에 의한 수구적 사회 현실에 대하여 386세대는 목소리를 크게 내고 있다. 그러나 475세대는 60대에 밀리고 386의 돌풍에 치여 고개를 숙여야 했었다. 정치·경제·사회 전반에서 475세대가 주축이어야 함에도 불구하고 자기들의 목소리를 내오지 못한 것이 사실이다. 475세대가 살아야 나라가 사는 만큼 가정·직장·사회에서 475세대의 기를 살려주고 그들을 위한 판을 만들어줘야 한다. 그들이 정치와 문화·사회의 주류로 컴백해야 한다.[29]

여기에 한 가지 더. 2001년 현재 한국인의 평균 수명은 76.5 세(남자 72.8세, 여자 80.0세)이나, 2030년의 평균 수명은 81.5 세로 늘어나 장수^{長壽}시대가 펼쳐진다. 지금 우리가 왜 65세 이상 '실버세대'에 대해 사회적 관심을 쏟아야 할지에 대한 분명한 메시지를 던져주는 징표들이다. 한국 사회에서 65세 이상 실버세대는 해방 후 '나라 만들기'의 기초를 닦은 건국 세대이기도 하다. 일제 치하에서 출생해 10대 후반을 한국전 쟁의 고통에서 보내고, 건국 과정을 몸으로 버틴 산전수전山戰 水戰 다 거친 세대이다. 우리 사회가 실버·건국세대를 제대로 대접할 수 있는 날은 언제쯤 올까.[30]

위의 세 글은 2003~2004년 《주간조선》에 실린 기사다. 익히 알려져 있듯, 《조선일보》는 대표적인 보수 매체다. 이 기사들은 보수적 이념 성향을 가진 정치 세력의 위기의식을 반영하고 있다. 1997년 대통령 선거에서 김대중 후보가 당선 되어 '국민의 정부'가 탄생하고, 이어서 2002년 대통령 선거 에서도 상대적으로 진보 세력에 가까운 노무현 후보가 당선 돼 민주·진보 진영의 집권이 지속되는 상황을 의식한 것으 로 보인다. 젊은 층의 진보적인 정치 성향이 한국 정치의 '세 대 교체'를 이뤄내고 있고, 현재 젊은 세대가 사회의 중추로 떠오를 미래에는 보수 정치 세력이 더욱더 선거에서 승리하 기 힘들어질 것이라는 위기감이 이 시기에 나타나게 된 것 이다.

이에 대한 보수 정치 세력의 대응책도 위의 《주간조선》 기사들에서 찾아볼 수 있다. 바로 40대 이상 중장년층 보수 세력을 결집하는 방법이다. 인용한 기사들은 공통적으로 세대 교체 흐름 속에서 중장년층이 'P세대'[31] '386세대' 등으로 명명된 젊은 층과 청년세대에게 상대적으로 밀려나고 소외된 것처럼 표상한다. 또한 지금은 그들이 청년들 때문에 소외되고 있지만, "나라 만들기의 기초를 닦은 세대"라는 주장, "인고의 시기를 거쳐 개인적, 사회적으로 잘 통합되고 숙성된 어른 세대"가 다시 "사회의 주류로 컴백"해야 하며 그들을 "제대로 대접"해야 한다는 주장을 제기한다.

청년뿐 아니라 중장년층을 호명하는 세대 명칭들도 개발되었다. 나이를 기준으로 한 4564세대나, 386세대(30대, 1980년대 학번, 1960년대생)에 대응하는 475세대(40대, 1970년대 학번, 1950년대생)라는 명칭, WINE세대처럼 긍정적인 의미를 잔뜩 갖다 붙인 세대 명칭, 그리고 '낀세대'처럼 왠지 그 세대에 속한 것만으로도 무언가 손해 봤을 것 같은 느낌을 불러일으키는 명칭까지, 한국의 정치 현상이 세대주의적으로 설명되기 시작한 2002년을 전후로 보수 언론 매체들은 중장년층을 언어화하고 그들에 대한 정보를 보도하는 기획기사를 주기적으로 게재했다.

세대 정치는 2002년 즈음《주간조선》뿐 아니라 다수의 매체에서 동시에 나타났다. 문화연구자 이동연은 2002년 대선 직후《조선일보》가 '기성세대여 기죽지 말라'는 내용의 기사로 '주류 기성세대'의 방어적 태도를 대변했고,《중앙일보》는 '소외당한 5060세대'라는 기획 특집을 실었으며,《동아일보》는 보수 논객들을 동원해 '세대 혁명'의 의미를 축소하고 2030세대의 민족주의적인 성향을 비판하는 기사를 게재했다고 언급한다. 반면, 같은 시기 진보 매체《오마이뉴스》《한겨레21》《경향신문》 등은 젊은 세대들을 다루는 기획 특집을 통해 사회의 주류에 대한 전복적인 담론을 시도한 것으로 평가했다.[32] 당시 2030 대 5060의 구도를 취하는 세대 갈등론도 전개되었는데, 사회학자 홍성태는 보수 성향의 언론 매체들이 주도한 이 같은 세대 갈등론을 "수구적 가치를 '세대 갈등'에 투사해서 '늙은 세대'를 자기 쪽으로 끌어들이려는 담론적 실천"으로 평가, 이를 '시대착오적'이라고 비판했다.[33]

누가 '20대 보수화'를 말하는가

이 조사에서 대학생들은 스스로의 정치적 성향을 진보 41퍼센트, 중도 36퍼센트, 보수 23퍼센트 등으로 보고 있어서, 여전히 진보층이 보수층에 비해서 두 배 정도 많았다. 하지만 이를 지난해 같은 조사와 비교해보면 많은 변화가 있었음을 발견할 수 있다. 작년 비슷한 시기에 수행한 조사에서는 대학생들이 정치적 성향을 진보 63퍼센트, 중도 25퍼센트, 보수 12퍼센트 등으로 답했다. 1년 만에 진보층은 크게 줄고 중도층과 보수층은 많이 늘어나서, 대학생들의 이념 성향이 급격히 오른쪽으로 이동한 것으로 확인됐다. …… 68세대 이후의 세대들이 전반적으로 보수화 경향을 지니고 있다는 것은 우리나라도 386세대 이후인 20대에서 보수화가 진행될 가능성이 있다는 것이다.[34]

당시 청년들이 정말 중장년층을 밀어냈는지도 불분명하지만, 중장년층이 사회 주도층의 지위를 회복해야 한다는 식의 기사들과 별도로 보수 언론 매체들이 생산한 또 다른 담론 중에는 젊은 층의 '보수화'를 지적하는 목소리도 있었다. 위의 《주간조선》 기사처럼 대학생이나 20대 혹은 청년층의 정치·이념 성향 설문조사 결과를 바탕으로 청년세대의 보수화를 지적하는 기사들이 반복적으로 등장했다. 청년세대를 '보수적 세대'로 새롭게 정의하려는 보수 매체의 움직임은 최근까지 계속되고 있다.

청년세대 또는 젊은 층의 가치관, 이념, 정치 성향을 물은 조사 결과가 보수 매체의 입맛에 맞는 부분을 조금이라도 포함한다 싶으면 반드시 그런 기사들이 나왔다. 그런 기사들에 따르면 과거에는 '청년들이 진보적 성향을 가졌다'는 말이 상식이었으나, 지금 세대는 오히려 진보적 이념 성향이 확실한 386세대를 건너뛰고 보수적인 부모 세대와 비슷한 정치 성향을 갖는다.

그러나 '청년세대의 보수화'를 지적하는 담론들은 청년들이 실제로 보수화되었다는 것을 증명해내지 못한다. 특히 설문조사의 특성상 자신의 정치 성향에 대한 응답은 조사 시기에 매우 큰 영향을 받는다. 예컨대 보수 정당에 불리한 정치 이슈가 발생한 시점에서 진행된 조사에서는 응답자들이 보수보다는 중도, 중도보다는 진보에 표기할 가능성이 높고, 반대의 상황에서는 진보보다는 중도, 중도보다는 보수에 응답할 가능성이 높다. 이른바 '시기 효과'가 조사 결과를 크게 좌우하는 것이다.

서울대학교 재학생을 대상으로 정기적으로 실시된 정치 성향 조사에서도 그러한 흔적이 발견된다. 자신의 이념 성향이 '보수적'이라고 밝힌 학생의 비율은 2002년 17.2퍼센트, 2005년 27.6퍼센트, 2007년 40.5퍼센트, 2009년 28퍼센트로 조사되었는데, 표면적으로 이러한 결과는 이념 성향의 변화에 따른 것으로 보인다. 하지만 시기 효과를 고려하면 이야기는 달라진다. 2002년은 일련의 사건들로 인해 '반미' 담론이 들끓던 시기였으며 노무현 대통령이 당선된 해이기도 했다. 2007년에는 이명박 대통령이 모든 연령대에서 지지율 1위를 기록하며 당선되었다. 이렇듯 시기적인 영향을 고려하면, 대학생들이 2002~2007년 사이 보수화되다가, 2009년에는 다시 '진보화'되었다고 이야기하는 것이 꽤나 어색하다는 것을 알 수 있다. 그럼에도 서울대생을 대상으로 한 정치 성향 조사에서는 학생들이 자신이 '보수라고 응답한 비율'이 가장 높았던 시기만 집중적으로 발췌되었다. '진보라고 응답한 비율'이 높았던 시기에 대한 언급은 쏙 빼놓고서 말이다. 그렇게 이 조사 결과는 '20대 보수화'를 뒷받침하는 근거로 활용됐다.

보수 매체들이 주도한 청년세대 '보수화 담론'은 새로운 세대들이 이전 세대보다 보수화되고 있다는 '사실'을 보여주지 않는다. 오히려 그것은 세대를 둘러싼 정치 작용을 감지할 수 있는 징후일 따름이다.[35]

3
'88만원세대'를
의심한다

'청년세대' 담론의 경제적 전환

세대 정치의 맥락에서 시대적 분기점을 형성했다고 할 수
있을 정도로 큰 영향력을 발휘한 책이 있다. 바로 2007년 출
간된 《88만원세대: 절망의 시대에 쓰는 희망의 경제학》[36]이
다. 책의 제목이기도 한 '88만원세대'라는 명칭은 '세대 간 불
균형'이 IMF 경제 위기 이후 격화되고 있다는 새로운 문제
를 제기한다. 오늘날 20대가 한 달을 힘들게 일해도 88만 원
밖에 받지 못하는 열악한 경제 상황에 처해 있음을 상기시킨
것이다. 이 책은 국내에서 출간된 사회과학서로는 매우 드물
게 10만 부 이상의 판매고를 올렸고, 사회 전반에 상당한 담
론적 영향력을 발휘했다.

사회학자 신광영은 '세대 간 불평등'이라는 《88만원세대》
의 핵심 문제 제기를 "20대가 겪고 있는 노동시장에서의 어
려움은 다른 세대와 질적으로 다르다"는 말로 요약하기도 한
다.[37] '88만원세대' 담론이 출현한 이후 쏟아진 수많은 세대

명칭들과 세대 담론들은 대개 청년세대를 기성세대에 비해 경제적 약자의 위치에 놓는다. 최근 담론들은 '세대가 곧 계급'이라는 식의 논의를 전개하며 청년들을 프롤레타리아계급에, 기성세대(기득권, '대기업 강성 노조' 등)를 부르주아계급에 빗대기도 한다.

'88만원세대' 담론이 이런 측면에서 한국 사회의 불평등이나 세대 차이에 새로운 논의 방향을 설정하는 '해석적 혁신'의 기능을 수행했다고 볼 수도 있다. 전상진에 따르면, 해석적 혁신이란 "사회적 현안에 대한 새로운 해석을 통해서 객관적으로 존재하지 않는 이해의 대립을 창조하는 것"을 뜻한다. 한국뿐만 아니라 유럽에서도 정치가나 전문가, 정치적 기업가 등이 이러한 해석적 혁신을 수행하면서 "정부 재원을 둘러싼 세대들의 다툼"과 관련된 '세대 투쟁론'이 사회적으로 정당성을 획득한 바 있다.[38]

〈표 2〉는 각각 다른 시기에 수행된 두 차례의 세대 담론 연구에서 표집한 신문 기사들을 기사 소재에 따라 분류해 정리한 것으로, '88만원세대' 담론의 해석적 혁신이 그 이전과 이후의 세대 담론에 어떠한 차이를 만들어냈는지 간명하게 보여준다. 2002~2004년에 해당하는 자료는 문화연구자 유선영의 《미디어의 '세대 차이' 담론》[39]에서 인용한 것이고, 2010~2014년에 해당하는 자료는 필자가 학위 논문을 준비하며 분석한 것이다. 유선영의 연구에서는 경제/취

<표 2> 2002~2004년과 2010~2014년의 청년세대 관련 기사 소재 비교

빈도 (퍼센트)	선거/ 투표/ 정치	이념/ 가치관	인터넷/ 디지털 기술	라이프 스타일/ 취향 오락	상품/ 소비	경제/ 취업/ 불평등	기타	합계
2002~ 2004년	26 (26.8)	8 (8.2)	5 (5.2)	36 (37.1)	8 (8.2)	-	14 (14.4)	97 (100)
2010~ 2014년	170 (30.6)	75 (13.5)	3 (0.5)	34 (6.1)	1 (0.2)	196 (35.3)	78 (14.0)	557 (100)

업/(세대 간) 불평등과 관련한 항목 자체가 부재하는 데 비해, 2010~2014년의 연구에서는 전체 기사 중 이러한 소재를 다룬 기사들이 무려 35퍼센트가 넘는 비율로 나타났다.

물론 2002~2004년에 청년층의 취업 여건과 관련된 사회문제가 존재하지 않았던 것은 아니다. 당시 방영된 MBC의 청춘시트콤 〈논스톱 4〉에서는 "장기화된 경기 침체로 인해 청년실업이 40만 명에 육박하는 이때 미래에 대한 철저한 준비 없이 어떻게 살아남을 수 있겠습니까?"라는 대사가 매회 등장해 하나의 유행어가 되기도 했다. 시트콤이 방영된 1년 사이 처음 대사에 등장한 '40만 명'이 '50만 명'을 거쳐 '60만 명'으로 바뀌었다는 사실은 더욱 흥미롭다.

2000년대 초에 존재하지 않았던 것은 '청년세대의 경제적 곤란'이라는 현실 혹은 사회문제 그 자체가 아니라, 그러한 사회문제를 '세대 문제'로 담론화할 수 있다고 믿거나 그

것을 세대 문제로 바라보는 세계관이다. 당시 청년세대를 명명한 세대 명칭들이 그러한 세계관의 부재를 정확하게 드러낸다. 비슷한 연령층이나 비슷한 시기에 출생한 사람들을 단순히 나이로 구분해 집합적으로 표현하거나(386세대, 297세대, 2030세대 등), 세대의 문화적·소비적 취향을 설명하는(X세대, N세대, W세대, P세대, 오렌지족 등) 기표 수준에 머물러 있었던 것이다.[40] 《88만원세대》가 출간된 이후인 2010년대에 유행한 세대 명칭들이 '3포(5포, 7포, 다포, N포)세대' 'S(urvival)세대' '달관세대' 등 주로 청년세대의 경제적 현실을 상기시킨다는 점을 떠올려보면, 두 시기 청년세대 담론 간의 질적인 차이를 명확히 알 수 있다.

20대는 왜 짱돌을 들어야 했나

《88만원세대》가 이뤄낸 해석적 혁신의 역할과 동시에 '88만원세대' 담론에 내포된 '세대 정치'에 대해서도 짚어볼 필요가 있다. 앞서 우리는 2002년 즈음에 벌어지기 시작한 '세대 정치', 즉 보수 정치 세력/보수 매체와 진보 정치 세력/진보 매체가 연령대별 투표 성향 차이를 강조하고 이용함으로써 이를 자신들에게 유리하게 조직하려고 한 움직임을 살펴보았다. 이런 시기 상황을 고려하면 《88만원세대》가 2007년

8월에 출간되었다는 사실은 의미심장하다.

최근 여론조사에서는 올해 처음으로 대통령 선거의 투표권을 행사하게 되는 정치 신인류新人類 1924세대(대선에 처음 참여하는 19~24세 유권자)의 보수화 경향이 뚜렷해지면서 세대 대결 양상에 변화 조짐이 보이고 있다. …… 조사 결과, 이들의 정치·사회 의식에서 가장 두드러지는 것은 부모 세대와 정치 성향이 비슷하다는 점이다. '지지하는 정당'을 물은 결과, 한나라당(61.8퍼센트)이 민주노동당(11.7퍼센트), 대통합민주신당(11.3퍼센트), 민주당(5.6퍼센트) 등을 압도했다.[41]

위의 기사에서 드러나듯, 2007년은 대선을 앞둔 상황에서 전 연령대가 보수 정당인 한나라당을 압도적으로 지지하던 때였다. 상대적으로 진보적인 정치 성향을 지닌다고 여겨진 젊은 층도 중장년층과 마찬가지로 보수 정당을 더 선호하는 것으로 조사되었다. 소위 '진보 신영'의 위기로 인식될 수밖에 없는 상황이었던 셈이다. 1997년 대선을 통한 정권 교체 이후 10년간 이어져온 민주 정부 시대가 2007년 대선을 기점으로 막을 내린다는 것이 거의 확실해진 상황이었다.

다수의 연구자들은 이러한 배경에서 등장하고 소비되어온 '88만원세대' 담론의 정치적 기획에 관해 지적해왔다. 일단 '88만원세대'라는 충격적인 세대 명칭 자체가 문제가 되었다. 20대가 한 달을 일해도 88만 원밖에 벌지 못한다는 명제는 그 자체로 의심스러운 것이었다. 88만 원은 엄밀한 사회과학적 분석을 통해 20대가 노동으로 획득하거나 획득할 것으로 기대되는 임금 수치를 계산한 결과가 아니었기 때문이다. 이는 전체 비정규직의 평균 임금인 119만 원에 20대 임금의 평균 비율인 74퍼센트를 곱하는 식으로 '대강 계산해서' 나온 수치였다. 이 담론이 제기한 '세대 간 경제적 불평등'이라는 문제의식도 논쟁 대상이 되었다. 이와 관련해 신광영은 "세대 간 불평등은 약화되고 있으며, 오히려 세대 내 불평등이 모든 세대에서 크게 증가하고 있다"는 연구 결과를 제시하며 '88만원세대' 담론이 제기한 문제의식을 기각했다.[42]

이러한 탓에 '88만원세대' 담론은 과학적 의의보다는 정치적 의의가 더욱 큰 기획으로 평가받았다. 이 세대 명칭 및 이와 관련된 문제의식들은 결국 실제적인 세대 문제를 엄밀하게 설명하기보다는 청년세대 담론을 통해 사람들을 정치적으로 동원한다는 것이다. 《88만원세대》의 헤드 카피가 바로 그 진짜 목적을 가장 잘 드러낸다. "20대여, 토플책을 덮고 바리케이드를 치고 짱돌을 들어라." 전상진은 '88만원세대' 담론의 이런 문제의식을 "현재 한국의 청년들은 성인세대와의 공정하지 못한 경쟁으로 고통받고 있으며, 이 문제를 해결하기 위해서는 경쟁의 규칙을 바꾸는 것이, 이를테면 정치적 세대로의 거듭남이 필요하다"는 문장으로 요약한 바 있다.[43] 따라서 '88만원세대' 이후 지속되어온 20대 세대론의 계보를 '정치적 주체화의 기획'이라는 관점에서 살펴볼 수 있을 것이다.[44]

지금의 20대는 대한민국 역사상 가장 가정에서 과보호받고 가장 사회에서 학대받는 세대다. 가장 똑똑하지만 가장 대접받지 못하는 세대, 가장 돈을 많이 썼지만 가장 돈을 못 버는 세대다. 이런 사정은 그들 탓이 아니라 그들이 놓인 사회 지형 탓이다. 하지만 해결은 그들 스스로가 해야 한다. 386세대는 불가피하게 정치적이 됐지만, 이들은 스스로 정치적이 돼야 하는 세대다. 이번 대선이 80퍼센트가 대학교육을 받은 이 세대가 자신들의 사회적 지분을 스스로 요구하는 정치적 투자자로 출발하는 사건이 되길 간절히 소망해본다.[45]

위의 글은 2012년 대선 직전 《경향신문》에 실린 언론학자 남재일의 칼럼이다. 젊은 층에게 정치적 관심의 회복을 촉구하는 이야기는 '88만원세대' 담론 이후 진보 성향 정치인들의 입과 진보 성향 매체들의 펜 끝에서 끊임없이 생산됐다. 대개 사회구조적인 이유 때문에 지금의 젊은 층이 피해자의 위치에 놓여 있으며, 그것을 개선하기 위해서는 정치에 참여해야 한다는 식의 논의로 귀결된다. (물론 여기서 정치의 의미는 주로 '진보 정당에 투표권을 행사하는 것' 정도로 환원되기 일쑤다.)

진보 정치 진영의 청년세대 담론은, 그들이 '탈정치화된 집단'으로 문제화하는 청년세대를 '정치적 주체', 그것도 '진보적인' 성향을 갖는 정치적 주체로 만드는 것을 핵심 목표로 삼는다. '88만원세대'나 '3포세대'로 대변되는 청년들의 어려운 경제 상황을 골자로 하는 '현실 진단형' 청년세대론이 근본적으로 청년들이 정치적으로 행동하는 주체가 될 것을 주문하는 '주체화 담론'과도 연계된다는 것을 알 수 있다.

진보 지식인들이 청년들에게 부여한 이름들에서도 청년들을 진보적인 성향을 지닌 정치 주체로 만들고자 했던 '세대 정치'의 흔적을 발견할 수 있다. 2008년 '미국산 쇠고기 수입 반대 촛불문화제'가 전국적으로 열렸을 때, 청년들에게는 '웹2.0세대'나 '촛불세대'와 같은 진보 지식인들의 '희망'이 투사된 이름들이 붙었다. 사회학자 김호기는 '웹2.0세대' 담론을 통해 촛불시위를 주도한 세대로 여겨지는 이들을 1980년대의 386세대(민주화 1.0세대), 1990년대의 신세대(정보화 1.0세대), 외환 위기의 88만원세대와 구별되는 새로운 세대로 명명했다.[46] 문화이론가 심광현은 1988년 이후에 출생한 코호트를 '촛불세대'로 분류해 설명하고 있는데, 이들은 "2008년 5월 3일부터 7월 5일까지 열렸던 촛불문화제 때 핵심 동력으로 직접 참여했거나 현장에 참여하지는 않았더라도 최소한 관심을 갖고 있었던 당시의 청소년들"로 정의되며, "사회비판적이면서도 기존 운동권과는 구별되는 감성을

지닌다"고 여겨진다.[47]

20대 "너희에겐 희망이 없다"?

같은 시기, 청년세대를 정치적으로 포섭하려는 흐름과 반대로 젊은이들의 탈정치화를 본격적으로 비판하는 진보 지식인들도 등장했다. 《88만원세대》의 저자 우석훈은 2008년 각종 칼럼들에서 촛불집회에 자발적으로 참석하는 10대들이 자신들을 '막장세대'라 칭한다고 언급하며, 10대들보다도 자신들이 처한 구조를 집단적으로 자각하지 못하거나 촛불집회에 참석하지 않는 20대들을 '끝장 세대'라고 표현했다.[48] 당시 한양대학교 겸임교수였던 김용민은 2009년 《중대신문》에 기고한 칼럼에서 "촛불의 발화점이 됐던 소위 촛불 소년 소녀 세대"인 10대에게는 기대를 걸 수 있지만, "밑도 끝도 없이 '경제를 살리겠다'고 설레발치는 후보에게 표를 헌납"한 20대 "너희에겐 희망이 없다"고, "너희는 뭘 해도 늦었다"고 일갈하기도 했다.[49] 20대에 대한 맹렬한 비판은 급기야 '20대 개새끼론' 논란으로 이어지며 적잖은 논란을 일으켰다.

지식인들이 이렇게 '촛불세대'와 '끝장세대'를 이야기하며 세대 논쟁을 벌인 지도 어언 10년이 지났다. 돌이켜보면 이런 논쟁은 몇 가지 측면에서 꽤나 허무맹랑한 것이었다.

당시 20대를 둘러싸고 '끝장' 논란이 불거졌던 것은 과거의 대학생들이 언제나 민주화를 비롯한 사회 개혁에 앞장섰던 데 비해 지금의 20대들은 촛불집회에 나오지 않는다는 이유에서였다. 이는 과연 사실일까? 정치학자 이갑윤의 조사 결과에 따르면, 당시 20대의 촛불집회 참여율은 다른 연령대에 비해 특별히 저조하지 않았다.[50]

'10대에게는 희망이 있지만 20대는 절망적'이라는 식으로 불과 몇 살 차이로 세대를 구분하려고 했던 시도의 비합리성은 점차 선명하게 드러났다. 당시에는 마치 청소년기에 이미 정치적인 의식을 갖춘 '개념 찬 젊은이들'인 '촛불세대'가 '희망의 상징'으로 존재하고, 그 위에 이미 '탈정치화'되거나 보수화되어 '희망이 없는 끝장세대'인 '88만원세대'가 존재한다는 듯 논의되었으나, 막상 그렇지도 않았다. 당시의 10대가 20대가 되고, 당시의 20대가 30대가 되는 동안 '촛불세대'가 이렇다 할 정치적 영향력을 발휘하지 못한 것이다. 20대가 된 '촛불세대'는 오히려 '20대의 낮은 투표율' 때문에 선거 때마다 한두 살 윗세대인 '88만원세대'와 함께 비판받는 형국이 되었다.

2008~2009년 본격적으로 조명된 '10대 희망론'과 '20대 개새끼론'은 여전히 진보 지식인들과 야권 성향 지지자들을 통해 반복되고 있다. 20~30대 젊은 층의 투표율이 높아져야 보수 정당이 불리하다는 믿음이 그런 담론을 지속적으

로 생산해내고 있는 듯하다. 청년들이야말로 한국 정치의 희망이라는 식의 언어 혹은 20대 투표율이 너무 낮아서 문제라는 언어들. 같은 청년들을 둘러싼 이질적인 말들이 어색하게 교차하고 있다. 아마도 성인-유권자가 되는 청년들의 정치적 주체화가 진보 성향의 기성세대에게 매우 중요하기 때문이 아닐까. 그들에게는 그것이 곧 정치 세력을 교체하는 일로 여겨질 테니 말이다.

'청년세대', 전쟁터가 되다

무엇이 청년의 이름인가: 불붙은 '이름 경쟁'

청년세대를 진보 정치의 주체로 소환한 '88만원세대' 담론이 크게 유행하자, '청년세대'라는 기호는 수많은 입장과 관점이 교차하는 하나의 전쟁터가 되었다. 《88만원세대》의 문제의식에 동조하는 쪽은 물론 그 반대편에서도 무수한 '청년세대' 담론이 쏟아졌다. 특히 '88만 원'이라는 수치가 모호한 계산법에 따른 결과라는 사실이 반대편이 공격할 수 있는 여지를 남겨놓았다는 것은 자명해 보인다. 이로 인해 수많은 청년세대 담론이 반복적으로 재생산되었다.

청년들의 경제 상황이 정말로 다른 세대가 겪은 것에 비해 '더 절망적인지'를 묻는 시도부터, '청년 문제'로 여겨지는 문제들에 어떠한 해결책을 제시할지, 또한 청년들을 어떻게 자신들 진영으로 포섭할지 등의 의제를 두고 담론 경쟁이 심화된 것이다. 이는 좌우 진영 간 대립이 격화된 국내 정치의 상황과도 조응한다.

2008~2017년에 이르는 약 10년간 신문 지면에 등장한 청년세대 명칭 30건을 조사·정리했다.(〈표 3〉) 이 중에는 해당 매체가 기획/연재기사를 통해 적극적으로 유포한 명칭도 있지만, 칼럼에서 간략하게만 언급된 명칭도 있어서, 모든 명칭이 균질한 중요도와 주목도를 갖는다고 보기는 어렵다. 또한 신문 매체가 주도적으로 만든 명칭을 비롯해 마케팅 등의 목적에서 이미 만들어진 명칭이 다시 소개된 경우도 있다. 하지만 세대 명칭은 세대 담론의 주요한 요소로서, 신문을 통해 (재)생산된 다양한 세대 명칭들은 그 자체로 '청년세대' 담론의 활발한 지식 생산을 보여준다. 이는 많은 사람들의 지대한 관심을 불러일으켰는데, 청년세대에게 특정한 이름을 만들어 붙여주는 일이 마치 하나의 유행이라도 된 듯하다.

여기서 우리는 이질적인 '청년세대' 담론들의 갈등 구도를 파악할 수 있다. 예컨대 《조선일보》를 통해 처음 알려진 '실크세대'라는 명칭은 애초 보수 진영이 진보 진영 지식인들이 제시한 '88만원세대' 담론에 응수하기 위해 만든 것이다. 당시 진보 진영 지식인들이 20대 청년을 '경제적으로 열악하고 불쌍한 세대'로 형상화하면서도 그들의 탈정치성을 비판함으로써 정치적 주체화를 꾀했다면, '실크세대' 담론은 바로 그 정반대 지점에서 20대와 30대가 대한민국의 '가장 위대한 세대'라고 선언했다.

〈표 3〉 2008~2017년 신문 기사에서 생산된 30개의 세대 명칭

세대명	매체	보도일자	내용
실크 세대	조선일보	2008. 1. 27.	1971년생 이하 젊은 리더들(변희재 주도)로 구성된 '실크로드CEO포럼'에서 따온 단어로, 대한민국의 20~30대가 가장 위대한 세대라고 선언함.
후크업 세대	한국일보	2008. 5. 16.	파티에서 우연히 마주친 남녀가 에로틱한 관계를 갖는 것을 뜻하는 말인 '후크업'으로 청년들의 문란함을 지적.
IP세대	동아일보	2008. 9. 30.	Interest&Passion(재미와 열정), Independent Producer(독립적 생산자), Innovative Pathfinder (혁신적 개척자), Intelligent Portfolio(똑똑한 재테크족), Intangible Power(만질 수 없는 파워), Interactive Participation(상호작용하는 참여), Instant Partnership(즉흥적 인간관계)
희망 세대	동아일보	2009. 1. 13.	〈우리를 88만원세대가 아닌 희망세대로 불러달라〉는 한 대학생 칼럼에서 언급.
인턴 세대	서울신문	2009. 1. 16.	2006년부터 독일에서 유행한 단어.
C세대	중앙 선데이	2009. 3. 17.	Crisis(위기)를 겪었지만, 사회의 소비를 리드하는 Consumer(소비자)라는 함의를 가진 명칭.
좌절의 세대	세계일보	2009. 5. 14.	임국현 논설위원이 언급함.
파티 세대	서울신문	2009. 6. 8.	청담동 클럽파티를 통해 청년들의 문란함을 지적하는 표현.
G세대	조선일보	2010. 2. 16.	G는 Global의 약자로, 1988년 전후에 태어나 '부유한 환경에서 성장한 세대'를 뜻함.
3C세대	매일경제	2010. 2. 19.	Confidence(자신감), Challenging mind(도전), Collaboration(협동)
V세대	동아일보	2010. 3. 1.	Valiant(용감), Various(다양), Vivid(생기)
V-V 세대	한겨레	2010. 3. 8.	Vancouber-Victory. 2010년 2월 밴쿠버올림픽에서 뛰어난 성적을 거둔 20대 초중반 선수들을 상기하는 명칭.

세대명	매체	보도일자	내용
G20 세대	문화일보	2011. 1. 3.	1월 3일 이명박 대통령의 신년사에서 나온 단어로, 세계를 무대로 뛰고 경쟁을 주저하지 않으며, 창조적 도전 정신에 불타는 젊은이들을 가리킴.
신안보 세대	동아일보	2011. 2. 9.	천안함과 연평도 사건의 여파로 한국전쟁기의 20대 이후 가장 강력한 안보의식으로 무장한 세대.
P세대	중앙일보	2011. 3. 24.	젊은 보수, Pragmatic(실용적), Patriotism(애국심), Pleasant(유쾌한), Power&Peace(힘과 평화), Personality(개성), Pioneer(개척자).
S세대	매일경제	2011. 3. 27.	Survival(생존), Specification(스펙), Struggle(투쟁), Selfish(이기), Smart(영민), Specialty(실력), Stand-Up (홀로 서는 힘).
3포 세대	경향신문	2011. 5. 12.	연애, 출산, 결혼을 포기한 세대.
V세대	서울신문	2011. 9. 15.	《LA 타임스》의 Generation Vexed(짜증난 세대) 인용.
파란 세대	국민일보	2011. 12. 8.	Frustrated(좌절), Aim(목표), Risktaking(위험 감수), Amusement(재미), Network(네트워크).
축포 세대	한국일보	2012. 7. 28.	저축을 포기한 세대.
앵그리 397 세대	조선일보	2012. 11. 5.	397세대(30대, 1990년대 학번, 1970년대생). 역대 대한민국 30대 중 가장 진보적인 세대로, 본인들의 잘못이 없는데도 집단적으로 경제적 불이익을 당한 경험으로 인해 기성세대에 반하는 앵그리(angry, 분노) 세대가 됨.
세월호 세대	한겨레	2014. 5. 9.	세월호 참사를 겪은 1990년대생을 '거부세대' '불신세대'의 성향을 지닌 '세월호세대'로 규정.
이케아 세대	매일경제	2014. 11. 14.	뛰어난 스펙에도 낮은 급여와 고용 불안에 시달리는 젊은 세대의 모습을 디자인은 우수하지만 저렴한 가구 브랜드 '이케아'에 빗댄 용어. 경제학자 전영수의 단행본 《이케아 세대, 그들의 역습이 시작됐다》(중앙북스, 2013)에서 유래.

세대명	매체	보도일자	내용
달관 세대	조선일보	2015. 2. 23.	'안분지족'하는 법을 깨달은 욕망 없는 세대. 정규직을 구하기 어려운 상황이지만 중저가 옷과 햄버거에서도 행복을 느낌. 일본의 사토리(さとり, 득도)세대에서 유래.
인구론 세대	파이낸셜 뉴스	2015. 5. 12.	인문계 대학 졸업생 90퍼센트가 노는(취업이 안 되는) 세대.
팬텀 세대	세계일보	2016. 11. 12.	유령(Phantom)처럼 흔적 없이 소통하고 행동하는 세대. '대학내일20대연구소'에서 만든 신조어.
77만원 세대	경향신문	2016. 12. 21.	통계청 가계금융·복지 조사 결과에서 30세 미만 가구 중 소득 1분위(20퍼센트)의 월평균 소득이 81만 원으로 조사됨. 이를 근거로, 88만원세대가 더 가난해져 77만원세대가 되었다고 주장.
탈진 세대	동아일보	2017. 4. 3.	20대의 번아웃 지수가 가장 높은 것으로 조사됨. 정서적으로 고갈돼 있으며 다른 사람이나 사회에 냉소적인 태도를 보이며 일을 해도 성취감을 느끼지 못하는 증상에 기초한 명칭.
절벽 세대	국민일보	2017. 6. 23.	특집 연재기사 〈절벽세대, 세상에 묻다〉에서 언급됨.
무민 세대	서울경제	2017. 12. 13.	無(없다)+Mean(의미)+세대: 20대들이 훌륭한 사람이 되자는 강박에서 벗어나 '무자극' '무맥락' '무위휴식'을 꿈꾸는 것. '대학내일20대연구소'에서 만든 신조어.

이처럼 보수 진영에서는 청년세대의 탈정치성을 비판하는 대신 '실크세대'나 'G세대' 'G20세대' 'P세대' 'S세대' 등의 명칭을 붙여 청년세대가 지닌 고유한 능력과 잠재력을 강조하고 예찬하는 담론을 유포했다. 이와 관련해 시사평론가 한윤형은 "2007년 조중동이 유포했던 청년세대는 장년세대와 연합하여 정권 교체에 협력하는 것이 옳다는 논리와 조응

한다"고 평가한다. 보수 진영은 청년세대의 적을 386세대로 상정하는 식으로 논리적 근거를 구성하는데, 일례로 보수 논객 변희재가 주창한 실크세대론(《조선일보》)은 "20대가 능력이 없다면 88만원세대가 되겠지만, 20대는 실제로 뛰어나기 때문에 '386세대의 훼방만 이겨낸다면' 잠재력을 발휘할 수 있다"고 주장했다.[51] 이후 2012년 《조선일보》에서 재차 내놓은 '앵그리397세대'는 이들의 앞 세대를 가리키는 '386세대'와 묘한 대립 구도를 형성한다.

또한 보수 진영에서는 청년세대가 겪는 경제적 고통의 해결책으로 개인 차원의 생존력 강화를 제시한다. 이는 청년세대를 탈정치성을 극복한 진보 정치 주체로 상정하는 담론들이 집단적 정치 운동 및 정치 참여를 강조하는 것과 분명한 차이를 보인다. 생존^{survival}, 스펙^{specification}, 투쟁^{struggle}, 실력^{specialty} 등을 강조하는 《매일경제》의 S세대론이나, 이명박 대통령이 2011년 신년사를 통해 퍼뜨린 G20세대('경쟁을 주저하지 않으며 창조적 도전 정신에 불타는 젊은이'를 가리킴)론 등은 청년들에게 경쟁을 통해 살아남을 것을 강조하고, 열심히 노력하면 성공할 수 있다는 믿음을 강요했다. 2010년 2월 밴쿠버올림픽에서 20대 초중반 선수들이 뛰어난 성적을 거두자, 이에 기초해 G세대, 3C세대, V세대, V-V세대 등 청년세대의 진취성을 강조하는 세대 명칭들이 또다시 대거 등장했다.

'청년세대'를 둘러싼 진보와 보수 양 정치 세력의 담론 경쟁은 2010년 이후 정점에 다다른다. 2000년대 초반 한국 사회에 처음 등장한 '세대 정치'는 2007년 '88만원세대'로 '청년세대' 담론이 급증한 후부터 선거 때마다 핵심 이슈로 등장하게 되었다. 2007년 대선과 2008년 총선에서는 한나라당이 거의 전 연령대의 지지를 이끌어내 세대 변인에 대한 주목도가 상대적으로 떨어졌지만, 2010~2014년 진행된 일련의 선거들—2010년 6·2 지방선거, 2011년 10·26 서울시장 재선거, 2012년 4·11 총선, 12·19 대선, 2014년 6·4 지방선거—에서는 세대 변인이 선거의 향방을 결정지을 주요한 변수로 활약했다. 그덕에 '청년세대' 담론은 또다시 급증했다. 한국언론진흥재단이 제공하는 기사 검색 시스템인 'KINDS'에서 '청년세대'를 검색해보면, 유독 선거 기간에 기사량이 증가한다는 것을 알수 있다. 2010~2014년에는 선거를 전후한 한 달 동안 평균 111.40개의 기사가 쏟아졌다. 보통 때에는 달 평균 86.85개 정도의 기사들이 나온다는 점을 고려하면 이는 매우 주목할 만한 양상이다.

선거 기간을 전후해 진보 매체와 보수 매체에서는 구체적으로 어떤 청년세대 담론들이 생산되었을까? 각각의 담론들을 통해 세대 담론이 어떤 식으로 현실 정치와 접합되는지를 살펴볼 수 있을 것이다. 여기에서는 2010~2014년 보도된 기사들을 중심으로 다룬다. 2014년 이후에는 선거와 관련된 직접적인 세대 담론이 상대적으로 줄어들었는데, 세대 간의 극적 대결로 간주된 2012년 대선에서 청년세대를 적극적으로 동원하려 한 진보 진영이 패배했기 때문으로 볼 수 있다. 2017년 대선은 좀 다른데, 탄핵 촛불 국면 이후 진보 진영이 이미 헤게모니를 장악한 상태여서 청년세대 담론을 굳이 전략적으로 활용할 필요가 없었다. 그럼에도 선거 때만 되면 청년들에게 투표 참여를 종용하거나, 세대 갈등으로 선거 국면을 해석하려는 시도는 여전하다. 세대론은 선거라는 국면에서 언제든 전략적으로 내밀 수 있는 카드로 보관되어 있다.

진보 진영의 청년세대론: "투표로 노인-보수에 대응하라"

청년세대를 다룬 개별 기사들에 주목해볼 필요가 있다. 편의상 《경향신문》과 《한겨레》를 '진보 매체'로, 《조선일보》 《중앙일보》 《동아일보》를 '보수 매체'로 칭하기로 하자. 우선 진보적 논조를 지닌 매체로 분류되는 《경향신문》과 《한겨레》가 보도한 '청년세대' 관련 기사부터 살펴보겠다. 2010~2014년의 선거 및 정치적 국면과 연관지어 기사를 순차적으로 배열했다.(〈표 4〉) 두 매체는 이 기간에 있었던 다섯 차례의 선거 전후에 매우 유사한 보도 패턴을 보였다. 선거 전에는 '청년세대' 혹은 연령대별 투표율 등을 선거 결과를 결정지을 주요 변수로 규정하고, 청년들에게 투표할 것을 호소하며 정

〈표 4〉 선거 전후 《경향신문》과 《한겨레》의 청년세대 담론 관련 주요 기사(2010~2014)

선거 전 보도 기사	선거 결과		선거 후 보도 기사
• 《경향신문》, 〈6·2 지방선거, 20대가 뛴다〉(2010. 4. 12) • 《한겨레》, 〈20대 '투표 무관심'…정치권 '대책 무관심'〉(2010. 4. 27) • 《경향신문》, 〈20대여! 가자 투표소로, 세상을 바꾸러~〉(2010. 5. 4) • 《한겨레》, 〈투표합시다: 88만원세대 투표하면 세상 88퍼센트 나아진다〉(2010. 5. 31)	**2010년 6·2 지방선거 (시도지사)**		• 《한겨레》, 〈2일 투표장에 무슨 일이: "오후2시 넘어서며 이상했어요… 20대가 하나둘씩…"〉(2010. 6. 4) • 《경향신문》, 〈정동칼럼: 좌파의 대량생산〉(2010. 7. 15) • 《경향신문》, 〈인물로 본 2010정치: (10.끝) 20대〉(2010. 12. 30)
	민주당	한나라	
	7	6	
• 《한겨레》, 〈서울시장 선거 논쟁 기획: 나는 왜 이 후보를 지지하나 ① 청년 편〉(2011. 10. 17) • 《경향신문》, 〈10·26 재·보선 승부처: (5)계급투표·지역투표: '삼포세대' 20~30대 정치 각성… 강남·북 양극화도 주목〉(2011. 10. 20) • 《경향신문》, 〈서울시장 보궐선거: 20대 투표율, 40대의 선택이 좌우〉(2011. 10. 24)	**2011년 10·26 재선거**		• 《경향신문》, 〈분노하는 30대… "우리가 원하는 삶과 달라" 그들은 왜 몰표를 던졌나〉(2011. 10. 28) • 《한겨레》, 〈투표반란 '2030세대' 생생토크: "난 한나라당 싫어 원순씨 뽑았지" "공공요금 인하! 제발! 백수는 돈 없어"〉(2011. 10. 28) • 《경향신문》, 〈2040 왜: ① 세대가 계급이다〉(2011. 10. 29) • 《한겨레》, 〈곽병찬 칼럼: 늙은 철부지〉(2011. 11. 1) • 《경향신문》, 〈기자 칼럼: 아직도 '젊은 표' 안 무섭나〉(2011. 11. 3)
	야권 박원순 서울시장 당선		
• 《한겨레》, 〈'트위플'은 누구인가: 트위터 이용 77퍼센트가 2030… 네트워크 '종횡무진'〉(2012. 1. 2) • 《경향신문》, 〈기획시리즈 2030세대: 2030은 한국 사회 변화의 중심〉(2012. 2. 14) • 《한겨레》, 〈2030 고장난 세상을 말하다: 25살 서연씨 "투표하면 세상이 바뀌겠죠?"〉(2012. 2. 20) • 《한겨레》, 〈2030 고장난 세상을 말하다: 3. 계급정치는 '강남'에만 존재한다〉(2012. 2. 22) • 《경향신문》, 〈총선 이슈 진단: (1) 2030 세대: 20대 최대 고민은 취업·결혼… 30대는 집값·보육·교육비〉(2012. 3. 26)	**2012년 4·11 총선**		• 《한겨레》, 〈정연주 칼럼: 민주주의는 한판의 승부가 아니다〉(2012. 4. 16)
	새누리	민주통합	통합진보
	152석	127석	13석

선거 전 보도 기사	선거 결과		선거 후 보도 기사
• 《한겨레》, 〈한겨레 토요판 커버스토리: 응답하라 30대여〉(2012. 9. 15) • 《경향신문》, 〈경향시평: 투표하는 청년이 세상을 바꾼다〉(2012. 10. 16) • 《한겨레》, 〈우리는 두 번의 민주정부를 필요로 한다〉(2012. 12. 3) • 《경향신문》, 〈경향논단: 투표 대로 또〉(2012. 12. 19)	**2012년 12·19 대선**		• 《경향신문》, 〈2030 대 50의 '세대 갈등' 맞장토론: "젊은층, 의식부터 긍정적으로 바뀌야"〉(2012. 12. 25) • 《경향신문》, 〈TV 안보고 SNS도 안하고 대선 결과 인정 못한 채 '멘붕 상태'〉(2012. 12. 26) • 《한겨레》, 〈대선 이후 2030세대 '현대사 열풍'〉(2013. 1. 4)
	새누리당 박근혜 대통령 당선		
• 《한겨레》, 〈'세월호세대'는 어떤 투표를 할까〉(2014. 5. 10) • 《한겨레》, 〈수도권·충청, 세월호 참사 뒤 '정부 심판론' 높아져〉(2014. 5. 15) • 《경향신문》, 〈정동칼럼: 스펙쌓기는 그만! 정치로 '곳간'을 털자〉(2014. 5. 23)	**2014년 6·4 지방선거 (시도지사)**		• 《경향신문》, 〈특집-박근혜 지지율: 2040 "새누리당 비호감" 78.3퍼센트〉(2014. 7. 22)
	새누리	새정치	
	8	9	

치 참여의 필요성을 계도하는 기사들을 게재하고, 선거 후에는 청년들의 선택을 중심으로 선거 결과를 해석하는 식이다. 진보 매체가 생산하는 청년세대 담론은 구체적으로 다음과 같은 의미를 갖는다.

'밀리면 죽는다'는 각오로 **우리 젊은이들은 각자 자신들이 동원할 수 있는 모든 자산과 열정을 바쳐 스펙 쌓기에 몰두한다.** 신자유주의는 공동체를 파괴하고 모두를 각자도생의 장으로 이끈다는 일반 법칙이 정확히 적용되고 있는 것이다. 그러나 명심해야 한다. 그리 가다간 신자유주의의 또 다른 일반 법칙, 즉 신자유주의 심화에 따른 공동체 붕괴는 사회 구성원 대다수의 몰락과 궁핍, 그리고 죽음으로 귀결된다는 것 역시 그대로 적용될 수 있음을! 생각해보자. 스펙을 그렇게 열심히 쌓아서 소위 '성공'할 수 있는 가능성이 얼마나 되는가.[52] (강조는 필자)

첫째, 청년세대의 탈정치적 성향은 비판받아야 하며 청년들은 정치와 투표에 참여함으로써 청년 문제를 스스로 해결해야 한다. 이러한 담론은 청년세대가 현재 탈정치적인 성향 혹은 정치에 무관심한 성향을 지니고 있으며, 바로 이것이 사회 문제라는 인식을 전제한다. 위의《경향신문》칼럼이 보여주듯, "우리 젊은이들"이 "모든 자산과 열정을 바쳐 스펙 쌓기에 몰두한다"는 것이 '자명한 진실'로 이야기되는 것이다. 청년세대의 정치 및 투표 참여를 요구하는 칼럼들은 주로 선거를 앞둔 시기《경향신문》과《한겨레》두 매체에 지속적으로 게재되었다. 청년들에게 투표를 주문하는 담론들은 보수 매체에도 등장하지만, 빈도 면에서는 진보 매체가 압도적이다.

청년세대가 정치에 참여해야 할 이유로는 '청년세대가 처한 어려운 상황'과 '정치의 효용'이 강조된다. 이것은 사회구조의 문제이기 때문에 '스펙 쌓기 투쟁'과 같은 개인적인 방법으로는 해결할 수 없다는 것이다. 또한 정치 참여만이 가능한 해결책이며 그것은 선택이 아닌 의무라는 것이 주요하게 논의된다. '88만원세대'론이나 '3포세대'론이 세대 간의 경제적 불평등과 정치 참여를 연동시켜 담론화한 것과 유사한 패턴이다.

여기서 한 가지를 짚고 넘어가야 한다. 이 담론이 정치 참여에 해당하는 실천적인 행위를 정작 '투표'라는 가장 기초적이고 소극적인 제도로 축소시킨다는 점이다. 게다가 '청년 세대의 탈정치화'라는 진단은 기껏해야 이들 연령대가 현재 다른 연령대에 비해 선거 투표율이 낮다는 자료에 의존한다. '물리적인' 방식의 학생운동을 통해 주목도가 큰 정치 활동을 벌였던 과거 청년들의 모습을 오늘날의 청년들에게서는 찾아볼 수 없다는 지적도 종종 등장한다. 투표나 학생운동의 틀로는 포착되지 않는 대안적인 정치 형태가 존재한다는 점을 완전히 간과하고 있는 것이다. 청년들이 자신의 삶에서 실천하는 일상의 정치는 잘 주목하지 않는다. 혹은 그것을 조명하더라도, 탈정치화라는 진단을 기각하는 근거로는 다루지 않는다.

(가) 지난 2일 서울 강북구 한 초등학교에 마련된 투표소에서 선거요원으로 참여한 공무원 김아무개(32) 씨는 '오후 2시를 넘어서며 지난 선거와는 다른 흐름을 분명히 느꼈다'

고 털어놓았다. 점심시간이 지난 오후 무렵부터 미니스커트와 편한 운동복 차림의 20대 젊은이들이 하나둘 투표장으로 모여들었다고 한다. …… 김씨는 '3일 아침에 출근해 동료들과 얘기를 나눠보니 모두 비슷한 경험을 했다고 해 놀랐다'며 '모두가 눈치채지 못하는 사이에 한 편의 드라마가 촬영되고 있었던 게 아닌가 싶다'고 말했다.[53]

(나) 등록금 빚을 안고 사회에 나와 대개는 비정규직에 몸을 싣는 20대, 치솟는 전셋값·물가와 보육 부담에 치여 사는 30대는 '3포세대'(경제적 이유로 연애·결혼·출산을 포기한 세대)로 불린다. 대학 시절과 사회 진출 초기부터 구조화된 양극화를 체험하는 것이다. …… **20~40대의 공분과 암담한 미래가 이들을 하나의 계급으로 만들었다.** 20·30대는 윗세대에게 밀려 정규직 일자리를 찾을 기회조차 줄어들었다.[54] (강조는 필자)

두 번째로, 청년세대의 정치적 성향은 진보적이며, 그들이 정치의 중심에 서서 변화를 추동해야 한다. 탈정치화된 청년세대가 정치 행동에 적극적으로 나서고 있지는 않지만, 적어도 그들이 공유하고 있는 이념 성향 체계는 '진보적'이라는 것이다. 진보 매체들은 이 같은 논리로 청년세대의 이념 성향을 지속적으로 분석했는데, 특히 총선과 대선이 몰려 있던 2012년 초반 관련 기사들이 쏟아졌다. 《경향신문》은 '2030세대' 기획 시리즈를, 《한겨레》는 '2030 고장난 세상을 말하다' 기획과 트위터를 통한 SNS 정치와 '2030세대'를 연관시킨 '트위플^{tweeple}의 선택' 기획을 내보냈다. 또한 《경향신문》은 2010년 말 '인물로 본 2010 정치' 기획에서 그 마지막 인물을 '20대'라는 연령 집단으로 선정한 바 있다.

특히 앞의 두 기사는 아예 진보 진영에서 만들어낸 '청년세대' 담론의 주된 목표인 '청년세대의 탈정치화 극복과 진보적 정치 주체화'가 이미 실현된 것처럼 논한다. 그러나 이 담론들이 내세우는 근거는 다소 빈약하다. 2010년 6월 2일 지방선거 당시 쓰여진 《한겨레》 기사(가)는 '20대의 탈정치성 극복'과 '투표율 상승' 등 이전과 달라진 분위기를 지적하는데, 그 근거로 제시되는 것은 다름 아닌 투표에 참관한 공무원과 투표에 참여한 청년당사자들의 주관적인 느낌이며, 연령대별 투표율 같은 최소한의 객관적 자료조차 찾아볼 수 없다. 《경향신문》(나)은 아예 20~40대라는 세대가 그들이 처한 경제적 상황 탓에 하나의 계급으로 형성되었다는 과감한 논의를 전개한다. 그러나 정작 60대 이상 노인들이 겪고 있는 빈곤, 나아가 똑같이 빈곤한데도 노년층은 왜 청년층과 다른 투표 행태를 보이는지에 대해서는 언급하지 않는다.

게다가 '청년세대의 탈정치화를 지적하며 이들의 정치적 주체화를 요구하는 담론'과 '청년세대가 진보적 정치 주체가 되었다고 선언하는 담론'은 서로 모순된다. 따라서 이 두 담론을 구별하지 않고 섞어서 활용하는 것은 그 자체로 하나의 심각한 오류이다. 청년에 대한 희망론(촛불세대론)과 비관론 (20대 개새끼론)이 진보 진영에서 동시에 생산·유통됐던 것과 무관하지 않다.

> 회사원 이모 씨(31)는 "사회에서 자리를 잡으려 치열하게 싸우고 있는 2030세대들은 이명박 정권 5년을 거치면서 고달픔을 피부로 느꼈다"며 "사회의 최전선에서 물러나기 시작한 5060세대가 박 당선인에게 몰표를 준 것이 서운하다"고 말했다. 김모 씨(28·여)는 "미래 세대가 누려야 할 부를 미리 당겨다 쓴 **5060세대가 부족한 재원을 가지고 근근이 먹고사는 젊은 세대를 더욱 절망의 구렁텅이에 몰아넣었다**"고 말했다. (강조는 필자)[55]

셋째, 청년세대의 이익에 반하는 정치 행동을 하는 5060 세대는 이기적이며 비판받아야 한다. 여기서 기성세대, 부모세대는 가해자로, 청년세대는 '기득권을 쥔' 기성세대에 의해 손해를 입는 피해자로 재현된다. 특히 2012년 대선에서 야권이 패배한 후 《한겨레》는 2030세대가 '멘붕 상태'에 빠져 있다고 표현하면서 청년세대 당사자들의 목소리를 빌려 5060 세대를 비판적으로 보도했다. 이처럼 진보 매체들은 두 세대 간 갈등 관계를 부각하는 보도에 주력한다.

보수 진영의 청년세대론:
"너 자신의 무지와 386의 억압을 깨달아라"

이번에는 흔히 '보수 매체'로 분류되는《동아일보》《조선일보》《중앙일보》가 보도한 '청년세대' 관련 기사들을 살펴보자.(《표 5》) 마찬가지로 2010~2014년에 있었던 선거 및 정치적 국면과 연관 지어 정리했다. 2011년 10월 말~2012년 12월 말이라는 상대적으로 짧은 기간에 '청년세대' 논의가 집중되고 있음을 알 수 있다. 복지가 핵심 이슈였던 서울시장 재선거에서 무소속 박원순 후보가 한나라당의 나경원 후보를 제치고 승리한 것이 2011년 10월 말의 일이다.

보수 매체들은 그 승리의 원인을 2030세대의 압도적인 박원순 후보 지지와 연결 지으며 2030세대, 넓게는 40대까지를 포함한 '청년세대'의 투표 성향이나 가치관을 집중적으로 보도했다. 그야말로 '세대 간 투표 대결'로 불린 2012년 대선에서 중장년층이 더 많이 지지한 후보가 승리한 후, 2014년 지방선거를 전후해서는 의례적인 차원에서 '세대별 투표 성향 차이'를 언급하는 예측·분석 외에는 특별한 기사들이 나오지 않았다.

보수 매체가 생산하는 청년세대 담론은 크게 다음과 같은 의미를 갖는다.

〈표 5〉 선거 전후 《동아일보》《조선일보》《중앙일보》의 청년세대 담론 관련 주요 기사 (2010~2014)

선거 전 보도 기사	선거 결과		선거 후 보도 기사
	2010년 6·2 지방선거(시도지사)		• 《동아일보》, 〈황호택 칼럼: 올빼미들은 왜 '1번'을 불신하는가〉(2010. 6. 21) • 《중앙일보》, 〈[이슈 추적] 대학가 탈이념… '보수+실용' 모임 뜬다〉(2010. 7. 24)
	민주당	한나라	
	7	6	
• 《중앙일보》, 〈"통영의 딸, 신숙자 구출"… 촛불 든 20대 젊은 보수〉(2011. 10. 3)	**2011년 10·26 재선거** **야권 박원순 서울시장 당선**		• 《동아일보》, 〈10·26 재보선: 성난 2040, 정치판을 탄핵하다〉(2011. 10. 27) • 《동아일보》, 〈'10·26 선택' 그 후-서울시장 선거: 2030 "왜 朴 찍었냐고? 편법 안쓰고 소통…"〉(2011. 10. 28) • 《조선일보》, 〈20~30대 84퍼센트 "우릴 대변하는 정당 없어"〉(2011. 11. 2) • 《중앙일보》, 〈사설: 무상과 반값으로 젊은이들을 현혹하지 말라〉(2011. 11. 5) • 《중앙일보》, 〈중앙시평: 청년 백수가 무슨 벼슬인가〉(2011. 11. 7) • 《조선일보》, 〈편집자에게: 2030세대가 과잉 복지에 제동 걸어야 하는 이유〉(2011. 11. 8) • 《조선일보》, 〈복지 百年大計-남유럽 실패 연구: "연금 받는 노인에게만 천국"… 대졸자 年 4만 명 이탈리아 떠난다〉(2011. 11. 8) • 《조선일보》, 〈괴담의 나라: 2030 3不(불안·불만·불신)+3反(반정치·반정부·반언론)이 온라인 군중 심리와 맞물려 괴담 급속 확산〉(2011. 11. 11) • 《조선일보》, 〈괴담의 나라: 이성보다 감성에 기울어… 연예인 말 더 믿어〉(2011. 11. 11) • 《동아일보》, 〈배인준 칼럼: 30대, 386 선배를 넘어서라〉(2011. 11. 16) • 《동아일보》, 〈김종수의 세상 읽기: 헝그리세대 vs 앵그리세대〉(2011. 12. 7) • 《동아일보》, 〈동아광장: 20대는 우파다〉(2011. 12. 8) • 《동아일보》, 〈진보라 말하지만 구체적 정책엔 보수〉(2011. 12. 23) • 《동아일보》, 〈청춘들은 말한다, 이념? 내게 중요한 것은 현실〉(2011. 12. 23)

선거 전 보도 기사	선거 결과			선거 후 보도 기사
• 《중앙일보》, 〈취재일기: 선심 공약, 결국 자식들 부담이다〉(2012. 3. 23) • 《중앙일보》, 〈노트북을 열며: 신 청춘에게 고함〉(2012. 4. 4) • 《동아일보》, 〈사설: 젊은 세대 '10년 뒤 짊어질 나라' 생각하며 투표를〉(2012. 4. 10)	2012년 4·11 총선			• 《중앙일보》, 〈대학생 칼럼: 청년들이여, 한 걸음 물러서 세상을 보자〉(2012. 4. 21) • 《동아일보》, 〈사설: '88만 원 세대'라는 허상부터 깨야 한다〉(2012. 5. 1) • 《조선일보》, 〈대선 기획: 주부들 "우리 아이들이 자유민주주의 누렸으면"… 2030 "진보당 사태 충격"〉(2012. 7. 3)
	새누리	민주 통합	통합 진보	
	152석	127석	13석	
• 《동아일보》, 〈기획: 일그러진 이 시대의 키워드는 '분노'〉(2012. 9. 26) • 《중앙일보》, 〈대선 풍향계: 2030 〈 5060 세대 역전… 유리한 대선후보는?〉(2012. 10. 16) • 《중앙일보》, 〈이철호의 시시각각: "정치인의 입보다 발을 보라"〉(2012. 11. 20)	2012년 12·19 대선			• 《조선일보》, 〈18대 대통령 박근혜: 2030, 이념보다 현실에 불만… 反집권당 투표〉(2012. 12. 21) • 《조선일보》, 〈2030 셋 중 한명 '박근혜', 의외의 결과 이유가〉(2012. 12. 22) • 《중앙일보》, 〈이철호의 시시각각: "저, 싸가지 없는 50대입니다"〉(2012. 12. 25) • 《동아일보》, 〈일부 2030 엇나간 분노… "노인복지 폐지" 운동〉(2012. 12. 26) • 《동아쟁론: 2030, 5060의 '솔직 토크'〉(2012. 12. 28) • 《동아일보》, 〈시론/변희재: 청년들 응석 받아주는 정책은 필요없다〉(2013. 1. 1)
	새누리당 박근혜 대통령 당선			
	2014년 6·4 지방선거(시도지사)			
	새누리	새정치		
	8	9		

(가) 88만원 청년세대가 바라는 건 희망을 갖고 일할 수 있는 직장이다. 그런데 과잉 복지는 청년들의 일자리와 희망을 빼앗는다. 오늘의 '무상과 반값'은 머잖은 장래에 엄청난 금액의 청구서로 되돌아온다. **복지 확대의 최대 피해자가 될**

2030세대가 나서서 젊은이의 일자리와 희망을 빼앗는 과잉 복지에 제동을 걸어야 하는 이유이다.[56] (강조는 필자)

(나) 과거 유언비어나 흑색 선전은 정치권 일각의 얘기였지만 요즘 괴담怪談은 특히 2030세대를 비롯해 40대까지 광범위하게 퍼져 있다. 전문가들은 **'젊은 층에 번져 있는 괴담들은 사회적 병리현상이라 할 정도로 심각한 수준'**이라고 했다.[57] (강조는 필자)

첫째, 야권에 대한 청년세대의 압도적 지지는 청년들의 미성숙성이나 무지에 따른 것이므로 비판받아야 하며, 청년들의 가치관은 '합리적'으로 바뀌어야 한다. 보수 매체들의 기사에서 '청년세대'의 특성은 진보 진영을 지지하고 그들의 가치관에 찬동하는 것으로 분석된다. 그 원인으로 제시되는 것은 다름 아닌 청년들의 미성숙함이나 무지다. 또한 보수 매체들은 청년세대의 투표 행동을 청년들의 주체적인 판단에 근거한 것이 아닌 정치권에 의한 선동 혹은 비이성적 '분노'의 결과로 해석하기도 했다.

《조선일보》에 실린 세무회계연구소 대표 박상근의 칼럼 (가)이 대표적이다. 그는 복지가 확대되면 청년들이 오히려 피해를 보기 때문에 청년들 스스로가 복지에 제동을 걸어야 한다고 '가르친다'. 《조선일보》는 2011년 10월 26일 서울시장 재보선에서 박원순 후보가 당선된 이후 〈괴담의 나라〉라는 제목의 특집 기획기사(나)까지 내보냈다. 이 기사가 보여주듯 괴담은 요즘 젊은 세대의 특성으로 설명된다. 청년세대에게 상대적으로 친숙한 온라인 환경에 관한 부정적 논의들이 결합하면서, 청년세대의 의식은 비이성적인 것, 따라서 비판받고 교정돼야 하는 것으로 표상된다. 어떤 칼럼은 기성세대를 '새벽에 일어나는 종달새'에, 청년세대를 '낮에 자고 밤에 움직이는 올빼미'에 비유하면서 밤늦게까지 인터넷을 하는 청년세대가 잘못된 의식을 형성하고 있다고 비판했다.

(가) **20대의 면면을 살펴보면 그들을 좌파라고 볼 이유가 전혀 없다.** 아산정책연구원 11월 월례 여론조사에 따르면 '내년 우리나라에서 가장 중요한 이슈'를 물었을 때 20대의 36.4퍼센트가 '일자리 창출', 16.3퍼센트가 '소득 재분배'라고 답했다. 반면 30대는 각각 21.8퍼센트와 20퍼센트였다. 20대는 부의 재분배를 통한 혜택보다는 일할 기회를 달라는 사람이 30대보다 훨씬 많다. 안보관에서도 대단히 우파적이다. 북한을 경계의 대상, 적으로 보는 경향이 60대를 제외한 그 어느 세대보다 강하다. 최근에는 해병대 지원자가 급증하고 있단다.[58] (강조는 필자)

(나) 진보를 0, 보수를 10으로 놨을 때 평균 4.2라는 응답이

가장 많아 2030세대의 전체적인 이념 성향은 다소 진보에 가까웠다. **하지만 자신이 진보라고 생각하면서도 구체적인 정책에 대해 물으면 보수 성향을 보이기도 했다.** '북한 핵문제 해결 전엔 대북 지원을 하지 말아야 한다'에 20대의 46.9퍼센트, 30대의 45.2퍼센트가 찬성했다. '그래도 지원해야 한다'는 답변은 20대 14.9퍼센트, 30대 13.8퍼센트에 불과했다.[59] (강조는 필자)

두 번째로, 보수 매체는 야권 투표 성향에도 불구하고 청년들은 사실상 보수적인 정치 성향을 가지고 있다거나, 혹은 최소한 청년세대에게는 특별한 이념적 성향이 부재한다고 주장한다. 위의 두 기사가 보여주는 청년세대의 이념 성향은 진보 진영이 언급해온 '진보적으로 정향된 청년세대' 담론을 반박하는 일종의 대항 담론으로 기능한다. 함재봉 아산정책연구원장(가)은 구체적인 정책에 대한 여론조사 결과와 20대가 가진 '높은 스펙'을 근거 삼아 20대가 상대적으로 진보적인 30대에 비해 '보수'로 규정될 만한 우파적 성향을 가진 세대라고 주장한다. 《중앙일보》의 보도(나) 역시 청년세대가 스스로를 '진보'로 규정하고 있지만, 구체적인 정책에 대한 응답에서는 오히려 보수 성향을 보이기도 한다는 점을 강조한다.

청년세대의 보수성을 강조하는 담론은 보수 매체가 적극

적으로 유포해온 세대 명칭들에서도 나타난다. 《동아일보》에 등장한 '신안보세대'론은 아예 천안함과 연평도 사건의 영향을 받아 젊은 층이 안보의식으로 무장하게 되었다고 평가한다. 《조선일보》의 'G세대'론은 상대적으로 부유한 환경에서 자라난 20대의 특성 및 그들의 뛰어난 외국어·컴퓨터 능력 등을 강조한다. 《중앙일보》의 '글로벌 P세대'론은 '미래를여는청년포럼' '한국대학생포럼' '바른사회대학생연합' '북한인권탈북청년연합' '청년자유연합' 등 일부 보수 청년단체의 활동들을 지속적으로 소개하면서, 보수적인 정치 성향을 가진 청년들을 부각했다.

그러나 청년들을 '탈정치화를 극복한 진보적 세대'로 규정하려 했던 진보 매체들의 '청년세대' 담론처럼, 청년들의 보수성을 강조한 보수 매체의 담론 역시 다소 부실한 논리에 기대는 듯하다. 위의 두 기사에서도 논리적 비약이 드러난다. 《동아일보》에 실린 함재봉의 글은 20대가 30대보다 '일자리 창출'을 더욱 중요시하고, '소득 재분배'는 덜 중요시한다고 언급하며 이를 20대 보수화의 근거로 활용하는데, 20대는 생애주기상 첫 직장을 구하는 시기이기 때문에 30대보다 '일자리 창출'을 더 중시하는 것은 당연하다. 또한 '소득 재분배' 항목에서의 20대(16.3퍼센트)와 30대(20퍼센트)의 응답 비율 차이에 특별한 의미를 부여하기도 어렵다. 《중앙일보》 기사도 크게 다르지 않은데, '대북 지원'에 대한 하나의 특정 의견을 곧바로 정치 성향과 연결 짓는 것은 무리가 있다.

30대가 가장 치열하게 도전하고 극복해야 할 대상은 MB도 부모도 아닌 386 선배 세대일지 모른다. 386은 자신들이 30대일 때 정권을 창출했고, 신세대 문화와 디지털 정치를 설계했으며, 5060 이상으로 각 분야의 주도권을 쥐고 있다. 30대는 '386 운동권 프레임'을 깨고 나와 386과 차별화되는 새로운 비전과 리더십을 보여줄 때가 됐다. 그런 소명의식에 눈떠야 한다.[60] (강조는 필자)

마지막으로, 청년세대를 '선동'하는 386세대는 비판받아야 하며 청년세대는 386세대를 이념적으로 극복해야 한다. 위의 기사는 386세대가 자신들이 쥐고 있는 주도권을 바탕으로 30대의 정치적, 경제적, 문화적인 자율성을 제한하고 있다는 뉘앙스를 드러내고, 나아가 30대에게 '386세대를 넘어서라'고 직접적으로 주문하기에 이른다. 여기서 386세대는 30대(청년세대)를 선동하고 그들의 기회를 제한하는 가해자로, 30대는 피해자로 그려진다. 이 '2030 대 386' 구도는 '조중동'이 "청년세대의 적을 386세대로 상정"하고 있다는 시사평론가 한윤형의 분석과도 일치한다.[61] 2002년 노무현 정권이 출범하면서 핵심 권력으로 부상한 '386세대'를 보수 언론은 지금껏 견제해왔다. 앞서 살펴본 475세대(2003년 《주간조선》에 등장), 앵그리397세대(2012년 《조선일보》에 등장)는 모두 386세대의 전후 출생 코호트를 가리키는 세대 명칭이었다.

경합하는 청년 담론: 진보 vs 보수

한 가지 흥미로운 사실은, 세대론을 이용해 청년들을 특정 정치 진영으로 정향하고자 했던 '88만원세대론'이 애초 보수 언론과 동일하게 2030세대와 386세대, 그리고 20대와 30대 사이의 대결 구도를 상정하고 있었다는 점이다. '88만 원세대'론은 20대가 처한 경제적 어려움이 세대 내 경쟁이 아닌 '세대 간 경쟁' 때문에 발생한다는 점을 강조하기 위해 20대가 취업 전선에서 경력직인 30대, 386세대 등과 경쟁하고 있다는 식으로 논한 바 있다. 이후 《88만원세대》의 공저자인 우석훈은 20대가 짱돌을 (국가나 자본이 아닌) 386세대에게 던진 것 같다고 인터뷰에서 언급하기도 했다.[62]

이처럼 청년세대론은 이질적인 담론들의 집합으로 구성되어 있다. 그 담론들은 청년층의 각기 다른 면모를 부각하면서 자신의 목적에 부합하는 방향으로 청년의 정체성을 규정한다. 청년을 주체화하는 수많은 방식이 존재하는 것은 바로 이 때문이다. '청년세대'를 둘러싼 매체 간 담론 경합을 매체의 정파적 성격에 따라 정리해보면 이는 더욱 명확해진

〈표 6〉 '청년세대'를 둘러싼 진보 매체와 보수 매체의 담론 경합

	한겨레/경향신문	동아일보/조선일보/중앙일보
청년세대의 문제	탈정치화	미성숙, 비이성
청년세대의 특성	진보적 정치 성향	보수적, 애국적 정치 성향
청년세대의 임무	정치(투표) 참여	합리성(보수성)의 회복, 경제 활동 참여
청년세대의 적	5060세대	386세대
대표적 세대 담론	88만원세대, 3포세대	신안보세대, G세대, 글로벌 P세대

다.(〈표 6〉) '진보 매체'《경향신문》《한겨레》는 청년들의 진보
성에 주목하면서도 그들의 탈정치성을 비판하고 정치 참여
를 촉구하며 '보수 세대'로 표상되는 5060세대와의 갈등을
부각한다. 반면 '보수 매체'인《동아일보》《조선일보》《중앙
일보》는 청년들의 야당 지지 성향이 진보적 이념이 아닌 미
성숙한 의식에서 비롯되었음을 지적하면서, 청년들을 보수
성향을 가진 세대로 규정하고 '진보적 세대'로 표상되는 386
세대와의 갈등을 부각한다. 또한 진보 매체들이 청년들의 경
제적 어려움을 해결하기 위한 방안으로 정치 참여를 제시한
다면, 보수 매체들은 청년들이 한국의 어려운 경제 상황을
타개하고 살아남기 위해서는 주체적으로 '창업하고, 해외에
진출하고, 스토리를 만들고, 산업 현장에 뛰어들'어야 한다고
역설한다.

'청년'이라는
이름의 방패막

입장은 달라도 아무튼 '청년'

정치학자 조너선 화이트는 세대라는 범주가 좌우 정치 집단에 의해 의무, 집합행동, 공동체 등의 개념을 연상시키는 거대 서사master narrative로 이용되는 현상을 지적한 바 있다. 작은 정부의 옹호자인 우파에게는 복지 삭감의 필요성과 정당성을 입증하는 수단으로, 좌파에게는 정치 동원을 이끌어내는 언어로 양측 모두에게 매력적으로 활용된다는 것이다.[63]

오늘날의 한국 역시 다르지 않다. 특히 '88만원세대'론 이후로는 '세대 간 경제 불평등' 이슈가 정치적 입장을 정당화하는 도구로 활용되었다. 2010년 전후의 주요한 이슈였던 '선별적 복지 대 보편적 복지' '큰 정부 대 작은 정부' 같은 식의 이념 논쟁은 물론 기초연금, 무상급식, 반값 등록금 등 이런저런 복지 이슈들은 '청년세대'론과 끊임없이 접합되었다.

(가) 하지만 이 방안은 청·장년층에게는 현행 기초노령연금

제도보다 불리하다. 현행 기초노령연금법에 따르면 15년 뒤인 2028년부터는 현재의 20만 원에 해당하는 가치의 금액을 국민연금 가입과 관계없이 65세 이상 노인 70퍼센트에게 지급하게 돼 있다. **즉 '미래의 노인세대'인 청·장년층에겐 오히려 현행 제도가 나은 것이다.** ······ 정부가 검토 중인 또 다른 방안인 '소득에 따른 차등지급'은 현재 노인들에게 불이익이 돌아간다.[64] (강조는 필자)

(나) **특히 2007년에 20세(올해 24세)인 청년세대는 '베이비 부머' 세대 등 기성세대들이 한 번도 경험하지 않던 짐을 평생 짊어져야 하는 첫 세대라는 점에서 부담은 더욱 크다.** 2008년에 도입된 기초노령연금, 장기요양제도, 보장성이 높아진 국민건강보험 등 굵직굵직한 복지정책에 소요되는 비용을 이들이 현 세대 중 첫 번째 주자로 가장 오랜 기간 부담해야 한다.[65] (강조는 필자)　`

위의 두 기사는 기초노령연금을 비롯한 연금 문제를 다룬다. 양자 모두 기초노령연금을 청년층에게 상대적으로 불리한 정책으로 평가하면서 세대 간 경제적 불평등을 환기한다. 그런데 연금과 관련해 구체적으로 무엇이 '청년세대'의 경제 전망을 어둡게 만드는지를 두고 두 기사는 정반대의 입장을 취한다. 《경향신문》 기사(가)는 기초노령연금에 관한 박근혜 정부의 최초 공약이 '보편적 복지'였던 데 반해, 실제 추진되고 있는 정책은 '선별적 복지' 모델에 가깝다는 사실을 집중적으로 비판한다. 그러면서 정부안대로 '소득에 따른 차등 지급'이 이루어지게 되면, 청년층뿐 아니라 노년층도 불이익을 받을 수 있다고 강조한다. 정리해보면, 이 기사가 문제 삼는 것은 기초노령연금 수령액을 국민연금 가입 기간이나 소득 수준과 연계하는 '선별적 복지' 모델이며, 이것이 '청년세대'에게 불리한 이유는 미래의 예상 실수령액이 감소하기 때문이다. 반면 《동아일보》 기사(나)는 기초연금의 도입 자체를 문제시한다. 이 기사에서 '청년세대'는 현재의 노년층이 받는 연금을 청년세대가 세금으로 부담할 수밖에 없다는 논리를 통해 피해자로 형상화된다. 청년세대가 확대된 복지정책의 직접적인 피해자라는 것이다.

결국 양측의 담론은 두 매체의 각기 다른 정치적, 이념적 입장에 따라 갈린다. 사실 기초노령연금 제도를 통해 청년층 개인에게 주어지는 손익계산서는 두 매체가 지적하는 부분들을 모두 포괄한다. 복지 제도 도입은 '청년세대'뿐 아니라 모든 납세자에게 더 많은 세금을 요구한다(물론 조세 제도 정비를 통해 개인 납세자의 부담을 덜어줄 수도 있다). 보편적 복지가 아닌 선별적 복지 방식으로 연금 제도가 확정되면 연금 수령액이 줄어드는 것 또한 사실이다. 하지만 각 매체들은 자신들이 견지하는 입장에 따라 해당 문제가 '청년세대'에게 행사할 영향력을 취사 선택하고 있다. '청년세대' 담론을 연금 문제에 대한 특정 입장을 정당화하기 위한 카드로 활용하는 것이다. 얼마나 설득력 있는 논리를 동원하는지는 별도로 따져봐야겠지만, 이미 많은 담론 생산자들이 '청년'이 자신들의 주장을 호소할 수 있는 강력한 수단이 된다는 점을 간파하고 있다. 즉 이것은 자신의 주장을 '청년'을 위한 것으로 위시하는 하나의 전략이다.

그렇다보니 진보 매체와 보수 매체는 청년층이 실제로 이 문제에 관해 어떻게 생각하는지 객관적인 현실에 대해서도 서로 다른 이야기를 내놓는다. 《한겨레》는 젊은 층을 대상으로 한 설문조사 결과를 바탕으로 30대가 복지 확충을 최우선 과제로 꼽은 사실을 강조하는 반면, 《중앙일보》는 박근혜 대통령이 복지를 남용하지 않는 것을 대학생들이 가장 중요하게 여겼음을 강조하는 식이다.

세대 간 경제적 불평등을 둘러싼 담론들은 종종 국제면을 통해서도 생산된다. 복지 문제에 대한 매체의 논조는 외국의 '청년 문제'를 해석하는 방식에도 영향을 미친다. 무상급식이 가장 큰 복지 이슈로 제기된 2011년, 《조선일보》는 〈복지 百年大計(백년대계)-남유럽 실패 연구〉라는 기획 기사를 통해 공부도 일도 하지 않는 스페인의 '니니세대Generation Ni-Ni', 이탈리아의 '1000유로세대', 그리스의 '700유로세대' 등을 소개하면서, 남유럽 청년세대의 빈곤과 세대 갈등의 원인으로 '소

비성 복지'를 지목했다. 반면 진보 매체들은 해외에서 청년층
이 주도해 일으킨 정치 행동이나 실천들을 부각했다.

(가) 빈곤율 14퍼센트(2006년)인 영국의 지난해 실업률은 7.9
퍼센트였고 청년층 실업률은 20퍼센트가 넘었다. 이런 상황
에서 취해진 긴축 정책은 가난한 청년들을 '분노의 세대'로
바꿔놨다. 토트넘에선 지난해 실업수당 청구자가 10퍼센트
이상 늘었지만, 올해 청소년 프로그램 예산은 최고 75퍼센트
나 깎였다. **부자 감세는 유지한 채 복지비 삭감을 기조로 긴축 정책
을 취함에 따라 가진 자들은 갈수록 부를 늘리는 대신 약자들은 더욱
고통스러워지는 양극화가 심화되고 있다.** 이 때문에 마거릿 대처
의 신자유주의 이래 시들해졌던 영국 사회·노동운동을 캐
머런이 되살려주고 있다는 얘기마저 나온다. 이번 시위 사태
는 고통분담 없는 무차별적인 복지비용 삭감 정책이 공동체
분열 등 엄청난 사회적 비용을 유발할 수 있음을 보여주었
다. 영국의 교훈을 가벼이 여겨서는 안 된다.[66] (강조는 필자)

(나) 간격이 6년이나 되지만 영국과 프랑스의 폭동에는 빈곤
과 인종 문제에 겹쳐 사회의 주류로 들어가지 못해 절망하
는 청년들의 분노가 자리 잡고 있다. 유럽이 과거 높은 복지
를 구가한 것은 2차 세계대전 이후 '번영의 30년'을 거치면
서 쌓아놓은 경제적 여력 때문이다. 그 여력은 사실 오래전

에 바닥이 났다. 2008년 미국 월가 발發 금융 위기가 유럽에서 재정적자 위기로 이어진 것은 유럽 국가가 더는 빚잔치를 벌일 수 없을 만큼 재정이 취약했기 때문이다. **침체된 경제와 복지 축소에 가장 큰 타격을 받는 사람들은 저숙련 저임금 중하류 계층이고 연령별로는 청년층이다. 나라가 휘청거리는 그리스 포르투갈 스페인 이탈리아에서는 긴축에 항의하는 젊은이들의 격렬한 시위가 이어지고 있다.**[67] (강조는 필자)

2011년 8월 발생한 영국 청년들의 '폭동'을 다룬 위의 두 기사는 유럽 청년세대의 빈곤을 바라보는 매체 간 시각 차를 단적으로 드러낸다. 《한겨레》(가)는 영국의 청년을 '분노의 세대'로 정의하면서, 그들이 분노하게 된 원인을 복지비 삭감을 위시한 긴축 정책에서 찾는다. 반면 《동아일보》(나)는 같은 사실을 언급하면서도, '빚잔치'가 유지될 수 없을 정도로 복지를 위한 경제적 여력을 상실한 유럽의 현실을 상기시킨다. 영국 청년들의 분노를 유발한 긴축의 근본 원인으로 '번영기에 유럽에 자리를 잡은 과도하게 높은 복지 수준'을 지목하는 것이다. 해외 사례에 대한 이 같은 논의는 결국 경제적 여력이 없는 상황에서 복지를 늘려서는 안 된다는 국내 담론으로 이어진다. 이 사례에서 우리는 '청년'이라는 기호가 복지 문제나 경제 문제에 관한 각자의 주장을 정당화하는 수단으로 활용된다는 것을 다시금 확인할 수 있다. 한편 《중앙일보》는 영국 청년들의 시위를 아예 '정치적 집단 의사 표시와는 무관한 노략질' '반달리즘'으로 정의하는 기사를 내보낸 바 있다. 해당 보도는 사건의 원인을 '가난한 젊은이들의 엇나간 소비 본능'이나 '가족 해체 현상' 등에서 찾으면서 영국의 청년들이 일으킨 시위를 정치적 의사 표현이 아닌 '병리적인 현상'으로 규정했다.

'청년'으로 이익 챙기는 정부

'88만원세대'론의 유행으로 '청년세대'가 겪고 있는 빈곤이나 '세대 간 경제적 불평등'이 매우 중요한 사회문제로 급부상하면서, 청년세대의 문제를 해결한다는 명분으로 다양한 정책 주장을 내놓는 것이 정당화되었다.

'청년세대의 문제를 해결하겠다'는 발화를 가장 적극적으로 실천하고 있는 주체는 다름 아닌 정부다. 그러나 모든 정치인, 행정가들이 청년 문제를 해결해야 한다고 입을 모아 외치는 이 흐름을 과연 청년들의 삶이 더 나아질 수 있다는 긍정적인 신호로 볼 수 있을까? 면밀히 살펴보면 '청년세대의 문제를 해결하겠다'는 논의는 실상 '청년'을 들먹임으로써 얻을 수 있는 또 다른 이윤을 겨냥하는 듯하다.

2013년 박근혜 정부는 대통령 직속 청년위원회를 설치했다. 같은 해 7월 16일 열린 첫 회의에서 박 전 대통령은 "공공 부문의 청년 채용 확대는 물론이고 청년들이 원하는 새로운 일자리를 적극 발굴할 수 있도록 정책에 역점을 둬야" 한다고 강조했다.[68] 그러나 박근혜 정부의 청년정책과 관련된 사례들을 살펴보면 '청년'이 기표로 소비된 듯한 인상을 지우기 어렵다.

2015년 임금피크제 도입을 둘러싼 논의가 활발할 때 정부는 임금피크제를 '청년'을 위한 것으로 꾸며 세대 갈등을 조장하는 담론을 유포했다. 임금피크제를 통해 절감된 인건비를 청년 일자리 창출에 사용할 수 있다는 논리로 정책 도입을 권고하고 나선 것이다. 당시 고용노동부 장관이었던 이기권은 "임금피크제는 장년들의 고용 안정과 청년들의 일자리 확대를 동시에 실현할 수 있는 세대 간 상생 수단"이라고 주장했다.[69] 그러나 임금피크제를 장년층 노동자의 고용(정년) 연장이나 보장을 위한 대안으로 논의하는 데 그치지 않고 청년실업과 연결시키는 순간 세대 갈등이 조장될 수 있다. 일단 고령 근로자의 임금을 감축해 얻은 여유분으로 신규 채용을 늘릴 수 있다는 논리 자체가 '세대 간 이익 재분배'를 연상시킨다. 이뿐만 아니라 고령 근로자의 임금 감축이 고령 근로자의 고용 보장을 위한 것이 아니라, 청년실업자의 취업 보장을 위한 희생으로 여겨지게 된다. 이에 노동계에서는 정부가 '청년'을 내세워 인건비를 줄이려는 기업의 이익을 관철하고자 '꼼수'를 부린다고 비판했다. (임금피크제와 청년 일자리 창출에는 별다른 상관관계가 없다는 연구 결과들도 보고되었다.[70])

더욱 가장 흥미로운 것은 정부가 이런 전개를 훤히 내다 보고 있었다는 것이다. 즉 정부는 담론 전략이 세대 갈등을 불러일으킬 수 있다는 것을 알면서도, 혹은 임금피크제가 청 년 고용 문제와 딱히 관련이 없다는 연구 결과들을 알면서도 임금피크제에 '청년'이라는 프레임을 덧씌웠다. 박 전 대통 령은 임금피크제 관련 국무회의에서 "낡은 노동시장 구조로 는 절박한 과제인 청년 일자리 문제를 해결할 수가 없다"고 말했는데,[71] 이처럼 특정 문제에 '청년'을 접합해 일을 도모할 수 있는 것은 '청년실업을 해결하는 것이 중요하다'는 전제 에 대한 강력한 사회적 합의가 존재하기 때문이다.

'청년희망펀드'는 이 합의가 상징적으로 확인된 사건이 다. 2015년 9월 16일 청와대가 출범시킨 청년희망펀드는 공 익 신탁, 즉 자발적 기부를 통해 '청년들을 위해 좋은 일자리 를 만드는 일'에 필요한 기금을 모금한다. 그러나 이름과 달 리 금융 투자 상품은 아니다. 박 전 대통령이 1호 기부자로 2,000만 원을 기부하면서 대대적으로 홍보한 이후, 2017년까 지 1,400억 이상의 적지 않은 금액이 모금되었다. 물론 청년 희망펀드 역시 '청년'이 중요한 문제로 여겨진다는 징후 정 도를 확인시켜주었을 뿐, 이것이 청년 일자리 문제를 실질적 으로 해소시켰다고 보기는 어렵다. 즉 이 예산이 '청년 일자리 창출'에 제대로 쓰였는지 알 길이 없다.[72] 게다가 펀드 조성 과정에서 정부가 대기업 및 공공기관, 금융업계 등에 펀드 가입을 압박했다는 문제점이 발견되기도 했다.

청와대뿐 아니라 지방정부 역시 끊임없이 '청년'을 외쳐왔다. '청년 문제'를 해결해야 한다는 데 일정한 사회적 공감대가 형성돼 있는 상황에서 청년 관련 정책을 내세우는 것은 업적 쌓기나 이미지 향상 차원에서 지역 정치인들에게 유리한 선택지였다. 게다가 서울에서 만들어진 중간 지원 조직 청년허브, 거버넌스 행사 서울청년의회, 복지정책 청년수당(청년활동지원금), 성남시에 도입되었던 청년배당 등의 청년정책이 전국적으로 이슈가 되면서 '청년'이라는 정책 범주를 바탕으로 한 여러 가지 가능성이 제시됐다. 젊은 층 인구 유출로 인한 '지방 소멸' 내지는 지역 활력 저하에 대한 위기의식 속에서 지역의 미래를 위해서라도 청년정책을 고민해야 한다는 목소리가 나오기도 했다.

2015년 1월 서울특별시에서 처음으로 제정된 청년기본조례는 다른 지방정부로도 급속히 확산됐다. 2017년 11월까지 광역 지방정부 17개 중 15개, 기초 지방정부 226개 중 50개에 제정되었다.[73] (광역 시도의 경우, 2018년 2월 26일 인천광역시를 마지막으로 조례 제정이 완료되었다.) 그러나 조례와 청년거버넌스를 위한 위원회, 협의체, 네트워크 등이 전국적으로 빠르게 확산되는 데 비해 실제 청년정책은 더디게 실행된다. 많은 지자체장들이 '청년친화도시'를 선포하는 등 정책 홍보에 적극적인데도 말이다. 대부분 지자체의 경우 청년정책에 할당된 예산이 전체 예산 중 1퍼센트 내외에 그친다. 그마저도 일자리 분야에 할당된 예산이 압도적으로 높아 취업 문제로 수렴되지 않는 청년들의 정책 요구는 제대로 반영되지 않고 있다.[74] 게다가 일자리 창출 관련 예산 대부분은 청년정책이라는 범주가 생겨나기 전부터 이미 고용 정책 예산으로 집행되고 있어서, 신규로 증액된 예산이라고 보기 어렵다. 실제로는 많은 예산을 추가 편성하지 않고도 조례를 제정하고 기구를 운영하며 작은 규모의 사업들을 벌이는 셈이다. 이렇게 보면 최소의 투자로 최대의 정치적 이득을 획득할 수 있는 기획이 청년정책이라는 판단이 드는 것도 무리는 아니다.

이런 식으로 확산되는 지방정부의 청년정책 역시 실질적으로 세대 문제와 연관성이 없는 것을 세대 문제로 인식하게 하는 데 기여한다. 고용률과 실업률을 적당한 수준으로 관리하는 것은 굳이 특정 연령층을 거론하지 않더라도 기본적인 경제 정책의 틀에서 이해할 수 있는데, 여기에 청년정책이라는 프레임을 씌워 마치 특정 연령대(세대)에게 특혜를 주는 듯한 인상을 만들어내는 것이다. 이는 오히려 정치/정책 참여에 적극적인 청년활동가들이 내놓는 사회 전반에 대한 개혁 요구를 논의에서 배제해버릴 위험이 있다. 현재의 조건이 사회에 미치는 영향 혹은 지금 당장 필요한 변화에 초점을 맞추는 것이 아니라, '고통받는' 청년들 일부만을 '치료 대상' 으로 분리시키기 때문이다(이 문제는 3장에서 다시 다룬다).

'청년세대' 담론: 정치적인, 너무나 정치적인

앞서 세대라는 변인과 그다지 큰 연관성을 갖지 않는다고 간주된 현상들이 점점 더 세대주의적 지식 체계에 포획되는 과정을 살펴보았다. 특정 연령 집단 혹은 출생 코호트, 즉 세대 전체를 분리해 다른 세대와 비교하는 지식 체계가 이와 같은 형태를 갖추게 된 지는 사실 그리 오래되지 않았다. 하지만 세대를 중심으로 한 문제틀은 어느덧 우리의 일상 깊이 자리 잡았다.

세대에 대한 두 가지 '사회과학적 지식'이 있다. 가치관 혹은 주체성과 연관 지어 세대 문화나 특정 연령대의 정치 성향을 규명하려 하는 문제틀, 그리고 특정한 세대의 경제적 이해관계라는 것이 별도로 존재하며 따라서 세대 간 경제적 가해-피해 관계가 존재한다고 보는 문제틀이 바로 그것이다. 이러한 '사회과학적' 세대 지식의 기본 형태들은 언제나 현실의 구체적인 이슈들과 접합될 태세다. 이를테면 비트코인 이슈가 젊은 세대의 한탕주의(가치관), 기성세대(문재인 정부)의 청년세대(투자자) 억압(이해관계)으로 의미화되는 것이 가능한 이유다.

더불어 지적해둘 것은 세대주의적 세대 담론이 거의 언제나 기성세대와 청년세대 사이에 적대 전선을 긋는다는 점이다. 박이대승은 "세대와 청년을 구별하지 않는 사람이 많다는" 점을 중요하게 제기한 바 있는데,[75] 이는 사실상 한국 사회의 세대론이 거의 항상 청년에 대한 세대적 관심에 기초하고 있었기 때문일 것이다. 한국 사회의 세대주의적 담론의 역사가 청년세대 담론의 역사와 크게 겹치는 것 역시 유사한 맥락에서 이해할 수 있다. (태극기 집회에 참여하는 노년'세대'에 대한 관심도 최근 조금씩 생겨나고 있긴 하지만 말이다.)

'청년세대'라는 동일한 기표에 수많은 기의들을 입힐 수 있는 까닭은, 대부분의 청년세대 담론이 일반적으로 청년층에 해당된다고 여겨지는 연령 코호트 내 일부 사례들을 일반화하는 방식으로 생산되기 때문이다. 세대주의적 담론은 특정한 연령층을 세대로 묶어두고 그들을 비교적 동질한 존재로 가정하지만, 실상 세대는 매우 이질적인 개인들의 집합이다. 하지만 대부분의 세대 담론들이 "특수한 소집단의 가치관이나 행동 양식을 마치 전체 연령 집단의 성원들이 공유하는 것처럼 성급하게 일반화하거나, 일시적인 유행을 특정 세대의 통일성을 드러내는 지표로 과대 해석"하곤 한다.[76] 일부 청년들의 특성을 추출해 그것이 청년 전체에게 해당하는 것인 양 과장하는 다수의 청년세대 담론의 한계 역시 명확하다. 그러나 개별 담론들은 스스로 '청년세대'에 대한 진실한 담론임을 자임하며, 그러한 담론을 소비하고 재생산하는 사람들 역시 그런 담론들의 주장에 공모한다.

박이대승은 언어를 분명하게 정의된 이론적 용어인 '개념언어'와 정치권력의 작동에 의해 말과 의미 사이의 관계가 변화하는 '정치언어'로 구분하면서, '청년'이라는 단어가 현재 한국 사회에서 가장 잘 작동하는 정치언어임을 지적한 바 있다.[77] 앞서 언급했듯, '청년(세대)'의 프레임을 덧씌운 임금피크제나 지방분권정책, 복지정책 등이 바로 '청년'이 정치언어로서 광범위하게 활용되는 현재의 국면을 잘 드러낸다. 동시다발적으로 생산되는 이질적인 '청년(세대)' 담론들이 곧 '청년'이라는 정치언어로 특정한 정치적 이해관계를 관철시키려는 헤게모니 투쟁을 증명해주는 것이다.

헤게모니 투쟁과 관련해서는 정치적인 것의 일반적인 원리에 대해 논의한 정치이론가 에르네스토 라클라우를 참고할 수 있다.[78] 라클라우에 따르면 '복지 확대' '일자리 창출' '사회안전망 강화' 등의 특수한 요구들은 '청년세대를 위한 사회 개혁'이라는 공동의 요구하에서 동일한 정체성으로 묶일 수 있는데, 이렇게 다양한 요구가 결합할 때 '청년세대를 위한 사회 개혁'은 더 많은 대중을 위한 보편적인 요구임을 자임하는 민중적 요구popular demands가 된다. 라클라우는 이렇게 "어떤 일정한 특수성이 자신과 전혀 통약 불가능한 보편성의 대표를 자임하는 관계"를 헤게모니적 관계hegemonic relationship로 개념화한다.[79] 그에게 정치란 다양한 정치적 힘들이 자신들의 특수한 요구를 보편적인 민중적 요구로 나타나도록 하기 위해 경쟁하는 실천, 즉 헤게모니적 관계를 놓고 벌어지는 적대와 투쟁을 뜻한다.

오늘날 청년층을 둘러싼 담론들에서 나타나는 '청년세대'라는 기호는 일종의 '민중적 요구'로서 기능하고 있다. 진보 매체와 보수 매체, 그리고 양 정치 진영은 자신들의 특수한 입장을 사회의 보편적 이익과 일치하는 것으로 표상하기 위해 '청년세대'의 문제와 연관시킨다. 또한, 자신들의 입장과 어긋나는 입장에 반대하기 위해서도 '그것이 청년세대를 더 어렵게 할 것'이라고 주장한다. '청년세대'는 더 이상 젊은 층의 인구를 실정적으로 지칭하기 위해 사용되는 말이 아니다. 이제 '청년세대'는 사회적 불평등, 복지, 경제 정책, 인구 문제, 정치 이념 등과 관련된 특수한 이해들을 나타내는 데 동원되는 기호가 되었다. 앞서 우리는 '청년세대'라는 같은 단어를 사용하면서도 서로 완벽하게 반대되는 이야기를 하는 진보 및 보수 매체들의 사례를 살펴보았다. 이뿐만 아니라 진보 및 보수 진영 내부에서조차 '청년세대'를 둘러싼 수많은 관점들이 존재한다는 것을 확인했다. 서로 경합하고 또 공모하기도 하는 이 수많은 관점들이 '청년세대' 담론의 전체 지형도를 구성하고 있는 것이다.

하지만 특정한 담론이나 정치 집단 혹은 분파가 '청년세대'라는 기호를 안정적으로 독점하고 있지는 않은 듯하다. '청년세대'는 개별 매체의 정파성에 따라 완전히 다른 의미로 전유되고 있으며, 사회 전체보다는 해당 정파 내부에서만 통용되는 진실성·정당성을 획득하는 식으로 평행선을 달리고 있는 듯하다. 그럼에도 '88만원세대'에서 시작되어 'N포세대'로 이어진 '불쌍한 청년'의 이미지는 여전히 강력하게 작동하고 있다.

그렇다면 그다음 단계는 무엇이 되어야 할까? 질문을 좀 더 다듬어보면, '청년'이나 '세대'가 단순히 몇 년생부터 몇 년생까지 혹은 몇 살부터 몇 살까지의 인구 전체를 가치 중립적으로 가리키는 게 아니라 '정치적인' 언어로 사용된다는 점을 인식한 다음 무엇을 해야 할까? 이제 남은 것은 이러한 세대 담론을 분석하는 방법을 훨씬 더 세밀하게 다듬는 일이다. 더 이상 세대 담론은 실제 세대 현상을 뒷받침할 수 있는 증거가 될 수 없다. 예컨대 '오죽하면 3포세대라는 말이 나왔겠는가'라는 식의 문제 제기는 성립할 수 없는데, '3포세대'라는 담론이 청년세대가 실제로 연애, 결혼, 출산을 포기했다는 것을 '증명'할 수 없기 때문이다. 오히려 그 담론의 유행을 통해 담론을 발신하고 유통하는 사람들의 의도와 목적, 가치관을 알게 될 뿐이다. 또한 담론에 호응하는 수용자들이 누구이며('청년세대' 담론의 수용자가 꼭 청년층이라는 법은 없다!), 그들이 어떠한 방식으로 그 담론을 다시 활용하는지 알 수 있을 따름이다. 세대 담론을 통해 어떤 세대 내 구성원의 특성을 파악하는 일도 더 이상은 불가능하다. 청년들을 칭하는 다양한 세대 명칭에 과연 모든 청년들이 공감하는지, 혹은 적어도 그 명칭이 함의하고 있는 기본적인 특징을 모든 청년들이 공유하고 있는지부터가 의문이다. 청년은 누구나 연애와 결혼, 인간관계 등에 소극적일 것(3포세대)이라고 추측하거나, 일이나 명예, 성공보다는 개인 생활을 중시할 것(달관세대, 소확행)이라고 추측하는 것은 섣부른 일이다.

'청년세대' 담론이 '정치적인 것'이라는 사실은 종종 쉽게 잊히곤 한다. 세대 담론이 그 자체로 세대에 대한 진실을 담지한다고 여겨지는 것이다. 가장 문제적인 현상은 세대가 물화^{reification}되면서 나타난다. 세대는 고안된 개념으로 사회적으로 구성되는 것이며, 언제나 정치적이고 유동적이다. 그런데 이것이 개별적인 인간들을 초월하는 어떤 법칙이나 규칙이 되면, 세대 개념이 지시하고자 했던 실제의 삶들은 타자화될 수밖에 없다. 청년들 개개인의 고유성과 구체성은 청년세대에 대한 여러 가지 규정들로 인해 함몰된다. 청년세대에 관한 '과학/학문적' 지식들은 다른 구성원들이 청년들을 이해하는 방식은 물론 청년들이 스스로를 이해하는 방식 또한 상당 부분 결정한다. 다시 말해 이러한 지식들은 청년들이 자유롭게 행동하고 사고할 권리를 제한할 뿐 아니라 청년들의 현 상태를 '사회문제'로 만들어 청년세대를 타자화한다.

3

'청년세대' 담론,
이 불편함의
정체는 무엇인가

앞 장에서는 '청년세대'를 둘러싼 다양한 담론들을 살펴보고, 그 담론들이 '청년'을 어떻게 정의할 것인지, '청년 문제'를 어떻게 해결할 것인지, 청년층을 어떻게 세대적 주체로 만들 것인지를 두고 서로 경쟁한다는 것을 확인했다. 달리 말해 그 어떤 담론도 '청년세대'에 대한 지식 체계 전체를 완전하게 압도하지는 못했다. '청년세대' 담론들은 주로 담론 생산자들의 특정한 정치적 입장이 투영된 '청년'상을 바탕으로 하며, 나아가 청년세대라는 용어가 지칭하는 집합적 실체가 존재하는지 자체도 불확실하다. 따라서 각기 다른 이념 성향을 가진 모두에게 동의를 얻는 담론이 등장하기는 어렵다. 개별 '청년세대' 담론은 필연적으로 불완전할 수밖에 없다는 것이다.

'청년세대' 담론들은 '청년세대'라는 기호에 어떤 사회적 의미를 부과할지를 둘러싸고 경쟁을 벌이지만, 동시에 서로 공모하기도 한다. '청년세대'가 무엇을 상징하는지, '청년세대'와 '청년세대가 아닌 것'을 가르는 경계가 무엇인지에 대해서는 철저히 주장을 달리하지만, 어쨌든 모든 '청년세대' 담론이 '청년세대'라는 기호의 의미를 전유하기 위해 경쟁하고 있다는 점만은 명백하다. 즉 더 많은 '청년세대' 담론이 만들어질수록, 더 많은 담론 생산자들이 경쟁할수록, 세대주의는 더욱더 심화된다.

다양한 정치적 입장을 가진 담론 생산자들이 '청년세대'에 대해 이야기함으로써 청년층을 '특정한' 정치적 주체로 만들거나, 혹은 그 담론에 공감하는 대중을 '특정한 방식으로' 정치에 동원하는 것은 애초 '청년세대' 담론들이 의도한 효과다. 반면, '청년세대'를 이야기하는 일이 중요하다는 믿음이 강화되면서 나타나는 여러 세대주의 현상들은 의도치 않게 발생한 효과들이라고 할 수 있다.

전체 담론 차원에서 강화되고 있는 '세대주의'와 그 효과를 따져보는 것은 개별 담론들이 띠는 문화정치적 함의를 살펴보는 일만큼이나 대단히 중요하다. 이 장에서는 세대주의가 '청년세대'로 호칭되는 젊은 인구 집단 혹은 젊은 층 개인에게 구체적으로 어떤 권력을 행사하는지, 좀 더 정확히 말해 그것이 청년들을 오히려 타자화하거나 억압하고 있지는 않은지 본격적으로 살펴보려고 한다.

우선 세대주의 경향이 실제로 매체에서 확산되고 있는지를 확인하기 위해 간단한 조사를 실행했다. 한국언론진흥재단의 기사 통합 검색 시스템 '빅카인즈^{BigKinds}'에서 중앙지 8종

〈그림 1〉세대, 청년, 2030 키워드가 본문에 들어간 기사의 비율

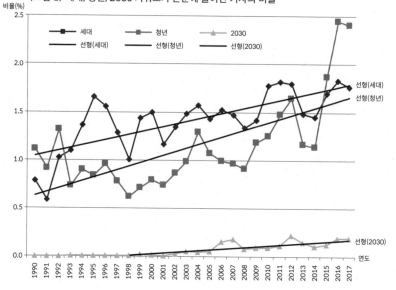

의 기사들을 대상으로 세대적 해석틀과 관련된 '세대' '청년'
'2030' 같은 단어를 검색한 후, 해당 단어가 들어간 기사 수
를 1990~2017년까지 연도별로 계산해 추이를 살폈다.[1](〈그림
1〉) '세대' '청년' '2030' 같은 단어가 등장하는 기사의 비율은
제한적인 수준에서나마 언론이 세대적 해석틀을 얼마나 자
주 등장시키는지를 보여주는 지표가 된다. 연도별로 부침은
있지만, '세대'와 '청년'이라는 키워드가 기사 본문에 등장하
는 비율은 해마다 조금씩 증가한다. 특히 세대 정치가 크게
부각된 2012년 제18대 대선을 전후한 시기에는 '2030' 키워
드가 폭증했다.

〈그림 1〉이 잘 보여주듯, 세대주의는 다양한 '청년세대' 담론들을 양산한다. 서로 다른 세대들 간 '차이와 갈등' 혹은 같은 세대 내 '동일성'을 상상하게 하는 방식으로 '청년세대'에 대한 지식이 만들어지고 있는 것이다. 이렇게 생산된 담론들이 곧 사회적으로 유통·유포된다. 한 번 잘못 꿰어진 단추를 제대로 돌려놓기란 어려운 법이다. 구성된 문제틀로서 '세대'나 '청년'이 많은 오류를 지님에도, 세대주의적 담론이 팽배하다는 사실 자체, 진실과는 거리가 먼 담론을 믿는 사람들이 많다는 사실 자체로 세대주의적 시각은 정당성을 확보하게 된다. 잘못된 순환고리가 만들어진 셈이다. 이런 식의 세대주의적 '청년' 담론들은 스스로 '청년을 위한다고' 자처하는 경우에조차 어떤 부작용을 일으킨다. 실제 청년들의 삶을 오히려 더 어렵게 만드는 것이다.

이 장에서는 '청년' 담론이 어떠한 메커니즘을 경유해 억압 효과를 만들어내는지 여러 층위에서 살펴보고자 한다. 정치 영역이나 시민사회, 문화예술 및 담론 생산장 등 사회 '주류'에 진입하고자 하는 청년들은 '청년' 담론을 통해 종종 배제되거나 타자화된다. 미디어가 재생산하는 '요즘 것들'에 대한 온갖 이미지는 청년층에 대한 선입견을 조장하는 것은 물론 청년들의 일상적인 상호작용을 특정한 방식으로 구조화한다. 이 과정에서 노동계층 청년, 여성 청년 등은 종종 시야에서 사라진다.

'청년' 담론이 치러야 하는 대가는 이뿐만이 아니다. 더 심각한 문제는 세대주의적 '청년' 담론이 많은 경우 사실을 왜곡·과장하면서 핵심을 간과한다는 데 있다. 정치 이슈나 사회문제의 책임을 특정 세대, 즉 청년에게 전가하는 것은 전혀 유익하지 않다. 오히려 세대 갈등 등을 조장함으로써 문제 해결을 어렵게 만든다.

'청년'은
어떻게 생산되는가?

세대사회학은 대개 세대를 구분할 때 출생 코호트를 기준으로 삼는다. 그에 따르면, 오늘날 세대적 관점에서 '청년'을 이해할 때 관건은 이들이 다른 세대와 비교해 어떠한 변별성을 갖는지이다. 이 관점은 청년으로 불리는 사람들의 평균을 핵심 단서로 보고 이를 설명하기 위해 노력한다. 그러나 세대는 기본적으로 다의적이고 모호한 개념이기에, 세대 개념 자체의 양가성을 적극적으로 고려할 때 더 나은 세대론 혹은 '청년' 담론이 가능하다.[2]

청년과 관련해 특히 중요하게 고려해야 할 것으로는, '청년'이라는 특정한 나이대·생애주기·사회 범주 자체에 대한 전형적인 상이 있다.[3] 그중에는 시대가 변해도 (상대적으로) 변하지 않는 종류의 것도 있고, 청년기의 위상 자체가 바뀐 최근의 상황에서 새롭게 등장한 것도 있다. 여기에서는 '청년'에 관한 두 가지 이미지를 이야기하고자 한다. '청년'을 역사와 진보의 주체로 상정하는 방식이 그중 하나로, 이는 한국 사회에 오랜 기간 유지되었다. 특히 민족주의, 국가주의, 사

회운동 등의 지식 및 담론 체계가 이 이미지를 지탱한다. 그
다음으로, 최근 등장한 '청년'을 청소년에서 성인으로 넘어가
는 이행기로 이해하는 또 다른 방식을 살펴본다. 이 담론은
인구학, 청소년학, 그리고 최근 청년정책을 추진하고자 하는
주체들에 의해 생산되었다.

'청년'에게 투사되는 진보적 역사관: 청년=신식, 노년=구식?

청년과 관련된 연구를 할 때 가장 난감한 사항 중 하나는
영미권 자료를 찾는 일이다. 어떤 검색어를 사용할지 선택
해야 하기 때문이다. 흔히 'youth'라는 단어를 떠올릴 수 있
지만, 실제로 영미권에서 'youth'라는 단어는 청년보다는 청
소년을 지칭한다. 게다가 'youth'는 한국의 청소년 개념과도
차이가 있다. 청소년youth은 주로 만 9세~만 24세의 연령 코
호트를 통칭하는 개념어로 사용되는데, 한국에서는 주로 중
고등학교 재학생, 즉 14~19세를 청소년으로 일컫는다. (물
론 법·정책 차원에서 공식적으로 사용될 때는 국제적인 기준을 따라
9~24세의 연령층을 지칭하기도 한다.) 서구에서는 청년층의 실업
혹은 정치 참여 등의 의제가 논의되면서 24세 이후의 청년층
을 포괄하는 '후기 청소년Post-Adolescents'이나 '성인 도래기Emerging

Adulthood'와 같은 새로운 용어가 등장하기도 했는데, 25세 이상의 성인을 성인 일반에 통합시키지 않도록 기존의 논의를 보완하기 위해서였다.

반면 한국에서 '청년'이라는 단어는 오히려 '청소년'이라는 단어나 개념이 사용되기 이전부터 존재해왔다. '청소년'은 1940년대에 사전에 등재된 바 있으나 당시에는 '청년'에 비해 일상적으로 사용되지 않았다. '청소년'은 1970년대 이후에야 빈번하게 사용되었다.[4] 반면 '청년'에는 1890년대부터 다양한 역사적 맥락에 따라 무수한 의미가 부여되었다. 1890년대 후반~1970년대 한반도를 중심으로 '청년' 개념의 역사를 연구한 역사학자 이기훈은 '청년' 담론이 "근대 사회의 젊은이를 특정한 방식으로 주체화하기 위한" 매우 정치적인 개념이자 담론 전략으로 활용되었다고 언급한다.[5] 그의 연구에 따르면, 한반도에 '청년' 개념이 도입된 배경에는 개화 문제가 있었다. 그 이후에도 '청년'은 한국이 지닌 후진성을 극복하고 근대화를 이룩할 주체라는 의미론과 연결되었다. 이 '청년'론은 사회 변혁에 뜻을 둔 좌익 세력 그리고 후진성 극복과 선진화, 근대화에 뜻을 둔 우익 세력 모두에게서 공통적으로 발견된다. 한편 국가권력은 좌파 민족주의 운동이 '청년'을 활용하는 방식에 대응해 '청년'을 문제 해결의 주체가 아닌 문제 그 자체로 전유하는 담론 정치를 실행했다.

한국의 맥락과 완전히 일치하지는 않지만, 서구에서도

'청년/청소년'에 사회 진보의 의미를 부여한 사례들을 찾아볼 수 있다. 예컨대 영미권에서 시작돼 현재 다양한 지역에서 전개되고 있는 청소년 문화$^{youth culture}$ 연구를 참조할 만하다. 청소년 문화 연구는 청소년들이 정말로 지배적 가치와 반대되는 대안적 가치 체계 혹은 저항적 성향을 가지고 있는지에 천착해왔다. 사회학자 폴 훗킨슨의 지적처럼, 극적이고 ^{spectacular}, 일탈적인^{deviant} 청소년들을 중심으로 하는 청소년 문화 연구의 전통은 청소년들을 저항, 대항문화 등의 키워드와 연결하려 했던 연구자들의 이론적 관점과 연관되어 있다.[6]

새롭게 출생하는 사람들이 그 이전에 태어난 사람들과 상이한 시대 조건에서 살아간다는 것은 너무도 자명한 사실이다. 하지만 젊은 사람들은 어떠하다거나 어떠해야 한다는 고정관념은 시대를 뛰어넘어 강력하게 작동한다. 역사의 주체로서 '청년'을 이해하는 위의 관점들은 결국 역사의 변화와 발전, 진보에 대한 믿음을 핵심으로 하는 진보적 역사관과 관련된다. '새로움'이라는 가치를 제외하면 '청년 담론'을 텅 빈 "순수 형식의 세계"로 볼 수 있다고 지적한 국문학자 소영현 역시 이 지점을 파고든다.[7] 경합하는 두 아이디어 중 무엇이 새롭고 무엇이 낡았는지는 객관적으로 판단하기 어렵지만, 연령을 기준으로 삼아 나이 든 사람들의 생각을 구식으로, 젊은 사람들의 생각을 신식으로 인식하는 것이다.[8] 나이 든 사람들도 얼마든지 새로운 것을 창안할 수 있지만 이러한 사실은 쉽게 잊힌다. 반면 젊은 사람들은 그 자체로 '새로움'으로 인식된다.

이렇듯 청년층을 새로움과 미래에, 중장년층을 현재 내지는 과거에 대응시키는 세대 관념이 지속되는 한, '청년세대 vs 기성세대'라는 해묵은 대립 구도는 사라질 수 없다. 우선 젊은 층은 스스로가 속한 연령 집단을 새로움과 변화의 담지자로, 그들보다 먼저 태어난 연령 집단을 사라져야 할 과거의 담지자로 인지할 수 있다. 반대로 청년을 사회와 공동체의 미래를 위협하는 존재로 보는 담론 역시 얼마든 성립 가능하다. 젊은이들이 충분히 '진보적'이지 않다거나 충분히 '성숙'하지 못하다는 인식이 대표적이다. "연령의 서열과 교육의 서열은 더 이상 일치하지 않"는데도 불구하고,' '청년=배움의 주체' '기성세대=가르침의 주체'와 같은 식으로 세대 관계를 상상하는 방식은 여전히 만연하다. '새로운 세대'가 지속적으로 출현하며, 세대 간 관계라는 것도 언제나 변할 수 있다는 데 모두가 동의하는데도, 유사한 세대 담론이 주기적으로 반복되는 이유는 무엇일까? '청년=미래'와 같이 장기간 지속되는 세대 관념이 존재한다는 사실이 이 질문에 대한 실마리가 된다. '청년 vs 기성세대'라는 이분법을 전복하는 일은 그만큼 어렵다.

'청년기'의 재구성: 청소년도 성인도 아닌?

한국 사회에서 '청년'과 '비청년'의 경계는 꽤 오랫동안 모호하게 남겨져 있었다. 마을의 '청년회'나 교회의 '청년부'에서 40대 이상의 '청년'을 어렵지 않게 찾을 수 있었던 것처럼 말이다. 청년이라는 어휘는 '나이 든 사람들'과 비교해 '상대적으로 젊은 피'를 가리킬 때 종종 쓰였다. 연령을 기준으로 본격적으로 청년의 범위를 규정하기 시작한 것은 2000년대 청년고용촉진특별법 등을 통해 '청년' 관련 정책과 법안을 도입하면서부터다. 한국에서는 일반적으로 중등교육이 마무리되고 경우에 따라서는 노동시장에 진입하기도 하는 연령인 만 19세(법상으로는 만 15세) 이후, 즉 통상적인 청소년기 직후를 '청년'으로 칭했다. 다만 청년기가 마무리되는 때를 몇 살로 설정할지를 둘러싼 논쟁은 아직 진행 중이다. 몇 살까지가 청년인지를 규정하는 문제는 종종 사회적인 논란을 일으킨다. 2013년 4월에는 공공기관과 지방 공기업이 3년간 매년 정원의 3퍼센트를 할당해 만 29세 이하 청년을 신규로 고용하게 하는 내용의 '청년고용촉진특별법'이 통과되자 만 29세 이상의 '청년들'이 반발한 일이 있었다. 결국 나이 제한은 만 34세 이하로 변경되었다. 현재 여러 지방자치단체에서 통과된 청년기본조례들, 그리고 국회에서 논의 중인 청년 기본 법안들 역시 청년의 범위를 만 34세, 만 39세, 만 40세 등으로 각각 다르게 설정하고 있다.

이처럼 세대 개념은 필연적으로 연령(나이) 구간들을 설정해 나눠야 하는 문제와 마주한다. 특히 학교교육 및 병역과 같은 국가 단위의 의무가 만들어지고, 국가와 개인 간의 사회계약이 구체화되는 과정에서 연령의 관념은 중요하게 다뤄졌다. 즉 인구학적 세대 개념 및 이와 연관되는 '청년기'라는 관념은 근대의 산물이다. 19세기 말 서구에서 창안된 복지국가(혹은 근대 민족국가)는 세대계약의 결과물로도 볼 수 있는데,[10] 이전에는 가족이 담당하고 있던 세대 계승 책임이 "노인들을 부양하는 의무와 젊은 세대를 양육하는 의무를 떠맡는" 국가로 일부 전이되면서 성립한 것이 '복지국가'이다.[11] 다시 말해, 개별 가족의 테두리에서만 유효하던 '계보적 세대genealogical generation' 문제가 국민국가 단위로 확장되었다. 가족 내 출생 순서에 따른 범주인 '가족적 세대familial generation' 개념으로 충분했던 계보적인 세대 개념이 국가 수준에서 거시적으로 다뤄지게 된 것이다. 연령대를 생애주기에 따라 구분해 이름을 붙이는 것 자체가 사회적으로 구성된 문화임을 알 수 있는 대목이다. 어린이와 청소년이라는 개념이 등장한 것도 바로 이 시기다. 중간세대의 세금을 통해 노년층과 어린이, 청소년을 집단적으로 부양하는 이런 세대계약은 경제활동을 하지 않는 인구를 정책적으로 지원하는 한편 사회적으로 타자화하는 결과를 낳았다.[12] 국가의 세대계약은 청소년들을 미성숙한 존재 혹은 선도와 보호, 통제가 필요한 대상으로 만들었다.

어린이 및 청소년이라는 관념은 근대 교육제도와도 불가분의 관계에 있다. 재학과 병역의 의무가 각 연령 코호트 "고유의 자기 이해 및 동년배집단"을 형성케 했다.[13] 물론 학교 외에도 수많은 법과 제도, 문화가 연령을 기준으로 청소년을 구분한다. 언제부터 투표할 수 있고, 언제부터 섹스할 수 있고, 언제부터 담배를 피우고 술을 마실 수 있으며 운전할 수 있는지는 언제나 연령을 기준으로 정해지지만 정작 그 '적정' 연령은 국가마다 다르다. 이는 청소년기의 연령 기준을 둘러싼 혼란을 유발하기도 한다.[14] 생애주기와 연동된 다수의 사회 제도, 그리고 생애주기에 따른 과업을 둘러싼 문화적 관습들은 동년배집단 내부의 동질성은 물론 다른 연령집단 사이의 이질성, 즉 세대가 존재한다는 믿음을 강화한다. 또한 해당 연령에 기대되는 역할에 따라 개인들의 행동 역시 조정된다. 각자의 생애주기에 맞는 행동을 하도록 요구받는 개인들은 연령과 연동된 세대적 역할을 수행하게 된다. 여기서 재차 확인하게 되는 것은 세대 관념의 문화적인 성격이다. 새로운 세대는 시간의 흐름 및 생물학적 순리에 따라 자연스럽게 등장하는 것이 아니다. 오히려 세대 관념과 관련된 여러 제도 및 관습 등을 통해 '새로운 세대'들이 출현한다고 볼 수 있다.

그러나 최근 이 같은 세대계약은 심각하게 위협받고 있다. 저출생 고령화로 인해 경제활동 인구의 부양 부담이 극적으로 높아졌기 때문이다.[15] 전 지구화와 신자유주의의 흐름 속에서 세대계약을 떠받치고 있던 민족 개념 및 복지국가에 대한 신뢰도 흔들리고 있다.[16] 심지어 부양 의무를 지는 경제활동 인구로 진입하는 시기와 비경제활동 인구로 은퇴하는 시기 또한 과거에 비해 훨씬 더 불안정해졌다. 교육 종료와 동시에 상대적으로 안정적인 정규직으로 고용될 수 있었던 시기는 지나갔고, 이제 그 '황금기'는 단기 계약직, 비정규직과 같은 고용의 취약성precariousness으로 대체되었다.[17] 이것이 오늘날의 청년들이 마주한 현실이다. 평균 수명이 늘어나면서 은퇴 연령 이후에도 일자리를 필요로 하는 노년층 역시 증가하고 있다.

이 일련의 변화를 거치며 '청년'은 그야말로 새로운 주목 대상이 되었다. '청년기'가 급격히 재구성되고 있는 것이다. 과거 청년기는 경제활동 인구에 자연스럽게 편입되는 시기, 즉 초기 성인기 정도로 이해되었다면, 이제는 경제활동 인구로 이행하지 못한 연장된 청소년기로 이해된다. 청소년기로 분류하기는 힘들지만 그렇다고 성인기에 해당한다고 보기도 힘든 청년층 인구를 설명하기 위해 후기 청소년post-adolescents이나 성인도래기/발현성인기emerging adulthood와 같은 개념들도 동원되고 있다.[18] 아동기, 성인기, 노년기 세 국면으로 생애를 구분해 정책을 입안한 과거와 달리, 최근에는 "노동, 복지, 사회 정책에서 청년을 '인생의 제4국면으로서의 청년기'라는 독자적 범주로 분리"해 정책을 세워야 한다는 주장까지 제기되었다.[19]

정책 범주로 부상하는 청년이라는 생애주기 혹은 세대 개념은 어떤 면에서 분명 청년층 인구에게 힘을 실어준다. 그러나 다른 한편 이는 청년층이 경제활동 인구 혹은 성인기에서 배제되었음을 보여준다. 오늘날의 '청년세대' 담론들이 만들어내는 이 부정적 효과를 다음과 같이 정리할 수 있다. 첫째, 어린이-청소년-성인 범주에서 청소년과 성인 사이에 '청년기'라는 시기가 새롭게 구성되었고 그에 맞게 '청년세대' 범주 또한 새롭게 구성되었다. 둘째, 이렇게 구성된 '청년'에 속한다고 간주되는 연령의 범위는 갈수록 상향되고 있다. 셋째, '청년'은 '성인'보다는 '청소년'에 가까운 존재로 여겨지게 되었다.

'유아-아동(어린이)-청소년-청년-중년-장년-노년'으로 이어지는 생애주기 모델에 기초한 '청년' 모델은 지난 20여 년 사이 극적으로 변했다. 본래 청년기는 초기 성인기로 여겨졌다. 다시 말해 청년은 성인 대우를 받았다. 기성세대의 여러 회고담이 종종 과거 그들이 '청년'이었던 시절, 대학생으로 대표되는 청년이 '성인' 또는 '사회의 일원'으로 인정받았음을 보여준다. 대학생이나 20대 필자의 글을 중장년층이 읽었고, 20~30대인 후보자를 국회의원으로 선출했으며, 명문학교에 다니는 고등학생들도 대학생 못지않은 사회적 존중을 받았다. '청년세대' 담론 역시 마찬가지였다. 기성세대가 청년을 규정하기보다 청년층 당사자들이 직접 담론을 주도하는 경우가 많았다. 예컨대, 1970년대의 '청년문화론'이나 1990년대의 '신세대론'을 이끈 주체들은 서울 명문대의 대학생들(혹은 그들이 만든 학회나 그들이 대학 언론을 통해 발표한 글들)이었다.

반면 오늘날 '청년세대' 담론은 완전히 달라졌다. '88만원세대'는 박권일(1970년대생)과 우석훈(386세대)에 의해 만들어졌고, '3포세대'는 《경향신문》, '달관세대'는 《조선일보》에 의해 만들어졌다. 처음 웹상에서 만들어진 '헬조선' 담론 역시 《동아일보》의 보도를 통해 논쟁의 한가운데에 놓이게 됐다. 어딘가에서 분명 담론을 생산하고 있을 청년층 당사자들은 정작 주목받지 못한다. 청년은 이제 누군가에 의해 일방적으로 해석되는 존재로 전락했고, 성인기 자체에서 분리되었다. 청년은 더 이상 중장년층과 동등한 사회적 위치를 지닌 주체가 아니다. 신문 지면에서 대학생이나 20대 필자의 글을 찾기란 쉽지 않다. '2030세대'를 위해 특별히 마련된 지면은 마치 중고등학생 독자를 위해 마련된 칼럼 기고란을 연상케 한다. 이들의 글은 그렇게 '청년'이라는 꼬리표를 달고 소비된다. 정치에 뜻을 둔 청년들은 경험이 부족하다는 이유로, 어리다는 이유로 정당 공천 과정에서부터 좌절을 겪는다. 오직 정당 차원의 '배려'로 만들어진 '청년 비례대표'와 같은 제도만이 청년 정치인을 허락하는 듯하다. 청소년이 대학생처럼 사회적 존중을 받는 것도 철 지난 일이며, 이제 대학생과 청년 모두가 청소년 취급을 받는다. 오늘날 청년은 미성숙한 존재, 보호받아야 할 존재, 계도되어야 할 존재, 덜 자란 철없는 존재일 뿐이다.

"청소년을 미숙한 존재로 규정하며, 미숙하다는 점에서 청소년을 보호하고 가르쳐야 할 대상으로 설정"하고 기성세대들이 "자신의 청소년기를 회고적으로 재구성해 설정한 청소년관을 그대로 오늘의 청소년에게 요구"하는 '부정적 청소년관'이 오늘날 한국 사회를 지배한다.[20] '청소년화된 청년'에 투영된 관점도 바로 이것이다. 오늘날의 청년들이 20년, 30년, 40년 전의 청년들에 비해 정말 미성숙하고 멍청하고 못난 것일까? 청소년은 정말 (성인에 비해) 미성숙한 존재일까? 미성숙함과 능력 없음은 청(소)년의 속성이 아니라, 누군가 그들을 규정하는 방식에 지나지 않는다.

기로에 선 '청년': 지배받을 것인가, 저항할 것인가

'청년'은 보통 20~30대의 연령층을 일컫는 '오랜' 개념으로 간주된다. 그러나 '청년' 내지 'youth'라는 기호가 실제 지닌 의미는 역사와 문화에 따라 크게 달라진다. 마찬가지로 2010년대 한국 사회에서 통용되는 '청년' 개념 역시 특수한 방식으로 구성된 것이다. 이는 오늘날 '청년' '청년세대' '청년 담론'을 논의할 때 필요한 가장 기본적인 전제다. 실제로 '청년'은 맥락에 따라 전혀 다른 의미로 사용된다.

정책 차원에서 '청년'은 주로 청소년기에서 성인기로 이행transition하는 과정에서 경제구조의 변동 등으로 어려움을 겪게 된 이들, 즉 '이행을 유예한 혹은 이행이 유예된 후기 청소년'을 의미한다. 반면, 정치나 운동의 맥락 혹은 다양한 소집단들 내부에서 '청년'이 호명될 때, 거기에는 문화정치적 전략과 열망이 투사되어 있다. 청년이나 대학생을 여전히 '사회 변혁의 주체'로 이해하는 것이다. 광고나 마케팅이 생산하는 '청년'의 의미도 다중적이다. 최근에는 청년실업이나 구직난, 고된 아르바이트 속에서도 '희망을 잃지 않고 근면히 노력하는 청년'과 같은 이미지들이 대세를 이룬다. 한 구직 사이트 광고에서처럼 '자신의 권리를 쟁취하는 청년' 이미지도 활용된다. '유행을 선도하는 집단'이었던 1990년대 '신세대'와 유사한 '청년' 또한 여전히 곧잘 등장한다. 신문과 방송은 '청년'을 실제로 이해해보겠다는 시도의 일환으로 다양한 '청년세대' 담론들을 생산한다. (물론 해당 매체의 정파성이 개입되지 않을 수 없다.) 그중 대다수는 '청년'들의 일탈적인 행동이나 가치관을 문제 삼는다.

'청년'은 사회문제를 세대주의적으로 논할 때 빈번하게 호출되는 기표로, 이는 '청년세대'에 대한 지배와 통치의 생산과 연결된다. 세대(연령)는 특정 인구에 대한 지식을 구성하는 논리로 점점 더 정당화된다. 어떤 사람에 대해 논할 때 세대적 특성을 우선시하는 것이다. 언어와 그 언어를 도구로 형성되는 지식은 권력 작용 그 자체로, 권력이 언어를 매개로 '부드럽게' 행사되는 방식에 대해서는 지금껏 수많은 논의들이 있어왔다. '통치성^{governmentality}'이라는 개념으로 종합되곤 하는 미셸 푸코의 권력 이론은 물론 '상징적 지배'를 이론화한 피에르 부르디외의 논의가 대표적이다. 이때 국가권력의 통치와 지배는 물리적 폭력을 독점한 국가가 국민들의 신체와 자유를 직접적으로 억압하는 차원을 넘어선다. 오히려 권력은 지식이라는 형태를 통해 행사되며, 지식에 '과학적인 성격'이 부여될수록 해당 지식-권력은 더욱 '정당한 것'으로 받아들여진다.

부르디외는 사회적으로 정당화된 범주들을 생산하는 담론의 기능을 국가 행위$^{state\ act}$로 소급해 설명한다.[21] 국가가 공적 권력을 통해 특정 '범주'의 사람들을 기소한다는 것이다. 범주^{category}의 어원인 라틴어 'categorein'에는 누군가를 공적으로 기소하거나 모욕한다는 뜻이 포함되어 있다. 다시 말해, '세대' '청년'과 같은 사회 범주는 지식을 생산하는 기반이면서 동시에 '부드러운' 권력을 발휘할 수 있는 대상이 된다. 이를테면 '청년세대는 힘든 일을 꺼리고 취업 눈높이가 높다' 따위의 논의는 '청년세대'라는 사회 범주에 대한 '객관적인 지식'의 외피를 두르고 연구 논문, 정책 보고서, 신문 기사, 통계 자료와 같은 온갖 텍스트를 생산해낸다. 그리고 이는 곧 '청년세대'의 행동을 다양한 방식으로 억압하는 권력 작용으로 이어진다. 스스로의 뜻과는 무관하게, 청년들은 '요즘 젊은 것들은 고생하려고 하지 않는다'는 편견 가득한 핀잔을 듣거나, '취업 눈높이가 높다'는 선입견을 의식해 실제 자신의 삶을 조정하게 된다. 자신의 눈높이를 따져보기도 전에 '눈높이'에 맞는 '실력'을 갖추기 위해 '노오력'하거나, 일자리의 질에 대한 기대를 낮추고 스스로 저임금, 저숙련 노동의 열악한 조건을 받아들이는 식으로 말이다. 이러한 지식은 제도 차원에서도 청년세대 구직자에게 불리한 정책들을 만들어낼 가능성이 높다. 새로운 양질의 일자리를 창출하기보다는, 인기가 없는 일자리에 청년을 '매칭하는' 식으로 말이다.

학자, 정책 설계자, 광고업자 등의 전문가들만이 특정 범주에 대한 지식을 만들어내는 것은 아니다. 어떤 범주가 사회적 정당성을 얻으려면 그 범주가 지시하는 주체들이 스스로 지식을 생산하거나, 적어도 그러한 지식에 동조해야 한다. 다시 말해 일종의 공모 관계를 통해서만 정당성이 획득된다.

스스로 '청년세대' 담론에 동조하거나 순응할 때 청년들은 그 지배 효과에 힘을 보태는 '주체^{subject}'가 된다. '청년세대' 담론이, 그 담론이 말하는 '청년세대'를 마술적으로 만들어내는 것이다. '취업 눈높이가 높은 청년세대'는 일차적으로는 실재하는 청년층의 어떤 경향을 지시하기 위해 만들어진 말이지만, 역으로 청년층을 바라보는 새로운 시각과 관점을 생산함으로써 현실을 창조하게 될 수도 있다. 취업에 어려움을 겪는 몇몇 청년들이 구직 실패의 원인을 '자신의 눈높이'로 돌리는 순간, 이들은 바로 그 '취업 눈높이가 높은 청년세대'가 된다.

'청년세대'처럼 임의로 구성된 특정 범주가 국가의 공인을 얻게 되면, 그 범주는 어쨌든 실재성을 획득하게 된다. 이를테면 '청년 고용' 특별법이 입안되거나 '청년기본법'이 논의되면서 '청년'이 국가의 법 문서에 명시되어 있는 공식적인 사회 범주로 제도화된다. '청년세대'에 대한 이런 식의 실재화는 앞으로 이 범주를 통해 발생하게 될 수많은 통치와 지배, 그리고 저항의 실천들을 예고한다. 사회적 범주가 저항의 거점이 될 수도 있는 까닭은, 그것이 단순히 국가권력에 의해 일방적으로 생산, 부과되는 것이 아니기 때문이다. 주체 스스로가 범주를 구성해나가는 측면 역시 분명히 존재한다. 사회 범주는 권력이 지배를 행사하는 대상이면서 동시에 행위자들 간의 전략적 게임 및 통치 권력에 대한 저항이 일어나는 투쟁의 장소다. 노약자, 장애인, 여성, 유색인종 등이 소수자라는 이름하에 타자화될 위험이 분명 있지만, 역으로 그 이름을 통해 소수자성을 전복할 수도 있듯 말이다. '청년세대'의 사정도 크게 다르지 않다. 지금 청년들은 청년을 둘러싼 부정적인 의미들에서 탈피하기 위해 '청년운동'이라는 사회운동의 한 분야를 개척해가는 중이다. '청년세대'를 매개로 한 저항의 전략에 관해서는 4장에서 자세히 살펴본다.

'20대 투표율' 신화

청년들의 투표가 세상을 바꾼다?

2010년 이후 진행된 선거들의 가장 뜨거운 화두는 '연령 대별(세대별) 투표율'이었다. 진보 성향 유권자들과 보수 성향 유권자들의 대립 구도는 언제나 '2030세대'와 '5060세대' 간 대결 구도로 직결되었고, 젊은 세대의 투표율이 오르면 야당에 유리한 결과가 나오고 반대로 중장년층의 투표율이 오르면 여당에 유리한 결과가 나온다는 식의 '세대주의적 상상'이 선거 결과에 대한 예측과 분석을 지배해왔다.

이 세대 대결 구도는 2012년 제18대 대통령 선거에서 가장 두드러졌다. 50대 이상 유권자의 다수가 선택한 박근혜 후보가 다수의 젊은 세대 유권자들이 선택한 문재인 후보를 제치고 승리하면서, 세대 간 정치 대결에서 진보 세력이 보수 세력에게 패배했다는 이야기가 파다했다. 출구조사 결과를 바탕으로 한 연령대별 투표율 추정치에서 50대의 투표율 추정치가 89.9퍼센트로 나타나자, '젊은 세대의 문재인 후보

밀어주기'에 위기의식을 느낀 '보수적인 50대 유권자'들이 결집하면서 젊은 유권자들을 압도했다는 식의 분석이 이어지기도 했다. (이후 중앙선거관리위원회에서 공식적으로 발표한 연령대별 투표율 수치에서 50대 투표율은 추정치보다 7.9퍼센트포인트나 낮은 수치인 82.0퍼센트로 드러났다.)

이 '충격적인' 사건 이후, 진보 진영의 '세대 정치' 선거 전략을 반성하는 목소리가 높아졌다. 젊은 세대의 투표율 혹은 전체 투표율이 높아지면 ('민주당'에) 유리하다는 승리 공식에 집착한 나머지 중장년층이나 비수도권 지역의 유권자들 관리에 소홀했다는 자기 반성이 이어졌다. 앞서 살펴보았듯, 2010년 이후 청년들이 투표해야 세상이 좋아진다는 식의 담론이 선거 때마다 진보 인사들의 말과 글을 통해 퍼져나갔다. '20대 개새끼론'의 모태가 된 '막장세대' 담론이 이명박 후보가 당선된 이후인 2008년 등장한 것처럼, 2012년 대선 이후에도 당시의 '청년세대'를 재평가하는 담론들이 쏟아졌다. "새로운 존재론적 윤리를 내면화한 청년세대의 출현"으로 세대론의 정치적 기획이 파탄 나게 되었다는 분석이 주를 이뤘다.[22] 신자유주의 질서의 영향을 이미 받을 대로 받은 오늘날의 청년층은 기대와 달리 진보 정치의 주체로 거듭날 수 있는 잠재태가 아니었다는 것이다.

그러나 '청년세대' 담론은 청년층만을 지칭하지 않으며, 결코 청년들에게만 소구하지도 않는다. 이 담론의 정치적 기획이 성공을 거두기 위해서는 결국 연령 면에서 스스로를 청년이라고 생각하지 않는 사람들까지도 '청년세대'라는 기표에 담긴 문제의식에 동의할 수 있도록 해야 한다. 이 기획의 실패 원인을 오로지 청년층의 특성으로 환원하는 시도가 얼토당토않은 이유다. 이러한 분석은 청년세대를 기성세대와는 다른 주체('신자유주의적인 주체')로 설명하는 또 다른 담론 효과를 낳을 뿐이다. 신자유주의는 청년뿐 아니라 사회 구성원 모두가 마주하고 있는 시대 질서로, 청년층을 따로 분리시키는 것은 청년에 대한 타자화로 이어진다.

'청년세대'를 둘러싼 담론 경쟁이 상당 기간 지속됐음에도 이를 통한 담론 정치가 '실패한 정치적 기획'이 되었다는 진단이 나오는 상황에서 우리는 이렇게 말할 수 있을 것이다. '청년세대'라는 기표 자체가 정치적 동원 혹은 주체화를 위한 효과적인 방법이 아니라고 말이다. 부르디외는 "집단은 만들어지고 구성되는 것"이지만, 모든 집단이 임의적으로 구성될 수 있는 것은 아니며, "정치적 구성 노동의 성공 가능성은 하나의 집단으로 묶어낼 수 있는 사회적 대상들 내부에 분산이 적을수록 커진다"고 말한다.[23] 이 기준을 참고해 정치 동원을 위한 '청년세대' 담론의 근본적인 한계 두 가지를 짚어볼 수 있다.

우선, '청년세대'라는 기표를 통해 수많은 사회적 요구와 가치가 표현된다는 사실에 대해 사회 구성원들의 암묵적인 동의를 획득하는 과정에서 종종 혼동되는 것이 있다. 바로 '청년세대'라는 기호와 실제 청년세대, 즉 청년에 해당한다고 여겨지는 연령 집단이다. 예컨대 '청년세대'라는 기호에 빈곤과 불평등 문제를 접합할 때마다 등장하는, '청년이 가난하냐 노년이 가난하냐'는 식의 반론이 그렇다. 실제 청년층이 다른 연령층에 비해 가난한지를 따져 묻는 반대 담론이 등장하게 되면, 세대 간 불평등(세대 갈등)과 같은 새로운 사회적 전선이 그어지면서 '청년세대'라는 기호를 통해 사회 전체의 불평등 문제를 다루려고 했던 애초의 담론은 방해를 받게 된다. 그다음으로, 청년층 내부의 다양성과 이질성은 청년세대 담론의 주요 목표인 연령상의 청년층을 정치적으로 집단화하는 것을 방해한다. 세대는 집단 내 개인들의 동일성 혹은 유사성을 담보하기에는 너무 크고 성긴 범주다. 청년들을 어떻게든 규정해보려고 필사적으로 노력하는 윗세대들과 달리 정작 청년들은 그 많은 세대론에 철저히 무관심으로 일관하는 이유이다.[24]

세대 정치의 귀환: 4·13 총선

2012년 총선과 대선은 세대 정치가 끝까지 밀어붙여진 선거였다. 2012년 대선에서 20대 투표율은 68.5퍼센트까지

치솟았지만, 그럼에도 '50대의 결집'에 '20대의 투표'가 패배했다는 인식이 퍼지며 세대론을 바탕으로 한 정치 담론은 다소 시들해졌다. 그러나 2012년 대선 이후 그 효력이 다했다고 여겨진 '세대 정치'가 다시 돌아왔다. 《한겨레》와 《경향신문》의 2016년 신년 장기 기획기사가 바로 그 '세대 정치' 귀환의 신호탄이었는지도 모르겠다. 두 신문은 '청년 문제'를 다룬 기획기사에 각각 〈청년에게 공정한 출발선을〉 〈부들부들 청년〉이라는 제목을 붙였다. SNS상에서는 프랑스 대학생 투표율과 우리나라 대학생 투표율을 비교한 글이 퍼지면서, '대학생 투표율'에 대한 괴담이 떠돌았다. 트위터의 게시물 전문을 그대로 옮기면 다음과 같다. "프랑스 대학 등록금 싼 거 부럽지? 프랑스 대학생 투표율은 약 83퍼센트 이상이다. 정치인이 대학생 눈치가 안 보일 수가 없지. 반면, 대한민국은 36퍼센트쯤 된다. 너희 같으면 대학생 눈치 보이겠냐?"

사실과 거리가 먼 이야기가 진실인 양 지식 체계로 통합되었다는 점에서 이것은 괴담이다. '프랑스 대학생 투표율'이라는 검색어로 뉴스를 검색해보면, 이 '논리'를 일상적으로 활용하는 사람들이 얼마나 많은지 확인할 수 있다. 해당 내용을 인용해 "한국 대학생들의 투표율이 높아져야 한다"는 취지의 이야기를 하는 교수도 있고, 대학생들 역시 "프랑스 대학생처럼 우리도 투표하자"고 이야기하며 스스로를 독려하기도 한다. 그러나 얼핏 보더라도 이 주장은 상당히 비합리적이다.

비밀선거의 원칙상 선거인명부에 기재되지 않은 직업/직군별 투표율은 산정할 방법이 없다. 즉 '대학생 투표율'이라는 것 자체를 조사할 수 있는 방도가 없는 것이다. 게다가 한국 대학생 혹은 20대 투표율이 36퍼센트가 아니라는 것은 검색만 해보더라도 알 수 있는 내용이다. 그러거나 말거나 괴담은 아랑곳하지 않고 확산됐다. 2016년 초 《국제신문》의 한 기사는 이 트윗 내용을 기사 도입부에 인용하면서, 아예 "이 말의 사실 여부를 떠나 투표율이 어떤 영향을 미치는지 명확하게 알 수 있다"며 터무니없이 주장했다.[25]

실제 자료를 찾아보면, '프랑스 투표율 괴담'이 참조하고 있는 프랑스 대학생(20대) 투표율인 83퍼센트나, 한국 대학생(20대) 투표율인 36퍼센트가 근거 없는 자료라는 점이 드러난다. 〈그림 2〉는 프랑스 국립통계경제연구소INSEE에서 발표한 2012년 프랑스 대통령 선거의 연령대별 투표율 자료로, 출생 연도가 1985~1993년(당시 만 19~27세)인 유권자들의 투표율이 80퍼센트에 이른다는 말이 '반쪽짜리 진실'이라는 사실을 보여준다. 프랑스 대선은 1차 투표와 2차 결선투표로 진행되는데, 두 번 모두 투표한 유권자(가장 옅은 부분)를 기준으로 1985~1993년생의 투표율은 65퍼센트 내외에 그친다. 1차 투표에만 참여한 유권자(세 번째로 진한 부분)와 2차 결선투표에만 참여한 유권자(두 번째로 진한 부분)를 합쳐야 겨우

80퍼센트가 넘는다.

두 번 중 한 번만 투표한 사람까지 포함해서 투표율을 집계하는 프랑스의 방식과 선거에 한 번 참여한 사람만을 계산하는 한국의 방식을 직접 비교하며 어느 쪽이 높고 어느 쪽이 낮다고 말할 수 있을까? 심지어 비교 대상으로 등장한 한국 대학생(20대) 투표율 36퍼센트도 사실과 다르다. 중앙선거관리위원회 공식 자료에 따르면, 프랑스와 같은 해인 2012년 진행된 18대 대통령 선거에서 20대 투표율은 68.5퍼센트로 나타났다. 전체 투표율 74.8퍼센트에 비해서는 조금 낮은 수치였지만, 17대 대선의 투표율과 비교해 20퍼센트포인트 이상 상승한 것으로, 연령대별 상승률에서는 가장 높은 수치였다. 36퍼센트라는 투표율과는 거리가 먼 수치다.

흥미로운 것은 프랑스의 젊은 층도 프랑스 전체 유권자의 투표율에 비해 낮은 투표율을 보인다는 사실이다. 국립통계경제연구소의 자료에 수록된 〈그림 2〉의 원제는 "노년층les plus âgés과 아주 젊은 층les très jeunes이 대통령 선거에 더 많이 기권했다"는 내용을 바탕으로 한다. 세계 젊은 층의 투표율을 모아놓은 OECD의 자료 역시 프랑스가 다른 국가들과 마찬가지로 젊은 층(만19~24세)의 투표율이 다른 연령층(만25~50세)의 투표율의 86퍼센트 수준에 그친다고 말한다. 젊은 유권자들의 투표율이 상대적으로 낮은 것은 여러 민주주의 국가들에서 나타나는 보편적인 현상이다. 386세대가 대학을 다니

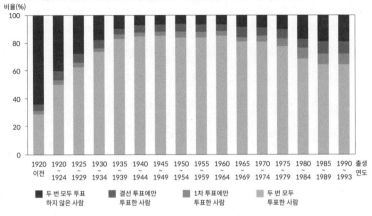

비율(%)

출생연도	범례
두 번 모두 투표 하지 않은 사람	결선 투표에만 투표한 사람
1차 투표에만 투표한 사람	두 번 모두 투표한 사람

던 시절에도 20대 투표율은 50대 이상 유권자 투표율에 비해 낮았다.

젊은 층의 투표율이 왜 (상대적으로) 낮은지에 관한 분석으로는 생애주기상 젊은 층은 선거에 참여할 만한 특별한 이해관계가 없다는 설명, 젊은 층이 '낡은 정치'를 거부하는 증거라는 설명 등이 있다. 혹은 (낮은 투표율이) 젊은 층이 정치와 민주주의에서 구조적으로 배제되어 있는 근거라는 더 적극적인 분석도 있다. 20대 투표율을 근거로 20대를 비판하는 이들은 정작 '투표율'이 단순히 정치에 대한 관심이나 시민성의 발휘, 즉 개인의 도덕률이나 양심 따위에 좌우되지 않는다는 사실을 간과하고 있다.

2012년 총선 당시의 '20대 여성 투표율 괴담'도 새삼 떠오른다. 2012년 4월 11일, 제19대 총선에서 새누리당이 승리하고 야권이 패배할 것이라는 출구조사 결과가 발표되자마자 SNS상에는 20대 투표율에 대한 괴담이 돌았다. 그 내용을 요약하면 다음과 같다. '19대 총선 20대 투표율 27퍼센트, 20대 여성은 8퍼센트'. 누가 봐도 말이 안 되는 괴담이었지만, 이것이 '진실'인 양 삽시간에 퍼지면서 투표하지 않은 20대와 여성들에 대한 비난이 쇄도했다. 그러나 역시 괴담은 괴담이었다. 같은 해 6월 19일, 중앙선거관리위원회가 공식 발표한 연령대별 투표율에 따르면 20대 투표율은 40퍼센트를 상회했다. 20대 초반은 45.4퍼센트, 20대 후반은 37.9퍼센트로 2008년 18대 총선에 비해 각각 12.5퍼센트포인트, 13.7퍼센트포인트 상승한 수치였다. 또한 투표율이 가장 급격하게 상승한 연령대는 20대, 즉 젊은 층이었다.

알고 보면 이상한 '2030 투표=승리' 공식

2016년 4·13 총선 결과 새누리당이 패배하고 야권이 예상 밖의 승리를 거두자 젊은 층의 투표율 상승이 야권 승리를 견인했다는 정반대의 분석이 진보 매체들을 중심으로 나왔다. 특히 《한겨레》는 1면에 〈2030의 '선거 반란'〉이라는 제목의 기사를 게재했다.[26] (심지어 이 기사가 19대 총선의 2030 투표율이 실제보다 낮게 표기된 자료를 잘못 인용한 오보였는데도 말이다.)

야권 정치인들과 지지자들도 각종 매체를 통해 '이번 선거는 청년의 승리'라는 식의 담론을 유포했다. 젊은 층의 적극적인 투표가 민주/진보 정당에게 유리한 결과를 가져온다는 지나친 단순화가 또다시 반복된 것이다.

젊은 층의 투표율이 상대적으로 낮았던 19대 총선(20대 41.5퍼센트, 30대 45.5퍼센트)에서 보수 정당이 승리했고, 그보다 젊은 층의 투표율이 높아진 20대 총선(20대 49.4퍼센트, 30대 49.5퍼센트)에서 민주/진보 정당이 승리했으므로 이를 '젊은 층의 투표 반란'으로 볼 수 있다는 설명은 언뜻 명쾌하게 느껴진다. 하지만 선거 결과가 실제로 왜 이렇게 나왔는지에 대해서는 아무 것도 해명하지 못한다.

연령대별 투표율이 정말로 선거 결과를 좌지우지하는 주요 요인이라면 이런 추측도 가능할 것이다. 젊은 층이 20대 국회의원 선거 때만큼 이전 선거에서도 많이 투표했다면 선거 결과가 바뀌었을 것이라는 추측. 그러나 실제로 20대 총선의 연령대별 투표율을 2012년 18대 대선과 19대 총선의 연령대별 선거인 수, 연령대별 정당/후보 지지율에 대입한다고 해도, 선거 결과는 결코 바뀌지 않는다. 18대 대선 당선자는 변함없이 박근혜 후보이며, 19대 총선 역시 새누리당의 승리로 나온다. 실제로 야권 승리를 이끌어낸 것은 연령대별 혹은 전체 유권자의 정당/후보 지지율이지, 연령대별 투표율이 아니다. 그럼에도 다수의 사람들은 중장년층이 새누리당 지지에서 얼마나 많이 이탈했는지, 청년층이 정말로 과거보다 더 야권을 압도적으로 지지했는지 여부를 따져보지도 않고 성급히 야권 승리를 젊은 층의 투표율 상승 탓으로 돌린다. 정치나 선거 관련 의제가 세대주의적으로 편향되어 있다는 사실을 알 수 있는 대목이다.

20대 총선의 젊은 층 투표율이 4년 전 총선에 비해 상승한 것은 사실이지만, 여기에는 두 가지 착시 현상이 있다. 하나는 젊은 층의 투표율 상승 폭에 대한 착시다. 20대 총선의 투표율 추정치는 19대 총선과 비교하면 확실히 5~8퍼센트 포인트 정도 상승했다. 그러나 2년 전 2014년 6회 지방선거와 비교하면 상승 폭이 그리 크지 않다. 지방선거 당시 연령대별 투표율은 20대 48.4퍼센트, 30대 47.5퍼센트로 20대 총선의 선관위 공식 발표 수치인 20대 52.7퍼센트, 30대 50.5퍼센트와 비교해 큰 차이가 없다. 또한 2012년 대선에서도 20대의 투표율은 68.5퍼센트, 30대는 70.0퍼센트로 전체 유권자 투표율인 74.8퍼센트에 가까운 투표율을 보였다. 2016년 20대 총선의 최종 투표율이 58.0퍼센트이고, 20대와 30대 투표율이 각각 52.7퍼센트, 50.5퍼센트라는 점을 고려하면 상대적인 투표율은 오히려 감소했다고 볼 수도 있다.

또 다른 착시는 연령대별 투표율만 가지고는 특정 연령층의 투표 성향이 선거 결과에 미치는 영향을 정확히 판단할 수 없다는 것을 간과한 데서 비롯된다. 19대 총선과 20

대 총선 결과를 비교하며 늘어난 젊은 층의 투표율이 선거에 큰 영향을 끼쳤다고 흔히 가정하지만, 이는 사실과 다르다. 20~30대 투표율의 증가 폭이 상대적으로 가장 크게 나타날 뿐, 고령화 탓에 투표자 수로 치면 60대 이상 장년층의 투표 수 증가 폭이 가장 크다. 이러한 착시는 '투표하지 않는 20대 가 많다'는 인식에도 그대로 적용된다. 그러나 연령대별 투표율 추정치와 연령대별 선거인 수를 곱해 투표를 하지 않은 인원을 계산해보면 20대가 340만 명, 30대 380만 명, 40대 413만 명으로 예상된다. 투표하지 않는 사람들의 수는 오히려 40대에서 더 높게 나타난다.

연령대나 '세대'로 유권자들을 구분해 특정 세대의 '의지' 라는 것이 존재하기라도 하는 듯 떠드는 것도 문제지만, 그 것(야권이 이겼으니 '젊은 세대'가 승리했다는 해석)을 최소한의 검토도 없이 진실처럼 보도하는 것은 더욱 큰 문제다. 진보 매체 혹은 진보 진영의 정치인들과 지지자들이 '20대 투표율' 이나 '젊은 층을 겨냥한 세대 정치'의 신화 따위에 집착하는 동안 20대를 비롯한 젊은 층은 더욱더 타자화된다. '개념녀' 따위의 호칭, 아름다운 여성들에 대한 유별난 찬양이 오히려 여성혐오misogyny의 징후가 되는 것처럼, '투표장에 나간 20대' 에 대한 특별한 찬양 혹은 그런 식의 선거 담론은 '20대 개새끼론'이 여전히 잔존하고 있다는 하나의 증거이다. 만약 야당이 졌다면 20대에게는 어떤 질타가 쏟아졌을까? 분명 ('투표 안 하는 사람들'이 아니라) '투표 안 하는 20대들'을 비난하는 '20대 개새끼론'이 또다시 반복됐을 것이다. 실제로 선거 당일 출구조사 결과가 나오기 직전까지만 해도 투표장에서 20대를 찾아보기 힘들다고 이야기하는 누리꾼들이 줄을 이었다. 또한 유권자 전체를 대상으로 투표를 독려하는 대신, 20대가 투표장에 나와야 한다며 '20대 한정 투표'를 권유하는 글이 유독 많았다.

젊은 층에게 투표를 독려하는 것은 노년층을 (자신들에게) 표를 주지 않을 사람들로 섣불리 단정하는 인상을 주는 역효과 또한 일으킬 수 있다. 다시 말해 선거 전략으로서도 그다지 '영리하지 않은' 선택인 것이다. 한국의 진보 세력이 선호했던 '청년 친화적 세대 게임'이 오히려 노년층의 분노를 불러일으켜, 보수 세력의 '고령자 친화적인 세대 게임' 전략에 유리하게 작용했던 것처럼 말이다.[27]

가장 최근 선거인 2018년 6·13 지방선거는 지난 선거들에 비해 연령대별 투표율에 대한 언급이 현저하게 줄어들었다는 점에서 흥미로운 사례다. 사전투표가 진행되는 과정에서 여느 때와 마찬가지로 연령대별 투표율이 중요한 변수라는 식의 기사가 일부 보도되기도 했지만, 개표방송에서는 연령대별 투표율이나 연령대별 각 후보 지지율 분석이 등장하지 않았다. 연령대별 투표율을 공개하는 세대주의적 보도의 문제점을 자각하기라도 한 것일까? 그보다는 더불어민주당

의 압도적인 승리가 예측된 상황에서(실제로도 그렇게 흘러갔
다) '20대 투표율'이 그다지 중요한 변수로 여겨지지 않았다
는 설명이 더 그럴듯해 보인다. '20대 투표율'에 대한 집착은
언제든 되돌아올 수 있다. 20대와 30대의 투표율은 다른 연
령대에 비해 여전히 낮아서 이들에게 (선거) 패배의 책임이
언제든 전가될 수 있다. 이들은 충분히 악마화하기 좋은 '먹
잇감'이다. '세대 정치'라는 외피를 입은 '타자화'가 진행되고
있는 셈이다.

'20대 보수화'론의 빈곤한 상상력

2018년 말~2019년은 '20대 남성'이 도대체 어떤 사람들
인지 묻는 담론이 폭증한 시기였다. '20대 남성'에 대한 사회
적 관심이 문재인 정부의 국정수행 지지도 하락이라는 '사
건'을 계기로 촉발되었다는 사실은 징후적이다. 취임 2년차
가 마무리되는 시기였다는 점을 감안하면 50퍼센트 정도의
지지율은 역대 정권에 비해 꽤나 안정적인 수준이었다. 그런
데 정부와 여당, 지지자들은 20대 남성 지지율 하락에 왜 그
토록 민감하게 반응했을까?

생애 전반에 걸쳐 한 가지 이념만을 고집하지 않는 중도
성향의 스윙보터가 비교적 짧은 기간에 특정 정당에 대한 지

지를 철회하는 것은 자연스럽다. 매번 여러 가지 조건들을 고려해 자신의 정치 이념 성향을 새롭게 '선택'하는 것은 전혀 예외적인 일이 아니다. '보수'와 '진보'는 정의상 극과 극의 관계이지만, 현실 정치에서는 비슷한 주장과 정책을 내세우며 '막말'이나 일삼는, 흡사 그 나물에 그 밥인 정치인 집단으로 여겨진다. 유권자들에게 정치는 차악을 선택하는 일이라고 하지 않던가. 탈이념화된 20대 유권자는 '덜 싫은 쪽'에게 그때그때 마음을 주게 된다. 이 시기 정권 지지를 철회한 일부 '20대 남성'은 최순실 게이트와 2017년 대선을 거치며 자유한국당 세력이 더 싫어져 잠시 '진보'의 자리를 지켰지만, 최근에는 현 정권이 더 싫은 이유들을 발견하게 되면서 또다시 '보수'로 돌아선 것뿐이다.

개인의 이념 성향은 얼마든지 변할 수 있고 따라서 다른 선택을 할 가능성은 항상 열려 있다. 서로의 가치관에 개입함으로써 세계를 다른 방향으로 나아가도록 추동하는 정치가 가능한 것은 바로 이 때문이다. 이 기본적인 원리보다 '젊은이는 당연히 진보적'이라는 고정관념이 먼저 작동하게 되는 순간 등장하는 것이 '20대 보수화'론이다. 이는 무엇보다도 '진보' 진영에서 정치의 부재와 20대 타자화를 초래한다는 점에서 문제가 된다.

다시 말해 20대가 진보적이라는 등식은 실제로는 성립하지 않는다. 20대의 보수화가 두드러지고 있다는 최근 논의는 보수 언론이 2000년대 초반부터 제기한 담론이다. 이때 '20대 보수화'론은 플러스 방향으로 작동한다. 보수 진영에게 그 것은 유권자의 귀환을 알리는 청신호가 되며, '보수'로 호명된 청년들은 격려와 환대를 받게 된다. 보수 진영에서 나온 청년 담론들(실크세대론, G세대론 등)이 주로 청년들이 이미 여러 가지 역량을 갖추고 있음을 강조하는 방향으로 흘러온 것만 보더라도 그렇다.

반면 진보 진영에서 '20대 보수화'론은 거의 항상 마이너스 방향으로 작동한다. 말하자면 이는 유권자 이탈을 알리는 위험 신호다. '청년=진보'라는 등식이 너무나 강고한 탓에 마치 맡겨둔 표를 잃은 듯한 반응이 나타나기도 한다. 이때 '20대 보수화'는 문제적인 현상으로 여겨지며, 청년들이 왜 이렇게 '순리를 벗어나게 되었는지' 분석하는 것 자체가 관건이 된다. 경제적으로 열악한 처지에 놓여 있기 때문이라거나, 신자유주의 체제를 내면화한 채 자랐기 때문이라는 것이 유력한 답으로 제시돼왔다. '20대 개새끼론'처럼 보수 혹은 탈정치 성향의 원인을 계몽이나 교육의 실패에서 찾으면서 청년들을 가르치거나 훈계하는 경우도 흔했다. 2019년 민주당 설훈 최고위원이 20대 지지율 하락을 '이명박근혜 교육' 탓으로 돌린 것은 익히 알려진 사례다.

여기서 핵심은, '20대 보수화'라는 문제 설정이 진보 진영에 결코 유리하지 않다는 것이다. 보수 진영은 이 문제 설정을 통해 일종의 어부지리로 청년들을 북돋고 격려한다는 이미지라도 챙길 수 있었지만, 진보 진영은 청년들이 보수화되었다는 허상에 몰두하다가 되레 청년들이 제일 싫어하는 '꼰대스러움'만 장착하게 되었다. 최근 청년들의 자기 발언에서 볼 수 있듯, 이들은 자신들을 가르치려고 하는 진보 정치인들에게 혐오감을 느낀다. 진보 진영은 '20대 보수화'의 원인을 분석하고자 오랫동안 노력해왔지만, 그것은 결코 정치가 아니다. 정치는 우리 편을 지지하지 않거나 아직 뚜렷한 입장이 없는 것으로 보이는 사람들에게 어떻게 우리 편을 매력적으로 어필할지 전략을 짜는 데서부터 시작된다.

안티-페미니즘 정서나 북한에 대한 적대감을 '보수'와 접합하는 정치공학적 담론은 현재 20대 남성 다수를 정치적으로 자극하고 있다. 이 보수 정치는 오늘날 '20대 보수화'라는 경향으로 논의되는 결과물을 일시적으로 산출해내고 있다. 이에 맞서 진보 정치는 무엇을 해야 할까? 다시 강조하건대, '20대 보수화'론을 반복하는 것은 정치가 될 수 없다. 20대 남성이 '진보'에게 정말로 중요한 유권자 집단이라면, 진보 진영은 현재의 보수 담론보다 더 매력적이고 선명한 비전을 공론장에서 선제적으로 제시해야 할 것이다. 한국 정치 지형에서 스스로를 진보라고 생각하는 사람들은, 20대에게 표를 맡겨놨다는 바로 그 생각부터 버려야 한다.

학벌주의,
문제는 20대 대학생?

"감히 연세대 동문 동문 거리는 놈들"

2014년 7월, 한 편의 기사가 연세대학교를 뒤집어놓았다. 《한겨레21》이 발표한 〈감히 연세대 동문 동문 거리는 놈들…〉이라는 기사가 사회적 논란이 된 것이다. 해당 기사는 연세대학교 내에 서울캠퍼스와 원주캠퍼스, 수시와 정시, 현역과 재수생(N수생), 입학성적 상위 학과와 하위 학과 등을 구별 짓는 묵시적인 차별이 존재하고 있다고 고발했다. 다수의 학생들은 기자들이 학내에서 매우 예외적인 일부 사례를 과장함으로써 학우 선체를 매도했다며 기사를 작성한 학내 언론 《연세통》에 사과를 요구했다. 실제로 해당 기사가 인용한 온라인 커뮤니티의 '학벌 카스트' 글은 조회수가 100도 채되지 않은 소수 의견이었다. 그러나 이 기사를 옹호하는 입장도 팽팽했다. 학과나 입학 전형에 따른 차별이 실제로 존재하며, 연세대학교 학생들은 그것이 존재하지 않는다고 우기기 이전에 부지불식간에 차별을 일삼고 있지는 않은지 반성해야 한다는 것이었다.

이로 인해 학내 학벌주의 문제에 대한 토론회가 열렸고, 해당 기사를 작성했던 《연세통》은 그해 연말 폐간을 고하고 제호를 바꿨다. 나는 '연세대'라는 '우리 집단'의 명예를 훼손했다는 이유를 들어 기사를 작성한 기자들과 해당 매체를 공격한 다수의 연세대 학생들의 행동에 동의하지 않는다. 내부 고발 형태든 무엇이든, 어떤 사안을 공적인 토론 대상으로 만들 자유는 누구에게나 있기 때문이다. 학벌주의라는 한국 사회의 고질적인 병폐가 해결되어야 한다는 주장에도 동의한다. 그러나 이를 일부 대학생들의 문제로 특정할 수 있을지는 의문이다. 따라서 대학생, 특히 소위 상위권 대학 학생들의 특권 의식을 둘러싼 논란에 세대주의가 내재돼 있다는 것을 지적하고, 이 담론에 대해 다시 성찰해보려 한다.

이 기사가 문제가 되었던 것은 아마도 학벌주의라는 구조적 현상의 잠재적 가해자가 될 수도 있는 '학벌 카스트의 상위자들'을 성급히 가해자로 묘사했기 때문일 것이다. 물론 어떤 식으로든 자신이 은연중에 누군가에게 피해를 입히고 있지 않은지를 성찰하는 윤리성은 중요하다. 이것은 연세대학교 학생들과 같은 '학벌주의'의 상위자들뿐만 아니라 모든 개인에게 필요한 삶의 덕목이다. "그 위치가 보이고서야 비로소 자신이 차별의 구조에 '연루'되어 있다는 것을 알 수 있다. 당신은 차별하지 않았다. 그러나 당신은 차별에 연루되어 있

다"는 엄기호의 지적은 그런 점에서 적확하다.[28]

그는 적극적으로 차별 행위에 가담하지 않은 학생들도, 이 문제의 책임에서 자유롭지 못하다는 것을 상기시킨다. 《한겨레21》의 후속 보도는 물론 사회학자 오찬호의 저서《우리는 차별에 찬성합니다》도, 연세대학교뿐 아니라 다른 대학의 학생들에게도 이러한 서열화와 구별 짓기 논리가 침투해 있다는 사실을 지적했다. 이러한 논의들은 학벌주의라는 폐단의 책임을 연세대학교 학생들에서 대학생 집단 전체로 확장하면서 기사에 대한 연세대생들의 분노를 새로운 방식으로 봉합한다. 연세대는 하나의 사례일 뿐이므로 연세대생들에게 비난의 초점이 향하지 않도록 해야 한다고 말하면서도, 요즘 대학생들 사이에서 학벌 차별이 만연하다는 주장은 유지하는 것이다.

'학벌 카스트'의 범위는 그렇게 연세대학교 내부에서 대학 사회 전반으로 확장된다. 그러나 어쩐 일인지 그 범위는 결코 대학 사회와 대학생을 벗어날 기미가 없다. 학부모들의 욕망이나, 교육 선발 체계의 구조적 문제는 제기하지 않고서 대학생들에게만 비난의 화살을 돌리는 것이다. 한국 사회의 고질적 문제라는 학벌주의는 오로지 대학생들의 문제로 환원되고 있다.

지금 한국 사회에서 학벌주의가 심화되는 추세라면 그것은 세대적인 현상이 아니라 시대적인 현상이다. 정시와 수시,

서울캠퍼스와 지방캠퍼스, 주류 학과와 비주류 학과를 서열화하고 차별하는 사고는 기성세대에게도 예외 없이 나타난다. 가족주의를 통한 부의 재생산 전략이 한국 사회를 여전히 지탱하기 때문이다. 쉽게 말해, 연세대학교 신촌캠퍼스에 다니는 내 자식과 '같은 취급을 받으려는' 연세대학교 원주캠퍼스 학생들을 좋게 보는 부모, 수능 3등급 받은 내 자식이 다니는 대학이 6등급 받은 아이들이 다니는 대학과 같은 대우를 받아야 한다고 생각하는 부모는 아무도 없다.

'시대'를 '세대'로 퉁치다

학벌주의 문제는 한국 대학생의 문제가 아닌 한국 사회의 문제다. 모두가 이 사실을 알고 있는데도 학벌주의 문제를 폭로하기 위한 도구로 계속해서 대학생과 20대를 소환하는 이유는 무엇일까? 사회학자 오찬호의 논의가 대표적이다. 《한겨레21》의 기고글에서 그는 IMF 구제금융 이후 형성된 '나부터' 살아야 한다는 식의 시대적 분위기를 학벌주의 차별 양상이 달라진 근거로 삼는다. "이 분위기는 젊은 세대에게 물 흐르듯이 침투되었다"고 언급하면서 그는 이 시대적 문제를 '세대화'해버린다.[29] 언론도 예외는 아니다. 학벌주의를 지적하며 대학생들의 '막말'을 인용하는 언론은 많지만, 기성세대들의 학벌주의 의식이나 학벌주의를 강화하는 제도적 기제에 대해 파고드는 언론은 드물다.

더 심각한 문제는 시대적 현상이 정말로 '세대적 현상'인 것처럼 이야기하면서 세대를 규정하려는 시도다. 오찬호의 저작《우리는 차별에 찬성합니다》가 바로 그 대표적인 사례다. 저자는 시대 변화에 조응하는 세대 변화를 살펴보기 위해 오로지 '현재의 20대'를 연구 대상으로 삼는다. 비교군은 오늘날의 20대보다는 덜 차별주의적인 '기억 속 과거의 20대'다. 이는 세대 간 차이를 분석하지 않는다는 점에서 분명 시대 변화에 관한 논의에만 적용되어야 할 연구 방법이다. 세대 변화를 읽어내기 위해서는 '오늘날의 20대'와 '오늘날의 40대'를 비교 연구해야 하며, 연령 효과를 통제하기 위해서는 '오늘날의 40대'와 '과거의 20대', '오늘의 20대'와 '미래의 40대'에 대한 시계열적 분석을 추가해야 한다. 그런 엄밀한 분석 없이 현재 20대들에 대한 분석만으로 세대 개념을 논한다면, 시대적 현상을 세대적 현상으로 치환하는 오류를 범할 수밖에 없다.

세대 개념과 세대 효과는 상호 이질적인 세 가지 효과의 합으로 구성되기 때문에 주의를 요한다. "세대 연구 결과 드러난 차이가 출생 이후의 독특한 역사적 경험이나 사회화에 기인한 것인지(코호트 효과), 현재의 특정한 생애주기 단계나 연령에 기인한 것인지(연령 효과), 혹은 특정한 관찰 시점에

기인한 것인지(기간 효과) 확인하기가 쉽지 않"다.[30] 이러한 효과들을 구별하고 각각의 영향력을 확인하는 일은 통계적으로 처리 불가능하다.[31] 예컨대 20년 전 20대들의 진보적 정치 성향이 그들이 40대가 되었을 때도 유지된다면 이것을 코호트 효과, 즉 특정 세대의 성격이라고 이야기할 수 있다. 그러나 20대들의 진보적 정치 성향이 40대에 들어 보수적 정치 성향으로 바뀐다면, 20대에 드러난 진보적 정치 성향이 연령 효과에 따른 것은 아니었는지 합리적 의심을 해볼 수 있다.

세대 개념 혹은 세대적 관점은 주로 사회역사적인 변화·변동에 대한 기대·예상과 맞물려 등장했다. 새로운 가치관을 가진 젊은 세대가 사회의 중추적 기능을 담당하는 연령대에 이르렀을 때 사회가 변한다고 보는 것이다. 요컨대 이는 세대 변화가 시대 변화를 만들어낸다는 관점이다. 그러나 이 인과성은 당연히 의심해야 할 역관계, 즉 시대 변화가 세대 변화를 만들어냈을 가능성은 정작 고려하지 않는다. 만약 시대 변화가 세대 변화를 이끌어낸 것이라면, 분석의 초점은 세대가 아닌 시대에 맞춰져야 한다. 시대 변화는 어떤 세대에게만 영향을 주고 어떤 세대는 빗겨가는 성질의 것이 아니기 때문이다.

사회적 약자, 마음놓고 비난할 대상

어떤 사회문제의 책임 소재를 특정인이나 특정 집단에게 전가하려고 하는 사회적 힘은 항상 존재한다. 저조한 출산율을 '아이를 낳지 않으려고 하는 이기적인 여성들' 탓으로 돌리는 말도 안 되는 논리가 횡행하는 것처럼 말이다. 여성들이 비난받는 동안 출산을 어렵게 만드는 사회구조적 요인들, 즉 우리 모두가 연루되어 있는 사회적 사실들은 논의 바깥으로 추방된다. 이렇게 사회문제의 책임 소재는 대부분 '사회적 약자'들, 다시 말해 귀책받았을 때 반론을 펼칠 수 있는 충분한 담론적 무기를 지니지 못한 이들에게 전가된다. 같은 맥락에서 학벌주의의 책임 소재도 '요즘 대학생들'로 귀책된다.

시대와 관련된 사회문제를 세대(혹은 다른 집단 범주) 문제로 환원해 이야기하는 방식의 한계는 명확하다. '연세대 카스트'나 '서울대 순혈' '20대 괴물'과 같은 선정적 프레임으로 사회문제를 이야기하게 되면, 논의는 매우 비생산적으로 흘러간다. 특정 집단(연세대/20대)에게 책임을 전가하는 보도 프레임을 통해 누군가(비연세대/기성세대)는 '억울한' 연세대생/20대를 비난하면서 자신들의 도덕적 우월감을 확인하고, 사회문제에 대한 공동의 책임에서 스스로 자유로워진다. 당시 연세대학교에 재학하던 한 학생은 《한겨레21》 보도가 이슈가 된 다음 날 한 식당에서 옆 테이블에서 "신문 보니까 연세대 애들이 그렇다더라"며 혀를 끌끌 차는 노인들을 목격했다고 털어놓았다.

학벌주의를 대학생, 특히 명문대 대학생들의 문제로 환원하는 보도는 많다. 서울대학교 학생 커뮤니티인 '스누라이프'에 비서울대 출신 대학원생들의 출입이 불가능한 게시판이 만들어진 일이나 본 캠퍼스 학생들이 제2캠퍼스와의 통합 반대 시위를 벌인 한국외국어대학교 사건 따위를 다루며 언론들은 대학생들이 '서열화와 학벌 논리'를 내면화하고 있다며 강도 높게 비판했다. 각 사안들의 고유한 맥락은 무시한 채,[32] '과거와 달라진 대학생들의 비윤리적 사고/행동'을 지적하는 것이 보도의 마스터키 프레임처럼 사용되었다. 여론은 자연스레 대학생들을 비난하는 쪽으로 흘러갔다.

시대적인 것을 세대적인 관점이나 사례를 통해 설명하려 하면 학벌주의를 생산적으로 논할 수 없다. 단지 '요즘 대학생들'의 세계관, 인성 따위를 왜곡하고 폄하하는 결과를 낳을 뿐이다. 학벌주의를 '요즘 대학생들' 이야기로 한정하는 것은 효과적이지도, 정치적으로 올바르지도 않다. 비슷한 맥락에서 '20대 개새끼론'도 마찬가지다. 소위 '진보 세력'이 보수 집권 세력에 밀리는 형국은 시대적 현상일 뿐 20대 탓이 아니다. 그러나 '20대 개새끼론'은 20대의 정치 참여 부족이나 저조한 투표율에 야권/범진보 세력 선거 패배의 책임을 돌린다. 그 결과 20대들의 정치적 정체성을 '개새끼'로 주조했을

뿐, 현실에서 진보 정치가 맞닥뜨린 그 어떤 위기도 해결하
지 못했다.

'청년세대'를 둘러싼
'아무 말' 대잔치

세대론, 손 안 대고 코 풀기?

뉴스가 온전한 진실을 보여준다고 생각하는 사람은 아무
도 없다. 자신이 알고 있는 진실 혹은 신념과 완전히 다른 이
야기를 하는 언론의 행태를 보면서, 사람들은 언론이 객관적
인 사실을 전달하는 기관이 아니라 오히려 진실을 만들어내
는 행위자라는 사실을 인식하게 된다. 공영방송이 도심에서
일어나는 대규모의 집회나 시위를 보도하지 않고 지역 축제
소식이나 생활정보 따위를 2분짜리 리포트로 만들어 내보내
는 이유는 도대체 무엇일까? 같은 사안을 두고《조선일보》와
《한겨레》의 논조는 왜 이렇게 다른 것일까? 성범죄를 보도하
는 언론들은 왜 가해자에 대한 정보는 드러내지 않으면서 피
해자의 신상은 그토록 자세히 보도할까?

독자들이 비판적 독해력을 갖춘(혹은 그런 능력을 가지고 있
다고 스스로 믿는) 수용자로 '진화'하면서 언론의 보도 행태에
대한 비판이 더욱 정교해진 것은 사실이다. 그러나 모든 문

장, 모든 단어 하나하나를 비판적으로 따져가며 읽기란 실질적으로 불가능하다. 특별히 관심을 갖는 사안이 아니라면 제목과 제목에서 예상되는 대략적인 내용을 인지한 채 지나치는 경우가 대부분이다. 문제 제기가 필요한 내용이 일부 포함되어 있더라도 그 내용이 자신이 원래 가지고 있는 가치관과 크게 어긋나지 않으면 대체로 넘어간다. 청년들, 젊은 층 혹은 세대 문제와 관련한 뉴스들 역시 그런 사각지대에서 안전하게 자리를 지키고 있는 것은 아닐까. 그렇지 않다면 완전히 비논리적인 청년론과 세대론이 어떻게 이토록 끊임없이 생산될 수 있는 걸까. 말도 안 되는 것을 말이 되는 것처럼 뻔뻔하게 적어놓는 '기적의 논리'는 실로 '아무 말 대잔치'에 가깝다.

부모 세대엔 남자에게 외모보다 능력이 더 중요한 것이었다면 요즘은 능력보다 외모가 더 중요하게 평가받는다. 이렇게 남자를 평가하는 척도가 달라진 것이다. 아들에게 능력만 있으면 된다는 말은 이미 통하지 않는다. 아들이 키가 작다고 고민한다면 그 말을 흘려듣지 말고 함께 고민해주는 자세가 필요하다. 게다가 요즘은 중3이면 키 성장이 거의 다 끝난다고 한다. '군대 갔다 와서도 큰다더라' 같은 말이 위로가 안 된다.[33]
(강조는 필자)

위 글의 필자는 '남자를 평가하는 척도'가 세대가 변하며 달라졌다고 주장한다. 더불어 요즘은 '중3이면 키 성장이 거의 다 끝난다'는 생물학적 변화까지 이야기하고 있지만 그 주장을 뒷받침하는 근거는 어디에도 없다. 필자의 글과 독자의 이해 사이를 매개하는 유일한 정보는 특정 세대(여기서는 연령 코호트 기준의 10대 청소년)의 가치관에 대한 고정관념에 지나지 않는다. 과거 청소년들은 외모와 유행에 민감하지 않았는지, 요즘 청소년들에게는 '남자의 능력'이 정말 중요하지 않은지 혹은 고등학교 이후로는 키가 잘 자라지 않는지 등은 전혀 확인된 바 없는 사실이다. '요즘 애들은 외모에 관심이 너무 많아' '요즘 중학생들 보면 거의 대학생들같이 생겼어' 따위의 확인되지 않은 선입관들만으로도 글이 쓰이고 읽히는 것이다.

2000년대 들어 군내 자살률이 증가한 데는 군대문화가 사회 발전을 따라가지 못하면서 군대 부적응자가 양산된 탓이라는 분석이 많다. **특히 신세대 장병들이 군대라는 단절된 공간에 적응하지 못하는 경향이 강해졌다.** …… 현역 시절 자율적 군대문화 만들기에 앞장섰던 강한석 전 육군 소장(새누리당 경기도당 부위원장)은 이에 대해 **"신세대 청년들과 군대는 그 문화적 격차가 크다.** 그중에서도 가장 큰 문제가 개인의 사생활을 억압하는 것인데, 일과가 끝나고 난 뒤의 내무반 생활은 적응이 쉽지 않을 수 있다. 그러나 군기는 내무반에서 나오는 게 아니고 훈련을 통해 만들어져야 한다. 과거식의 군기문화가 자살이나 총기 사고의 원인이 되고 있는 것 같다"고 지적했다.[34] (강조는 필자)

위의 기사는 '윤 일병 사망 사건'으로 군대 내 병사 가혹행위가 사회 이슈로 떠오른 2014년 8월 작성되었다. 이 기사는 2000년대 이후 군내 자살률이 증가한 원인을 '신세대' 장병들의 문화적 특성에서 찾고 있다. 그러나 기사가 제시하는 몇 가지 자료들을 조합해보기만 해도 이 세대 분석이 엉터리라는 것을 알 수 있다. 기사는 "1990년대 초반의 경우 군 사망 사고의 원인 중 자살이 차지하는 비중은 30~40퍼센트 수준에 불과"했으나, "2010년 이후 2013년까지 연간 군 사망자 가운데 평균 66퍼센트가 자살로 사망"했다는 이유를 들어 "2000년대 들어 군내 자살률이 증가"했다고 판단한다. 그러나 기사에 드러난 다른 정보는 '군내 자살률 증가'가 과장된 현상임을 드러낸다. "1995년에 발생한 군 사망자는 총 330명이었고 이 가운데 자살로 인한 사망자는 100명"이었고, 2013년의 경우 "사망 장병 수는 117명이며 대부분 자살(79명)로 인한 사망"이다. 이는 군내 자살률이 증가한 것이 아니라, 군내 안전사고가 감소함으로써 사망 원인 중 자살 비율이 상대적으로 높아졌음을 시사한다. 심지어 군내 자살률은 인구 전체를 기준으로 집계한 자살률보다 낮다.

기사는 자살률 증가가 전혀 사실이 아님에도 과거에 비해 왜 자살률이 증가했는가를 묻는 데 이어, 그 원인으로 '젊은 장병들의' 문화적 특성을 지목한다. 다시 말해 과거의 군인들과 현재의 군인들 간의 세대적인 문화 격차로 인해 자살률이 증가했다는 것이다. 세대주의적 접근법으로 사회문제를 해석하는 전형적인 사례다. 정리하면 이 기사는 '윤 일병 사망 사건'으로 대표되는 군내 문제의 그럴듯한 원인을 제시해야 한다는 압박감을 세대주의라는 손쉬운 방법으로 해소했다.

물론 '너무 예민하게 구는 것 아니냐'는 반응이 있을 수도 있다. 매일같이 수많은 기사를 작성해야 하는 언론이 모든 정보들을 '과학적이고 체계적인 방식으로' 조직해서 제공하리라고 기대하는 것이 오히려 무리일 수 있다. 그러나 분명한 것은, 기자나 취재원이 무의식중에 혹은 직업적 관행을 실천하는 과정에서 만들어내는 '손쉬운 세대론'이 우리 사회가 공유하는 세대주의적 상상을 적나라하게 보여준다는 것이다. 일상적인 쓰기와 읽기, 거기서 발생하는 의미의 순환 속에서 '청년세대'나 '청소년'은 기성세대·성인과는 다른 존재로 구성되는 중이다. '청년세대'를 둘러싼 다양한 지식들은 점점 더 체계적으로 그들을 타자화하고 있다.

'요즘 젊은 것들' 리스트

소크라테스도 그 시대의 '젊은이'들을 두고 이렇게 말했다고 한다. "요즘 애들은 버릇이 없어 말세다." 지금도 마찬가지다. 기성세대는 20대를 대상으로, 20대는 10대를 대상으로, 대학교 고학번들은 새내기들을 놓고 '요즘 애들'이라는 말을 내뱉는다. 시공을 초월해 반복되는 이 말의 허구성을 논리적으로 증명하는 일은 생각보다 매우 간단하다. '버릇이 없는 애들보다 더 버릇이 없는' 그런 세대가 계속해서 출현하고 또 사회를 유지하고 있지 않은가.

'요즘 젊은 것들'에 대한 부정적 시각은 언론 보도에도 투영된다. 10대와 20대의 문화를 소개하면서 제목에 '경악'이나 '충격'을 달아 조회수 늘리기를 시도하는 기사들이 넘쳐난다. 2013년 3월 4일~3월 8일 국내 언론에서 발행된 모든 기사를 바탕으로 간단한 조사를 실행했다. 제목에 '20대'를 포함한 기사는 159건으로, 제목과 내용을 상세히 검토한 결과 그중 57건의 기사가 20대가 저지른 범죄를 다루고 있었다(57건 모두 사회면의 사건·사고 기사였다). 10대의 범죄를 다룬 기사도 같은 기간 35건에 달했다. 대학생, 여대생, 명문대생, 청소년, 중학생, 고등학생과 같이 연령대를 부각하는 범죄 기사들을 포함하면 그 수는 곱절로 늘어난다. 같은 기간 다른 연령대의 범죄는 상대적으로 적게 다루어졌다. 30대는 48건, 40

대는 35건, 50대는 43건, 60대는 14건, 70대는 7건이었다. 기성세대의 범죄는 연령 정보를 포함하는 단어 대신 직장인, 고위급 간부, 정치인 등의 직업 명사와 함께 보도되는 경향이 있었다. 그러나 이 경우는 '청소년' '대학생' 등의 단어와 달리 특정 연령대가 아닌 특정 직업군의 부도덕성을 상기시킨다는 점에서 분명 다르다.

20대는 정말 30~50대에 비해 더 많이 범죄를 저지를까? 연령대별 범죄 건수 통계는 언론 보도가 젊은 세대의 범죄를 실제에 비해 과장하고 있다는 사실을 보여준다. 2011년 경찰청범죄통계에 분석된 범행 시 범죄자의 연령 통계에 따르면, 총 181만 5,233건 중 20대가 저지른 범죄는 29만 7,667건이다. 30대 40만 6,994건, 40대 51만 3,732건, 50대 34만 8,708건으로 20대의 범죄 건수는 최소한 30대, 40대, 50대보다는 적다. 10대, 즉 미성년자의 범죄 건수는 8만 6,616건이다. 이 통계를 통해 20대보다 기성세대가 사실은 더 '나쁘다'는 이야기를 하려는 게 아니다. 인구 구성비에서 차이가 있고, 청년보다 중장년층이 범죄를 더 많이 저지르는 까닭에 대해 범죄학은 다양하게 설명한다. 노년층으로 갈수록 범죄율이 급격하게 떨어지는 이유 역시 마찬가지다.

경찰청 범죄 통계와 미디어의 연령별 범죄 건수를 종합하면 매체들이 10대, 20대의 범죄를 훨씬 더 민감한 잣대로 보도하고 있다는 결론이 나온다. 보도 건수에서도 차이가 큰 것은 물론, 종이 신문의 경우 주요 면과 위치에, 인터넷 신문의 경우 메인 화면에 젊은 세대의 범죄를 다룬 기사를 주로 배치한다. '20대 막말남' '20대 막장녀' 같은 보도가 그렇다. 미디어는 현실을 있는 그대로 보여주지 않는다. 사건들의 뉴스 가치를 판별해 어떤 것은 기사화하고 어떤 것은 버린다. 이것이 언론의 기본적인 원칙이다. 그러나 그 '나름의 기준'은 특정한 집단 범주에게 불리하게 작용한다. 노인이 젊은 사람을 나무라는 것은 '일상적인 일'로, 젊은 사람이 나이든 사람을 가르치면 예의에 어긋난다고 여기는 사회에서 노인의 '막말'은 기삿거리가 되지 않는다. 청년의 '막말'만이 보도 가치가 있다. 여성이 남성보다 덜 폭력적인 성향을 지니고 있다는 선입견 혹은 외국인을 한국 사회의 안녕을 위협하는 존재로 간주하는 바로 그 감각이 여성과 외국인의 범죄를 실제보다 훨씬 더 심각한 것으로 재현하게 만든다.

언론학에서 뉴스 가치를 다룰 때 흔히 등장하는 '사람과 개'의 예시가 있다. 개가 사람을 물면 뉴스가 되지 않지만 사람이 개를 물면 뉴스가 된다는 것인데, 말하자면 상식을 벗어나는 예외적 사건에 뉴스 가치가 부여된다. 젊은 세대가 기성세대에게 폭언을 행사하는 일과 기성세대가 젊은이에게 폭언을 행사하는 일의 횟수를 정확히 통계화하기는 어렵지만, 아마도 후자가 현실에서 더 흔하게 발생할 것이다. 다만 장유유서라는 잣대를 들이대면 후자는 그럴 만한 일이 되고,

전자는 세상이 망해가는 조짐이 된다. 그렇게 '요즘 젊은 것들'에 대한 이야기는 불어난다.

'대학생 독서량' 운운하는 단골 세대론

'요즘 젊은 것들'을 문제시하는 보도는 다양한 방식으로 나타난다. 젊은 세대의 안보의식이나 사회관, 가치관, 생활 습관, 언어 습관 등을 지적하는 기사들이 하루가 멀게 쏟아진다. 일례로 《조선일보》는 요즘 신입사원들은 '가정교육'을 제대로 받지 못해서 회사에서 예절을 다시 가르쳐야 한다는 식의 기사를,[35] 《한국일보》는 '요즘 젊은이들'이 자기 방을 치우는 습관조차 들이지 못해 돈을 내고 청소 서비스를 이용한다고 비판하는 황당한 글을 내보냈다.[36]

'요즘 젊은이 혹은 대학생이 책을 읽지 않는다'고 지적하는 기사들도 잊을만 하면 등장하는 '단골 세대론' 중 하나다. '과거에 비해' 낮은 독서량을 지적하는 통계들이 기사화된다. 그런 기사에서는 독서의 양과 질 모두가 비판 대상이 된다. 선진국 대학생들과 비교할 때 독서량이 적다거나, 도서관 대출 건수가 적다거나, 대학 도서관 대출 순위 1위가 '로맨스 혹은 판타지 소설' 혹은 '자기계발 서적'이라거나 하는 보도들이 주기적으로 나온다. 옛날 대학생들은 책을 읽었는데,

요즘 대학생들은 영화, TV나 보는 '잉여'가 되었다거나 술이나 마시러 다닌다는 '헛발질' 분석도 심심찮게 보인다. 물론 대학생들의 실제 독서량은 매우 적은 수준이다. 그러나 책을 멀리하는 태도가 신세대의 고유한 특성이라는 분석, 그리고 이것이 사회문제라는 당위는 매우 의문스럽다.

청년들이 책을 읽지 않는다는 지적은 사실일까? 2015년 통계청이 발표한 '연령별 1년간 평균 독서량' 자료는 전혀 다른 이야기를 한다. 예상과 달리 20대가 '그나마' 책을 많이 읽는 연령 집단이었던 것이다. 교과서 및 학습 참고서를 제외한 연간 평균 독서량은 연령대가 높아질수록 감소하는 경향을 보였다. 15~19세 15.0권, 20대 14.0권, 30대 13.1권, 40대 9.6권, 50대 5.9권, 60세 이상 2.8권으로 나타났다. 특정 해에만 관찰된 경향도 아니다. 통계청의 국민독서실태조사 중 성인 일반 도서 연평균 독서량 항목에서는 조사 연도에 관계없이 20대와 30대, 즉 젊은 층의 독서량이 항상 더 높게 나타난다. 이 통계는 독서량이 지속적으로 떨어지고 있다는 상식에도 의문을 제기한다. 1997~2009년 조사된 독서량 자료를 보면 평균 독서량에 별다른 변화가 없기 때문이다. 20대 이하의 연평균 독서량은 1997년에 13.6권, 2008년에 13.4권으로 11년 동안 거의 줄지 않았으며, 2009년에는 19.4권으로 갑자기 증가하기까지 했다.

물론 스스로를 '지식인'이라고 여겼고 지식인 대우를 받았던 과거의 대학생들이 지금 대학생들보다 확실히 책을 더 많이 '읽었을 가능성도 있다'는 생각은 해볼 수 있다. 그러나 20대 초중반 인구 다수가 대학생 신분인 지금과 달리, 당시에는 대학생 자체가 별도의 신분처럼 여겨졌을 정도로 소수였다. 대학생에 비대학생들까지 합쳐 세대 전체의 통계를 내보면, 지금이나 그때나 독서량에 큰 차이는 없다는 추론을 해볼 수 있다. 게다가 종이책 외에도 훨씬 더 다양한 수단을 통해 정보를 획득할 수 있게 된 시대에 종이책이나 종이신문을 읽지 않는다는 사실만 가지고 '부족한 독서량'을 논하는 것은 무리다.

근본적으로는 '책을 읽지 않는 것이 문제'라고 단정하기전에 먼저 우리 사회가 (청년들에게) 책 읽기를 권장하고 있는 사회인지, 책을 읽을 수 있는 환경을 조성하고 있는지부터 고찰해야 하지 않을까? 담배를 끊는 게 좋다는 것을 모르는 사람이 없듯 모든 사람들이 조금이라도 더 책을 읽어보겠다고 매일같이 다짐한다. 이렇게 사회가 '독서 행위'에 규범적 가치를 부여하고, 사람들도 독서에 의무감을 느끼고 있는데도 독서량이 늘지 않는다면, 개인의 의지 박약이나 가치관을 탓할 것이 아니라 사회가 '책 읽기를 방해하는 구조'를 가지고 있지는 않은지를 돌아봐야 하지 않을까? '요즘 젊은 애들이 책을 안 읽어서 큰일'이라고 손쉽게 말하는 이들에게 묻고 싶다. 어떤 책이 책을 읽지 않는 개인을 비난하라고 이야기했는가.

'책을 읽지 않는다'는 지적의 주된 공격 대상인 '대학생'의 입장을 한번 살펴보자. 우선 과거와 현재의 대학생들이 처한 상황부터 고려해야 한다. 전자가 지식인이었다면, 후자는 산업예비군이다. 대학을 졸업하면 자연스럽게 미래가 열렸던 과거 대학생들과 달리 지금 대학생들은 각종 취업 준비와 스펙 쌓기에 시달린다. 심지어 대학 내외에서 격화되는 경쟁 체제 때문에 대학생의 일상은 피곤해졌다. 늘어난 과제와 팀 프로젝트를 하느라 공강은 물론 저녁 이후 시간까지 학교에 '붙잡혀 있는' 대학생들이 늘어나고 있다. 책에 관심이 있다고 해도 '당장의 의무'는 아닌 그것을 멀리할 수밖에 없는 환경이다. 20대가 실제로 책을 열심히 읽으면 사회적 비난을 피할 수 있을까? 취업과 관련된 '일들'을 하고 남는 시간에 책을 읽는다면, 그만큼 사람 만날 시간이 줄어들 텐데, 요새 젊은이들은 사회성이 없다거나 개인화되어 있다는 또 다른 분식'질'에 걸려들지는 않을까? 20대가 '집단적 꼰대질'에서 빠져나갈 길은 없어 보인다.

이렇듯 청년들을 왜곡하고 타자화하는 보도와 사회 담론은 대부분 합리적 근거를 통해 반박할 수 있는 것들이다. '요즘 젊은 것들'에 대한 사회적 통념을 바탕으로 생산된 근거 없는 지식들이 청년 관련 발화의 대다수를 차지하기 때문이다. 그러나 이런 비판을 '청년은 잘못한 것이 없으니 아무 말도 하지 말라'는 식의 '생떼 부리기'로 이해해서는 곤란하다. 문제가 되는 것은 어떤 일의 원인을 엉뚱한 청년에게 돌림으로써 더 근본적인 문제를 은폐하거나 간과하는 상황이다. 그 결과 청년들이 받게 되는 실질적이고 상징적인 불이익을 막아야 한다.

그러나 이 악순환은 중단될 기미가 없어 보인다. 실제로는 빈약한 근거이지만, 젊은 층에 대한 (숫자 중심의) 통계치라면 일단 믿고 보는 독자가 많기 때문이다. 특히 선입견이 강하게 작용하는 주제와 관련된 통계 수치를 볼 때, 사람들은 그 산출 과정을 잘 살피지 않는다. 그보다는 해당 수치가 자신의 '편견'과 어느 정도 일치하면 그 수치를 통해 자신의 편견을 확증하는 경향이 있다. 따라서 청년당사자들조차 청년에 대한 부당한 비판의 언어에 일정 부분 수긍하게 된다. 그렇게 축적된 일상 언어들이 '청년'에 대한 고정관념을 강화한다.

물론 청년들을 나무라는 '꼰대들'을 문제로 의식하는 청년들도 있다. 그러나 그들은 얼마 지나지 않아 청년이라는 위치에서 벗어난다. 세대 문제의 특징은 바로 '나이 듦'이라는 모든 사람이 공유하게 되는 속성이 행위자들의 위치를 끊임없이 이동시킨다는 데 있다. 조직 말단의 사람들이 고참이 되었을 때, 조직 내 위계질서가 해소되기보다는 오히려 새로운 고참이 위계질서를 재생산하게 되듯, '청년' 담론에 대한 현 문제의식이 미래에도 계속되리라는 보장은 없다. 미래의 청년들을 위해서라도 지금껏 청년을 억압해온 '청년' 담론을 제대로 문제 삼아야 한다.

5

'3포세대' 파헤치기 (1): 누구의 포기이고 누구의 위기인가

당사자는 포기한 적 없는 '포기'

라클라우에 따르면, '노동자들의 투쟁'이 그 자체로 해방 전체의 기표가 될 때, 기표와 그것이 본래 연관되어 있던 실제 내용 간의 연결은 흐릿해진다.[37] 노동자들의 이해관계나 삶을 개선하기 위해 고안된 '노동 투쟁'이라는 언어가 모든 정치 투쟁의 언어로 확장되면, 인권운동이나 표현의 자유 운동과 같은 다른 운동들도 '노동 투쟁'이라는 언어를 빌려 쓸 수 있기 때문에 '노동 투쟁'과 노동자의 이해관계 사이의 강력한 연관 관계가 비교적 약해진다는 것이다. '청년세대'라는 기표를 통해 발화되는 담론들과 실제 청년층 사이의 관계도 마찬가지다. 노동자 일반의 문제, 여성·성소수자·장애인 등과 같은 소수자의 문제, 복지 시스템 문제 등 한국 사회의 다양한 갈등구조가 '청년세대' 담론을 통해 표출될 때, 그 담론은 청년층의 이익과는 관계없는 방향으로 흐를 수 있다.

물론 이때 '청년층의 이익'이 실제로 가리키는 바가 무엇인지는 다소 모호하다. 청년세대로 호칭되는 연령층 내부에는 매우 다양한 이해관계를 갖는 개인들이 있기 때문이다. 청년층 전체에 득이 되는 이해관계가 있을 수 없다는 것을 인정한다면, 선택과 집중 혹은 배제의 메커니즘이 실제로 '청년세대' 담론과 이를 바탕으로 한 정치에서 어떻게 작동하는지 따져봐야 한다. 요컨대 '청년세대'를 둘러싼 담론 정치가 과연 사회 불평등 해소나 공정성 확립과 같은 결과로 이어질 수 있는지, 다시 말해 소위 '사회적 약자'의 이익이 실현되는 방향으로 나아갈 수 있는지 면밀히 살펴봐야 한다.

여기에서는 '3포세대' 담론과 '포기'되는 항목의 숫자가 늘어나면서 발생한 'N포세대' 담론을 재고한다. 연애, 결혼, 출산은 기성 사회에서 인간의 기본적인 욕구이자 권리, 그리고 누구나 당연히 거쳐야 하는 삶의 의례로 받아들여졌다. '3포세대' 담론은 청년들이 경제적 어려움으로 삶의 기본적인 권리조차 포기해야 하는 상황에 이르렀다고 진단함으로써 사람들에게 적잖은 충격을 안겼다. 진보 매체 《경향신문》이 처음 사용한 '3포세대'론은 기사를 통해 '사회적, 경제적 약자'로 전락한 청년들에게 복지 대책을 마련해줘야 한다는 의도를 명시했다. '3포세대'를 필두로 나타난 'N포세대' 담론은 청년층 일반의 '포기'를 전제한 채 지속적으로 재생산되고 있으며, 청년을 위해 대책을 마련해야 한다는 주장을 정당화하는 레토릭으로 활용되고 있다.

그러나 정작 청년당사자들은 이와 같은 'N포세대' 담론에 이유를 알 수 없는 불편감을 느낀다. 당사자가 아직 포기하지 않았는데도, 혹은 '하지 않는 것'을 '선택'했는데도 그 행위를 포기로 규정하기 때문이다. 물론 이 정도의 불편함을 사소한 것으로 치부할 수도 있다. (이런 견해에 동의하지는 않지만) 만약 '3포세대' 담론이 더 많은 청년들을 실질적으로 행복하게 할 수 있다는 전제가 성립한다면 말이다. 청년들을 다른 세대와 대별되는 경제적 약자로 무리하게 설정하고 세대 갈등을 부추기면서까지 그들을 정치적 주체로 만들고자 했던 '88만원세대' 담론이나, 보수 매체가 내놓은 터무니없는 'G세대'론이나 '달관세대'론은 상대적으로 비판하기 쉬운 데 비해, 'N포세대' 담론은 불편하지만 왠지 모르게 반박하기 어렵다. 그러나 '3포세대'론은 '청년세대'의 극히 일부, 예컨대 빈곤층보다는 중산층 이상을 집중적으로 표상하는 담론에 지나지 않는지도 모른다. 그게 사실이라면, 청년정책과 청년 담론의 보편적인 준거가 된 '3포세대'론을 전면적으로 재검토해야 할 것이다.

'3포세대'가 감추는 것: 젠더와 계급

청년세대 일반을 중심으로 하는 다수 담론들은 특정 청

년층을 과대 대표하면서 그들에게 과도한 권위를 부여한다. 반면 그 외 다른 사람들의 경험은 철저히 주변화하고 억압한 다.[38] 3포세대론을 바탕으로 설계되는 다양한 정책들이 실제 로 어떤 결과를 초래할지 예측하기란 어렵다. 물론 주로 중 산층 청년 남성들의 이해관계에 초점을 둔 담론에서 시작된 청년정책이 더 나아가 빈곤층 청년들과 여성들의 삶에도 도 움을 줄 수 있다. 하지만 '3포세대'론을 포함한 오늘날의 청 년 담론이 전반적으로 빈곤 청년을 상징적으로 절멸annihilation 시키는 경향을 띤다는 점은 지적해둘 필요가 있다. 한국의 '청년세대' 담론은 역사적으로 엘리트 계층의 청년들을 중심 으로 구성되었다. 1970년대의 청년문화론, 1980년대의 386 세대론, 1990년대의 신세대론 모두 상위권 대학에 다니는 대 학생들의 문화에서 비롯된 것이다.

비슷한 현상이 근래의 '청년세대' 담론에서도 똑같이 반 복되고 있다. 마치 '서울 소재 4년제 대학의 중산층 가정의 남성'을 모델로 삼은 듯한 오늘날의 청춘론은 하층계급 청 년들에 대해서는 별다른 관심을 두지 않는다.[39] 하층계급 청 년들은 과거나 지금이나 경제적인 어려움에 시달리고 있지 만, 청년들의 빈곤이 사회문제로 불거지기 시작한 것은 '명문 대 대학생들이 졸업 후 취업하기 어려워진' 시기에 이르러서 였다. 청년층 일반의 빈곤(세대 문제)이 주목받으며 사회 전반 의 빈곤 문제나 청년층 내 불평등 논의는 오히려 축소됐다는 진단도 나온다. 《한겨레21》의 안수찬 기자는 다음과 같이 지적한다.[40] "한국의 대학진학률은 80퍼센트에 이르고, 모든 취업·실업 정책은 이들 대졸자에 맞춰져 있지만, 아예 대학에 진학하지 못하는 나머지 20퍼센트에 대해선 누구도 말하지 않는다. 대학진학률 통계에는 지방대는 물론 전문대·방송통신대 등도 포함돼 있는데, 이들이 서울 소재 유명 4년제 대학과 같은 반열에서 취급받는 '통계적 기만'을 다들 대수롭지 않게 넘긴다."

이뿐만이 아니다. '청년세대'론은 젠더 격차를 누락시킬 뿐 아니라, 그 자체가 젠더 편향적으로 구성돼 있다. 젠더 관점에서 '청년' 담론을 바라보는 연구자들은 사람들이 논하는 청년이 주로 취업에 어려움을 겪는 '남성' 청년에 해당한다는 사실을 지적한다. 청년이라는 단어의 기본default 성별이 남성으로 설정되어 있다는 것이다.[41] 특히 'N포세대' 담론과 관련해 "청년의 위기 혹은 청년의 증상으로 운위되는 현상들은 기실 현대 사회의 표준화된 남성 생애 달성의 어려움을 담고 있다".[42] 취업으로 경제적 기반을 마련한 뒤 결혼해 가족의 생계를 책임지는 가장breadwinner의 역할은 근대 남성의 생애주기 모델이다. 청년 남성의 '취업-결혼-출산'이라는 생애 과업 달성이 어려워진 것이 최근의 일이라면, 청년 여성에게는 그런 생애주기 모델이 주어진 적조차 없다. 여성들은 여전히 결혼과 출산을 거치며 일을 그만두고 가사/돌봄 노동을 전담하다가, 아이가 성장한 이후 다시 구직을 해야만 하는 상황에 처해 있다. 따라서 다수의 여성들에게 연애/결혼/출산은 포기가 아닌 거부의 대상이 된다. 'N포세대'론은 여성 청년의 이런 위치와 상황을 완전히 간과한다.[43]

여성 청년의 불안정 노동 및 탈취업 경험과 가족 실행(결혼, 출산) 전략을 연구한 김현아 역시 '3포세대' 담론이 지시하는 바가 여성, 특히 하층계급 여성의 삶과는 거리가 있을 수 있다고 지적한다. 경제적으로 안정된 위치에 이를 때까지 결혼이나 출산을 유예하는 가족 실행 전략이 중산층 남성 청년들에게는 들어맞을지 몰라도, 불안정한 노동시장에서 열악한 대우를 받는 여성 청년들은 오히려 결혼과 출산, 그리고 탈취업을 통한 전업주부 되기를 하나의 가능한 대안으로 진지하게 받아들일 수 있다는 것이다.[44] 기혼 집단을 대상으로 한 최근의 인구 통계에서 남성의 '취업 후 결혼' 비율은 이전 세대와 큰 차이가 없었지만, 여성의 경우 계속해서 하락(기혼 여성 중 1958~1964년생 코호트는 89.7퍼센트, 1966~1974년생 코호트는 75.2퍼센트, 1975~1981년생 코호트는 59.6퍼센트만이 취업 후에 결혼함)했다. 이는 '3포세대'론이 여성들의 상황과는 상당 부분 어긋난다는 사실을 뒷받침한다.[45] 취업으로 경제적 조건을 갖춘 이후에 결혼하는 패턴, 그렇게 하기 위해 결혼을 (결혼/비혼에 대한 가치관의 문제와 관계없이) 유예하는 삶의 패턴은 여성, 특히 고졸 이하의 학력을 가진 여성에게서 훨씬 드물게 나타난다.

　그럼에도 '청년세대' 담론은 청년 일반을 대표할 수 있는 담론임을 자처하고 스스로를 '몰성적'인 것으로 표상한다. 청년의 세대적 동질성을 과장하는 '청년세대' 담론에 힘이 실릴 때 진짜 주목받는 이들은 '청년-남성-중산층-대학생-수도권' 스펙트럼에 포함되는 청년층이지, 청년층 전체가 주목받는 것이 결코 아니다. 여기에 포함되지 않는 청년들의 삶은 역설적으로 더 비가시화된다. '청년'과 관련한 학술·정책 연구 역시 여성 청년의 경험이나 젠더 불평등은 잘 다루지 않는다. 실제 216편의 '청년' 관련 연구들을 조사한 결과 약 10퍼센트 내외만이 젠더적 관점을 포함하고 있었다. 좀 더 구체적으로 언급해보면, 젠더 관련 논의를 부분적으로나 전체적으로 드러낸 연구는 전체의 약 11퍼센트(25편)에 불과했으며 그나마도 대부분 성별을 독립 변수에 기입하는 정도의 표면적인 접근에 그쳤다.[46]

하늘 아래 같은 청년은 없다

　그러나 젠더와 계급은 중대한 영향력을 행사한다. 다음의 통계를 살펴보자. 2007년 8월~2010년 8월 전문대 및 4년제 일반대학을 졸업한 취업자(교대 졸업자 제외) 가운데 20퍼센트가 소위 '좋은 일자리$^{decent\ job}$'를 얻은 것으로 나타났다. 이 중 4년제 대학을 졸업한 남성(24.4퍼센트)이 같은 학력의 여성(14.7퍼센트)보다, 전문대를 졸업한 남성(13.3퍼센트)이 같은 학력의 여성(9.2퍼센트)보다 더 '좋은 일자리'를 얻었다.[47] 학력과 젠더에 따른 청년층 내부의 경계를 확인할 수 있다. 더불어 청년세대가 노동시장에 진입하는 시기 남성 노동자와 여성 노동자 사이의 성별 임금 격차는 20퍼센트포인트 정도로, 이는 개인의 능력이나 직종, 노동시간 등과 같은 어느 정도 '객관적인' 지표 너머의 차별을 시사한다.[48]

청년들 스스로도 젠더적 차이를 충분히 인지하고 있다. 남성 청년과 여성 청년(혹은 '금수저' 청년과 '흙수저' 청년)들의 사고방식이 상이한 것은 어쩌면 당연한 일이다. 장래희망과 꿈, 미래에 관한 주관적인 기대 또한 조건에 따라 다르게 구성된다. 한 연구 결과에 따르면 취업 선호도 혹은 취업 눈높이가 높을수록 실제로 좋은 구직 성과를 얻을 확률이 높아지는데,[49] 이때 취업 선호도 자체가 개인의 성별, 계급, 장애 여부, 출신 지역 등에 의해 결정될 수 있다는 사실에 주목할 필요가 있다.

그런 점에서 여성 청년들의 구직 경험에 관한 심층면접 결과는 의미심장하다.[50] "학벌, 나이, 대외 활동 경험 등의 다양한 요인에서 성별을 제외하면 탈락할 만한 요인이 뚜렷하게 보이지 않고, '정황상' 성별로 인해 차별을 받은 것이 의

심되는 상황"을 반복적으로 경험하면서, 여성 청년들은 처음부터 '여성이 다니기 좋은 직장'을 탐색하거나 꿈을 포기하고 여성이 취업하기 수월한 직종으로 목표를 변경하는 등 남성 청년들과는 사뭇 다른 취업 전략을 세우게 된다. 소위 '명문대'라고 불리는 서울 4년제 대학 출신, 즉 상대적으로 높은 학력을 보유한 여성 청년들의 사정도 크게 다르지 않다.

'인 서울대'와 '지방대' 사이의 '학력 격차'도 비슷한 방식으로 작동한다. 사회학자 최종렬은 오늘날 청년들의 상태를 설명하는 핵심 키워드로 여겨진 '신자유주의 통치성'이 지방대생에게는 적용되지 않는다고 주장한다.[51] 신자유주의 통치성에 포섭된 청년이라 함은 기업이 요구하는 스펙을 쌓고 자기계발하는 등 자발적으로 경쟁에 뛰어드는 주체를 의미하는데, 지방대생의 경우 '경쟁'과 '스펙'에 대한 압력보다는 오히려 이들이 속해 있는 소집단의 압력을 더 크게 받는다는 것이다(이는 '적당주의'로 일컬어진다). 말하자면 '지방대생' 혹은 '지역 청년'의 문제가 기존의 '청년' 담론에 포함되지 않고, 포함될 수도 없다는 지적이다.

계급 측면에서 보더라도 마찬가지다. 청년들은 가정에서는 '자녀', 학교에서는 '학생', 일터에서는 '노동자'로 인식되지만, 하층계급 청년들은 이 일련의 정체성들을 획득하는 것조차 어렵다. 불안정한 가정환경 탓에 학업에 집중하기 어려운 경우도 있고, 하층 노동을 수행하는 '유령 노동자'로 살아가기도 한다. 부모의 지원을 바탕으로 성인기로의 이행을 유예하는 '청소년화된' 청년과 달리, 성인의 역할을 상대적으로 일찍 수행하는 '성인화된' 청년이라고 할 수 있다.[52]

청년세대 내부의 이질성을 강조하는 것에 대한 반론들도 있다. 그 반론들은 젠더, 학력, 계급 등에 따른 차이를 부차적인 것으로 격하한다. 어떤 사람들은 이런 조건을 극복할 수 있다며 손쉽게 이야기한다. '여성도 남성처럼, 지방대생도 서울 청년들처럼 하면 된다'거나 '하층계급 청년이라도 꿈을 잃지 않으면 된다'고 말이다. 이는 곧 '노오력'의 부족이 원인이라는 분석으로 이어진다. 노력한 만큼 보상받지 못하는 이들이 너무 많은 현실을 무시하는 탓이다. '노오력'이라는 조언이나 대안을 못마땅하게 여기면서도 '여성' '지방대생'의 불평등에 대해서는 노력이나 의지, '할 수 있다'는 말과 같은 단순한 처방을 내놓는 경우도 있다.

청년정책이나 '청년' 담론은 결국 청년에 관한 이야기이므로 청년이라는 세대적 공통성에 주목해야 한다는 논리로 청년들 내부의 이질성을 지우려는 시도도 있다. 젠더 문제는 여성정책이, 계급 문제는 복지정책이, 청년 문제는 청년정책이 다루면 된다는 식이다. 그러나 청년층 전체 혹은 (최대한 양보해) 절대 다수를 포괄해 묶을 수 있는 공통성이나 이해관계라는 것이 실제로 존재할까?

물론 개인의 젠더나 계급 등을 적절히 고려해 담론을 만들고 정책을 고안하기란 쉽지 않다. '가난한 청년'으로 대표되는 '마이너리티' 청년들은 실제로 잘 드러나지 않는다. 이들은 도시에서 떨어진 곳에 존재하거나, 의복이나 꾸밈새를 통해 가난의 표식을 숨기고 있으며,[53] 제도 내에서 스스로의 이해관계와 욕구를 표출할 수 있는 수단도 별로 가지고 있지 않다. 이 사회가 모든 사람이 자기 자신을 대표할 수 있는 독립적인 개인들의 연합으로 거듭나기란 어렵다. 하위주체는 언제나 스스로를 충분히 재현하지 못한다. 청년당사자들의 목소리를 듣겠다며 정치인들이 벌이는 행사에서조차 선택되지 못하는 청년들이 너무나 많다. '청년'이라는 범주로 포착되지 않는 소수성을 더 민감하게 의식해야 하는 이유다.

다만 지역, 계급, 성별과 같은 범주를 재차 물화하는 것은 곤란하다. 이를테면 '지역 청년'이나 '20대 남성' '생산직 청년'과 같은 범주는 '청년'과 비교하면 분명히 더 세분화된 것이지만, 그런 범주가 사람들 간의 동질성을 보장해주는 것은 아니다. 좀 더 세분화한 새로운 청년 범주를 일반화하는 순간, 그 범주는 '청년' 범주의 오류들을 그대로 되풀이하게 된다. 게다가 그런 청년 범주는 기존 '청년' 담론에서 배제된 것들을 포함하는 방식보다는, 기존 '청년' 담론의 정당성을 공격하는 데 이용된다. 예컨대 어떤 논의를 '서울 청년들에게나 해당되는 이야기'라고 비판하며 '지역 청년'의 조건을 언급하는 경우를 생각해보자. 이는 자칫하면 '서울 청년'과 '지역 청년'이라는 그릇된 대립 구도를 강화하는 결과로 이어질 수 있다. '지역 청년'을 고려해야 하는 것은 '서울 청년'과 '지역 청년'의 구체적인 상황을 더 자세히 들여다보기 위함이지, 그들이 다르다는 것을 확인하거나 둘 중 누가 더 열악한지 가리기 위함이 아니다.

그런 점에서 교차성^{intersectionality} 이론을 참고할 필요가 있다. 이 이론은 어떤 정체성 범주의 사용이 누군가를 배제하는 메커니즘을 비판할 때 종종 거론된다. 패트리샤 힐 콜린스와 서마 빌게에 따르면 교차성은 "세계, 사람들, 인간 경험 내의 복잡성^{complexity}을 이해하고 분석하는 하나의 방법"이다.[54] 사회 불평등이나 차별과 같은 여러 가지 사회현상들을 이해할 때 우리는 사회적 분할의 단일한 축─인종 또는 젠더 또는 계급─에만 기댈 수 없으며, 다양한 축이 상호 영향을 주고받는 측면을 고려해야 한다는 것이다. 이 개념을 처음 제시한 학자는 킴벌리 크렌쇼로[55], 그는 최근 강연에서 교차성 개념이 단순히 개인이 가진 복수의 정체성들^{multiple identities}을 나열하는 문제가 아니라고 지적했다. 정체성은 본질적인 무엇이 아니라 구조가 만들어낸 결과에 가깝다.[56] 이는 청년 내부의 이질성을 이해하는 데 통찰을 제공한다. 청년 내부의 이질성은 지역, 계급, 성별과 같은 '본질적인' 분류 범주에 의해 미리 결정되지 않는다. 청년들이 처한 다양한 구조와 환경이 오히려 이 범주들을 생산한다. 따라서 더 나은 '청년' 담론을 만들 때 고려해야 할 것은 복잡한 교차로^{intersection} 그 자체다. 이 교차로는 다양한 억압을 겪는 이질적인 청년들을 계속 생산하고 있다.

6

'3포세대' 파헤치기 (2):
'N포세대론', 어디서 멈췄나

연애·결혼·출산, 지극히 중산층적인

최근 성소수자 및 퀴어 정체성과 관련된 논의들이 활발히 부상하고 있다. 동성애자[homosexual]의 '결혼할 권리'를 요구하는 퀴어 당사자들의 '동성 결혼 합법화' 운동이 대표적이다. 이와 관련한 주디스/잭 핼버스탬의 통찰은 인상적이다. 퀴어 연구자인 그는 부치-레즈비언으로, 저서 《가가 페미니즘》에서 몇몇 퀴어들이 동성 결혼에 반대하는 이유들을 서술한 바 있다.[57] '대안적 친밀성'을 제공하지 않는 '결혼의 정치학'은 교차성의 관점에서 (유색 인종 퀴어 등에게) 오히려 억압으로 작용할 수 있다는 것이다. 결혼 제도를 통해 경제적으로나 사회적으로 분명한 이익을 얻을 수 있는 백인 퀴어들과 달리 유색 인종 퀴어들은 결혼을 통해 실질적인 이익을 얻지 못한다. 핼버스탬은 결혼 제도 내부로 더 많은 사람들을 포섭하는 식의 '약한 정치학'으로는 억압을 근본적으로 해소할 수 없다고 지적하며, 결혼 제도 자체의 억압성에 주목해야 한다

고 말한다.[58]

결혼 제도에 관한 핼버스탬의 글은 '3포세대', 나아가 'N 포세대' 담론 비판에도 통찰을 제공한다. 'N포세대' 담론은 'N'에 해당하는 항목들—연애, 결혼, 출산, 내 집 마련, 인간관계, 꿈, 희망, 건강, 외모 등—을 정상적인 것으로, 그것을 달성하지 못한 상태를 비정상적인 것으로 규범화한다. 요컨대 'N포세대' 담론은 '청년'이라는 주체에게 특정한 행동 양식이나 생애주기적인 의무들을 부과하며 그것을 본질화한다. 나아가 특수한 정상성 규범을 바탕으로 젊은 주체들을 사회 제도와 구조로 재통합한다. 그 과정에서 연애, 결혼, 출산을 거부하며 규범에 저항하는 이들의 목소리는 제거된다.

'N포세대' 담론에서 포기된 것, 즉 회복돼야 한다고 상정되는 것들은 지극히 중산층적이고 보수적인 사회 규범이다. 'N포세대' 담론이 말하는 연애, 결혼, 출산의 의미는 사전적 정의를 넘어서 있다. 예컨대 청년들이 연애를 포기한다고 할 때 포기되는 것은 '남녀가 서로 그리워하며 사랑한다'는 사전적 의미의 연애를 넘어선 '중산층적' 연애다. 누군가를 좋아하는 감정 혹은 연애 관계는 경제 사정이 어렵다고 해서 포기될 수 있는 것이 아니다. 오늘날 포기되는 연애는 다름 아닌 경제적 능력을 갖춘 이들만이 할 수 있는 소비주의적 연애다.[59]

중산층적 연애, 결혼, 출산 규범은 그러한 가치들을 획득할 수 없는 청년들에게도 여지없이 부과된다. 그리하여 저소 득층이거나 직업이 없는 청년들이 연애를 더 많이 단념하게 된다. 결혼과 출산도 마찬가지다. 결혼해 새로운 가정을 꾸린 다는 것이 하나의 '중산층'적 표준으로 형성되어 있고 그 규 범성은 여러 방식을 통해 강화된다. 결혼은 단순히 두 사람 의 법적 결합이 아니다. 예식, 신혼여행, 말끔한 보금자리로 이어지는 일련의 이미지를 떠올려보라. 연애, 결혼, 출산에 대한 보수적 규범은 '경제력' 외의 다른 분할선들을 통해서도 상징폭력과 차별의 메커니즘을 재생산한다. 동성 간 연애/결 혼/출산(입양) 혹은 다양한 대안 가족의 형태들이 사회적으로 인정받지 못하는 것만 보더라도 알 수 있다.

이 같이 'N포세대' 담론은 청년들에게 '능동적'인 주체가 될 것을 주문하지만, 실제로는 '이전 세대'의 가치관이나 지 배적 규범에 맞서 새로운 대안 문화를 형성하는 능동적/전략 적 세대strategic generation의 출현을 억제한다. 연애, 결혼을 거부 하는 움직임은 새로운 문화로 진지하게 수용되기보다는 한낱 일탈적인 것으로 치부된다. 중산층 규범에서 탈피한 방식의 친밀성—예컨대 2인 이상이 함께 사는 비혼 가구나 폴리가미polygamy, '프롤레타리아적 연애' 등—은 사회적으로 용인되지 않는다.

5포세대에서 '5포'의 항목 중 하나인 '내 집 마련'은 'N포 세대' 담론의 보수성을 선명하게 드러낸다. 청년들이 포기했 다는 '내 집 마련'은 애초 하층계급이 달성할 수 없는 목표다.

영화 〈성실한 나라의 앨리스〉가 잘 보여주듯 '내 집 마련' 좀 해보려다가 인생 꼬인 사람들이 어디 한둘이겠는가. 내 집을 마련할 수 있는 객관적 가능성 자체가 낮아진 오늘날, 청년들은 완전히 새로운 가치를 주장한다. 이를테면 '민달팽이 유니온'과 같은 청년 주거 단체들은 집을 사는buy 대상이 아닌 사는live 곳으로 바라본다.

그러나 이 새로운 시도는 '내 집 마련'이라는 규범을 존속시키려 하는 기득권층, 즉 건물주나 정부에 의해 종종 좌절된다. 'N포세대'가 좀 더 변혁적인 담론이 되기 위해서는 '내 집 마련'이라는 규범 자체를 문제 삼았어야 한다. '내 집 마련'을 포기하는 청년들의 경제적 어려움을 부각하며 그들이 집을 마련할 수 있도록 도와야 한다는 식의 논의는 '내 집 마련'이라는 규범을 더 강화할 뿐이다.

'N포'가 '개인주의-능력주의'를 만날 때

'N포세대' 담론은 청년세대를 진보적으로 세력화한다는 목표를 표방하지만, 실제로는 그들을 보수화하는 역할을 할 수도 있다. 연애, 결혼, 출산을 '포기'한 이유는 주로 경제적인 어려움과 결부되는데, 마치 이것만 극복하면 위의 3요소를 포기하지 않아도 된다는 듯 이야기한다. 경제적 어려움은 시대의 구조적 문제이건만, 이 '어려움'을 개인의 능력이나 의지를 통해 극복할 수 있다는 주장이 위세를 떨친다("아무리 그래도 청춘이 연애도 안 해?" "아무리 살기 어려워도 결혼했으면 애는 낳아야지!"). 이는 담론의 최초 생산자가 의도한 바('N포' 상황을 극복하기 위한 정치적 주체-되기)와는 전혀 다른 방향, 즉 'N포'에서 살아남는 경제적/경쟁적 주체-되기로 청년들을 이끈다.

최근 청년들의 보수성을 설명하는 키워드는 능력주의와 공정성이다. 여러 논자들은 청년들이 능력주의를 내재화한 탓에 비정규직의 정규직화를 반대하는 등 차별을 정당화한다고 비판해 왔다. 능력주의는 "개인들이 자신의 재능을 활성화하기 위해 노력할 책임이 있으며, 다수가 자신에게 적합한 사회적 위치에 도달하고 적절히 보상받을 수 있다는 관념에 기초하는 사회시스템"을 지칭한다.[60] 이때 능력을 보유할 수 있는 개체 단위는 개인이며, 따라서 능력주의는 개인주의와 연결된 도덕적 이상이다.[61] 능력주의에 바탕을 둔 공정성 개념은 "모두가 똑같이 가져야 공정하다"라는 균등 원칙이나 "가장 필요한 사람에게 보상이 주어져야 공정하다"는 필요 원칙과는 거리가 멀고 "능력에 따라 보상을 얻는 것, 즉 보상이 개인의 기여에 상응해야 공정하다"는 형평 원칙에 가깝다.[62] 따라서 기여하지 않았거나 능력이 없는데 보상을 얻는 것은 불공정한 것으로 여겨진다.

한국 청년들이 지닌 능력주의적 공정성 개념은 다소 특이한데, 청년 개인들이 형평 원칙에 따라 사고하면서도 동시에 한국사회에서 능력주의가 잘 작동하지 않는다는 사실을 간파하고 있기 때문이다. 대부분의 사회 조사는 청년들이 한국사회가 분배 면에서 불평등하고 '불공정한' 사회라는 점에 동의하고 있음을 보여준다. 특히 청년들은 혈연, 지연, 학연 등의 연고, 이른바 '빽' 같은 외부 압력, 부모의 경제력 등 '능력'과 직접적으로 관련 없는 요소들이 개인의 성취에 큰 영향을 준다는 것을 명확히 인지하고 있다.[63]

개인주의-능력주의라는 도덕적 이상과 그것이 관철되지 않는 사회구조 사이에 놓인 청년들은 '한국에서 능력주의 원칙은 작동하지 않는다'거나 '불공정한 사회로부터 스스로를 지킬 수 있는 수단은 (추상적인) 개인의 능력이 아니라 (구체적인) 스펙'이라는 믿음을 갖게 된다. 능력주의 그 자체가 아니라 불공정한 사회로부터 스스로를 보호할 수 있는 물신화된 '스펙'을 얻기 위해 분투하는 경향, 즉 '유사-능력주의'가 나타난다. 다수의 청년들이 공무원, 자격증 시험에 뛰어드는 현실에서 이것이 적나라하게 드러난다.

그렇다면 'N포세대' 담론이 청년들의 '개인주의-능력주의'와 만날 때 어떤 일이 벌어질까. 연애, 결혼, 출산을 비롯한 기존의 규범들을 필수적인 생애 과업으로 여기지 않는 이들은 이미 너무나 많다. 이는 개인이 선택할 수 있는 몫이며,

또 그 선택의 폭은 각자가 가진 능력 혹은 '노오력'의 양과 성공 여부에 따라 제한될 수 있다. 그러나 한편으로 (중산층적인) 연애, 결혼, 출산이 여전히 지배적인 사회 규범으로 자리 잡고 있는 까닭에, 이 역시 청년들이 획득할 수 있는 하나의 '스펙'으로 기능하게 되는 것도 사실이다. 이를테면 결혼식 사진이나 아이 사진, 커플 사진 등을 타인에게 보여주는 일은 매우 흔한 일상이지만, 이때 사진에서 드러나는 것은 단지 각각의 인물만이 아니다. 사진에는 그들이 가진 능력 또한 전시되어 있다. 즉 'N포'에 해당하는 항목들은 선택 가능한 것으로 여겨지지만 여전히 위계화되어 있다. 결국 'N포세대' 담론은 기존 규범의 정상성을 해체하기보다는 그것을 획득하지 못하는 청년들을 연민함으로써 오히려 청년들에게 다시 규범을 강제하게 된다. 연애, 결혼, 출산, '내 집 마련' 등과 관련한 위계를 재생산하는 것이다.

허구의 정상성 깨기

새롭게 구성되고 있는 남성성과 여성성에 주목한 연구자 아눕 나약과 매리 케힐리는 후기 근대에 나타나는 '남성성의 위기' 담론의 모순성을 폭로한 바 있다. '남성성' 그 자체가 문화적으로 구성된 허구라면, 존재하지 않는 허구가 위기에 처할 수는 없다는 것이다.[64] 한국의 '3포세대' 담론에서 나타나는 '정상적 생애과업'이라는 전제 역시 마찬가지다. 연애, 취업, 결혼, 출산으로 이어지는 '정상성'은 그 자체로 역사화·상대화돼야 한다. '남성 1인 가장 핵가족 모델'로 대표되는 근대적 젠더 관계가 무너진 상황에서 "여기에 입각한 남성성의 표준을 수행하지 못하는 것을 '청년(남성)'의 위기로 표상하는 것" 내지는 "청년 주체들의 '포기'에 주목하여 그들을 동정심의 대상으로 만드는 시각"을 벗어나야 한다는 지적 역시 중요해 보인다.[65] 과거의 규범에 따라 청년기의 생애 과업을 결정할 것이 아니라, 새로운 표준을 발명하는 일이 지금 우리에게 필요하다.

7

'청년'을 위한 언론은 없다

누가 담론을 장악하는가

세대 간 경제 불평등은 경제적 자원의 분배 문제가 세대주의와 만나 탄생한 문제틀이다. 하지만 사회학자들은 경험적 연구를 통해서 그러한 문제의식을 기각해왔다.[66] 사회 담론이 세대 간 경제 불평등에 관한 논의를 과장하고 있으며, 따라서 지나친 세대 갈등이 유발된다는 것이다. 그러나 경제적 자원이 아닌 상징적인 자원, 예컨대 담론을 생산하고 유포할 수 있는 자원과 기반을 마련하고 결정할 수 있는 역량 면에서는 확실히 세대 간 격차가 벌어지고 있는 듯하다.

사회학자 준 에드먼즈와 브라이언 터너는 세대 현상을 설명하기 위한 이론적 도구로 수동적 세대passive generation와 능동적/전략적 세대active/strategic generation라는 개념 쌍을 제안했다.[67] 이 개념은 세대 현상을 관계적으로 사고하며, 특정 세대가 전략적 세대의 위치를 점하게 되면 그 세대를 전후한 다른 세대들은 상대적으로 수동적인 위치에 서게 된다는 것을 핵심 내용으로 한다. 이때 전략적 세대는 정치적 변화를 위한 이념을 창출할 수 있는 능력을 갖게 되며, 그들이 생산한 상징적 질서, 세계관은 다음 세대의 환경에 적잖은 영향력을 행사하게 된다.

오늘날 전략적 세대는 종종 베이비부머 집단(한국에서는 '386세대')으로 논의된다.[68] 사회학자 앤디 베넷은 주로 40대와 50대에 해당하는 저널리스트들이 생산하는 '요즘 젊은 것들'에 대한 매체 담론을 세대 간 관계에서 나타나는 상징적 지배의 맥락에서 비판한다. 저널리스트들이 청소년들의 저항 정신 결여를 계속해서 '문제'로 지적한다는 것이다.[69] 과거의 청소년 개념을 이상적인 기준으로 삼아 현재의 청소년 문화를 해석하는 저널리스트들의 실천은 외부자인 기성세대의 목소리를 강화하면서 청소년의 목소리를 주변화한다. 국문학자 천정환 역시 "한국의 20~30대 청년들은 '불능'과 '미숙'의 주체인 '애들(주니어)'로 전형화되고 있다"고 지적했다.[70] 역사학자 김원은 (주로 '386세대'에 해당하는) 한국의 지식인들이 1980년대가 '1991년 사회주의권 붕괴로 종결되지 않고 현재까지 이어진다'고 생각하고 있음을 보여주면서, 이를 '장기 80년대'로 개념화했다.[71] '386세대'의 세계관으로 여겨지는 것이 한국 사회의 '표준'을 장기적으로 규정하게 될 것이라는 우려가 일부 매체를 통해 표출되기도 했다.[72] 여기에서는 젊은 층이 '말하는 주체'가 아닌 '분석되는 객체'로 구성되는 양

상을 통해 청년에 대한 또 다른 방식의 타자화를 살펴보고자
한다.

'발화 주체'는 기성세대, 청년은 '해석 대상'

최근의 '청년세대' 담론들은 청년당사자가 아닌 기성세대
에 의해 주로 생산된다. 청년 관련 기사의 '발화 주체'를 분석
한 결과 역시 다르지 않다. 기사가 설정한 발화자(화자)와 발
화 대상(청자)만 확인해보더라도[73] 권력의 방향을 추론할 수
있다.

⟨표 7⟩은 2010~2014년 주요 일간지에 게재된 '청년세대'
관련 기사 557건을 발화 주체 분석 결과에 따라 정리한 것이
다. 이 중 509건(91.4퍼센트)의 기사의 발화 주체가 기자, 전문
가, 일반인을 포함한 광의의 기성세대였다. 청년당사자가 발
화 주체로 등장한 경우는 41건(7.4퍼센트)에 그쳤다. 대부분의
기사가 청년을 해석 대상으로 활용한 것이다.

일반적으로 '청년세대' 담론은 학자, 정치가, 저널리스트,
대중 지식인과 같은 문화 매개자cultural intermediary들을 통해 생
산된다. 청년당사자가 아닌 이들이 '청년세대' 담론의 발화
주체가 되는 이 상황이 새삼스럽지는 않다. 신문 지면을 획
득하기 위해서는 전문성을 갖춰야 하며, 전문성을 쌓기까지

<표 7> 분석 대상 기사들에 나타난 발화 주체 분포

	기자	전문가 (기성세대)	일반인 (기성세대)	전문가 (청년세대)	일반인 (청년세대)	기타	합계
빈도 (퍼센트)	363 (65.2)	142 (25.5)	4 (0.7)	17 (3.1)	24 (4.3)	7 (1.3)	557 (100)

는 상당한 시간과 자원이 요구되기에 '문화 매개자'는 대부분 기성세대일 수밖에 없다. 생애주기상 청년당사자들이 주요 일간지들에서 '청년세대' 담론의 생산 주체가 되는 것은 현실적으로 어렵다.

'청년세대' 담론의 특이점은 발화 주체가 주로 (사안에 대해 포괄적으로 설명하는) '전문가'보다는 '기성세대'의 입장을 견지한다는 점이다. 이들은 발화 대상이자 객체인 청년들에게 다양한 방식으로 말을 건넨다. 이때 발화자는 사실상 '청년' 문제에 전문성을 거의 가지고 있지 않은데, (청년들에 비해) 인생을 좀 더 살아본 '경력'이 그가 가질 수 있는 전문성의 거의 전부이다. 주로 각 분야에서 명성을 획득한 기성세대들이 '선배/멘토'의 위치에서 '후배/멘티'로 상정되는 청년들에게 말을 건다. 그러나 그 말 걸기는 타자화에 그친다. 이는 특히 좌담회나 인터뷰, 칼럼에서 명징하게 드러난다.

(가) 내가 1975년 대학을 졸업할 때도 희망이 없었고 일자리는 제한돼 있었다. 대학원에 진학하긴 했지만 '어디서 먹고

살아야 하나' 막막했다. 삶은 늘 고달프다. 나도 아르바이트로 부모님께 생활비 보태면서 대학을 나왔다. 심하게 말하면 **요즘 젊은 세대는 너무 징징댄다. 자기 세대만 불행하다는 건 일방적인 생각이다.**[74] (강조는 필자)

(나) 지방선거 투표일이 임박했습니다. 현재의 청년의 고통이 어떠한 정책에 의해 야기·심화되었는지 **확인하십시오.** 그리고 지방자치단체 차원의 청년실업 해결 방안, 최저임금 상향 방안, 비정규직의 정규직 전환 방안을 가지고 있고, 이를 실천할 의지를 가진 후보에게 **표를 던지십시오. '알바'가 있다고요? 새벽에라도 투표를 하고 가세요.** 투표는 당장의 '알바'보다 당장의 '스펙' 쌓기보다 효과적인 투자가 될 것입니다. '88만원세대'가 88퍼센트 투표하면 세상은 지금보다 적어도 88퍼센트 나아질 것입니다.[75] (강조는 필자)

위의 글들은 《조선일보》에 실린 서울대 박지향 교수의 인터뷰(가)와 《한겨레》에 실린 서울대 조국 교수의 칼럼(나) 일부다. 발화 주체인 기성세대는 청년들에게 무언가를 가르치고 요구하고 명령한다. 이러한 '계도의 말 걸기'는 주로 청년들에게 결함이 있다는 것을 전제하며, 그런 지점을 '해봐서 아는' 기성세대가 가르침을 통해 청년들의 가치관이나 행동을 바꿔보겠다는 의지를 표명한다.

그러나 엄밀히 말하면 계도되어야 할 행동/특성은 기성세대가 자의적으로 구성한 것이다. 위의 칼럼에서 박지향 교수는 "요즘 젊은 세대는 너무 징징댄다" "너희만 어려운 것 아니"라고 말하지만, 이런 인식은 필자의 주관적인 판단일 뿐 입증 불가능하다. 역대 최고의 청년실업률을 나타내는 통계 따위의 실질적인 근거조차 제시하지 않고서 굳이 '징징거리는' 청년들의 이미지를 상기해낸 까닭은 무엇일까. 흥미로운 점은 박지향 교수의 눈에 '자신들만 어렵다고 생각하는 청년들의 징징거림'으로 비추어질 법한 '88만원세대'나 '3포세대'론 또한 청년이 아닌 기성세대들에 의해 조직됐다는 사실이다.

'계도의 말 걸기' 외에 '사과의 말 걸기'도 있다. 이때 기성세대 발화자들은 청년세대에게 위로를 건네면서 동시에 기성세대가 부조리한 사회구조에 막중한 책임이 있음을 강조한다. '책임'이라는 표현은 주로 기성세대나 국가, 정부, 사회에 배당된다.

"경제적 자립성을 갖추기 위해 자녀가 감당해야 할 몫을 가로챈 부모의 책임이 크다."[76]
"이는 그들의 책임을 넘어선 우리 기성세대의 책임, 사회의 책임이다."[77]
"젊은 세대가 지닌 편중된 역사 인식의 근본 책임은 균형 있게 현대사를 가르치지 않은 교사들과 부모에게 있기 때문에"[78]

"어찌 그들의 잘못이랴. 그 큰 책임이 기성세대에 있음은 두말할 나위도 없다."[79]

"그러나 이 모든 것을 고려하더라도 최종적인 책임은 부모 세대에게 돌아간다."[80]

'계도의 말 걸기'가 청년세대를 일방적인 가르침의 대상으로 규정하는 데 비해, '사과의 말 걸기'는 기성세대를 계도 대상으로 삼는다. 청년 문제가 '우리 모두'의 책임임을 깨달아야 한다는 것이다. 그러나 이는 '계도의 말 걸기'와 딱히 다르지 않은데, 두 발화 양식 모두 청년을 대상화하기 때문이다. 기성세대가 청년에게 사과한다고 할 때, 청년은 가르침의 대상에서는 벗어날지언정, 여전히 기성세대가 책임져야 할 '대상'에 머물러 있다. 즉 기성세대의 자기반성 레토릭은 청년세대의 행위자성^{agency}, 나아가 그들 역시 실천의 주체라는 엄연한 사실을 누락한다. 청년세대의 특성을 병리화한다는 점에서도 양자는 공모한다. 지금의 청년들이 (개선해야 할) 문제가 있다는 전제를 동일하게 유지하는 것이다. 이는 '미성숙함'을 강조하며 청년들에게 부정적인 고정관념을 투사하는 청소년주의의 논리를 연상케 한다. "청소년과 성인의 차이점을 찾거나 확정하는 데 노력을 경주"하는 청소년주의적 입장은 "청소년을 내부적 차이가 없는 동질한 집단으로 인식하도록 하는 효과" "청소년은 보호되고 통제, 훈육될 존재로 인식하게 만드는 효과"를 만들어낸다.[81]

'청년 논객'의 사명?

청년들이 발화 주체로 등장하는 경우는 주로 청년당사자들이 작성한 기사에 한정된다. 20대와 30대 등 젊은 연령 코호트, 즉 '청년'이 주목을 받자 여러 매체들은 '2030세대'의 젊은 논객을 중심으로 한 칼럼란을 구성했다. 《경향신문》의 '2030 콘서트', 《한겨레》의 '2030 잠금해제', 《한국일보》의 '2030 세상보기' 등이 여기에 해당한다. 《중앙일보》에서는 젊은 기자들의 칼럼을 '시선 2035'라는 이름으로 별도 게재한다. 이 지면들은 '청년 논객'들에게 기회이자 제약이다.

(가) 솔직히 말하자면 나는 지금도 이 코너의 이름에는 문제가 있다고 생각한다. 2030 콘서트라는 이름은 어떻게 봐도 명확하거나 신뢰를 주는 이름은 아니다. 나를 포함한 필자들이 20과 30을 대표할 자격이 있는 것도 아니거니와, 콘서트라는 단어가 갖는 애매모호함도 그렇다. 이것은 적어도 두 가지 문제를 갖고 있는데, 하나는 필자들 간에는 물론이고

2030이 그 범위로 삼고 있는 세대의 내부에서 전혀 합의되어 있지 않은 서로 다른 이야기들이 그 세대를 대변하는 이야기로 오독될 가능성과, **이 코너에서 무슨 이야기를 하든 그것이 그저 청년들의 발랄한(난 이 단어에 노이로제가 생길 지경이다) 생각의 하나로 소비되어버릴 가능성이다.**[82] (강조는 필자)

(나) 정치평론가 행세를 하며 이 지면에 글을 쓴 지 9개월째다. 나름대로 정론을 쓰려고 노력해왔다고 자부한다. 그런데 어느 날, 진보신당 강상구 부대표가 이렇게 물었다. **'지면 이름이 2030 세상읽기인데, 너무 2030 이야기가 없는 것 아닌가요?'** 그리고 그런 대화를 한 지 꼭 2주 만에 편집자로부터 똑같은 취지의 의견이 전달됐다. 앞으로는 2030 세대의 목소리를 반영한 글을 써달라는 것이다.[83] (강조는 필자)

'청년 논객' 최태섭(가)과 김민하(나)의 글은 '청년들'이 받는 제약의 실체를 잘 드러낸다. '청년세대'라는 범주로 주목받은 이들 필자는 언제나 '청년다움'이 묻어나는 글을 요구받는다. '청년에 대해' 쓰거나, '청년다운' 글을 쓸 것. 참으로 난감한 주문이다.

젊은 필자들은 정작 '청년' 문제나 세대론에 대해 쓰고 싶어 하지 않는다. '청년 논객'의 대표 인물 중 하나인 한윤형은 한 대담에서 20대나 세대론이라는 키워드로 원고 청탁을 받을 때 자신은 오히려 그런 규정을 허무는 글을 쓰게 된다고 밝혔다.[84] 이를테면, "20대와 다문화주의에 관한 청탁이 오면 20대가 왜 다문화주의와 상관없는지를 쓰는 식"이라고 한다. '청년다운 글'이란 도대체 무엇인가?

어쨌거나 젊은 논객들에게는 항상 '청년'이라는 접두어가 따라붙는다. 이들의 글은 언제나 '청년의 시각'으로 제시된다. 이들에게 주어지는 지면도 늘상 '2030'이라는 명칭을 달고 있다. 이들의 글이 '청년 정체성'을 담지한 '청년세대' 담론으로 소비돼야 하는 '사명'을 띠기 때문이다. 즉 청년은 '당사자로서 자기 이야기를 할 때'에만 발화 주체가 될 수 있다. '청년 논객'이라는 명칭은 젊은 필자들을 있는 그대로 가리키는 말이 아니라, 사실상 그들을 상징적으로 평가절하하는 언어다.

이는 어떤 존재를 '보편적인 것'을 대표하기에 '부족'하다고 여기며 자기 정체성과 일치하는 집단을 대표하도록 강요하는 일이다. 사회학자 너멀 퓨워에 따르면, 사회의 상층부에 올라간 여성이나 흑인은 줄곧 그들의 '내집단'을 대표할 것을 강요받는다. 그들의 존재가 여성 집단과 흑인 집단을 대표할 수는 있어도, '보편적인 것'을 대표하지는 못한다고 여기는 것이다.[85] 하지만 남성, 백인, 기성세대는 결코 남성, 백인, 기성세대라는 특정 정체성을 대표하도록 강요받지 않으며, 이들이 생산하는 담론은 그 자체로 보편성을 담지한다.

불티나게 팔리는 '청년'

'청년세대'에 대한 사회적 관심이 증가하자 다수의 매체는 관련 기획과 연재기사를 내놓았다. 《한국일보》의 '까톡 2030'(2014년 7월~2017년 2월), 《중앙일보》의 '청춘리포트: 젊어진 수요일'(2014년 4월~2016년 8월, 2016년 6월 《청춘 리포트》라는 단행본으로 출간)이 대표적이다. 아마 '청년'을 주제로 한 기사가 '잘 팔리기 때문'일 것이다. 확실히 청년, 20대, 대학생을 다루는 기사는 포털의 웹/모바일 페이지의 메인에 오르는 경우가 많다.

'청년' 기사들은 그렇게 포털과 매체를 장악하며 '진실 효과'를 누리게 된다. 많은 이들이 기사를 자신의 블로그나 SNS에 공유하고, 그 기사가 대화의 단골 소재가 된다. '청년 문제 해결'을 외치는 사회 분위기 탓에 관련 기사들은 대체로 '좋은 기사'로 인식된다.[86]

그러나 '청년세대'를 다루는 기사들이 정말로 '좋은 기사'일까? 청년 관련 기사가 특히 기성세대에게 좋은 평가를 받고 있다는 사실로 미루어보건대, 오히려 청년세대에 대한 사회적 편견과 세대주의를 조장할 가능성이 크다.

'까톡 2030'과 '젊어진 수요일'이 발행한 기사들의 제목을 일부 살펴보자.(〈표 8〉) 여기서는 주로 '청년세대'에 대한 근거 없는 고정관념을 재생산하는 혐의가 짙은 기사들을 추렸

〈표 8〉'까톡 2030'과 '젊어진 수요일'의 주요 연재기사 제목

《한국일보》 '까톡 2030'	〈"SNS 허세샷? 요즘은 있어 보이게 찍는 것도 능력이죠"〉 〈허언증 놀이… 뻔한 거짓말·기발한 댓글에 두 번 웃다〉 〈"헬스장 다닐 돈도 여유도 없어요… 나는 홈트족"〉 〈첫 만남부터 잠자리까지 평균 61일… "性은 즐기는 것"〉 〈"여자지만 여자 연예인을 좋아해!" 당당한 커밍아웃〉 〈"헬조선 탈출" 복권방에 N포세대가 몰린다〉 〈일상으로 파고든 차별… 너도나도 벌레가 되었다〉 〈봉사도 취업 스펙!〉 〈"학과 MT? 나와는 상관없는 얘기죠"〉 〈노예의 삶에 익숙한 젊은이들〉 〈'일코'를 아십니까?〉 〈소셜 데이팅 앱 'SNS 사랑'〉 〈'혼전 동거' 젊은 남녀의 속내〉
《중앙일보》 '젊어진 수요일'	〈"하라면 해" 하면 꼰대… "하라면 할래?" 하면 아재〉 〈"몸 좋은 오빠 찾아" "야경 보며 한 잔" 해운대는 밤이 좋아〉 〈"죽을 만큼 힘든 일도 지나고 보면 아주 작은 점이더군요"〉 〈먹고 놀고 볼 때마다 인증샷… 시시콜콜 자랑 'ㅇㅈ세대'〉 〈"임을 위한 행진곡 가사 모른다" 65퍼센트… 일부선 "김광석 노래인 줄 알았다"〉 〈'덕질'은 뿌듯 생활은 빠듯… 덜 쓰고 살면 되지 뭐〉 〈현금 4만 원, 애인 사진, 부적… 2030 지갑 속은 아날로그〉 〈'낄끼빠빠' 모르는 당신 '고답이'… 혹시 통역이 필요하신가요?〉 〈성탄절 어디서?… 청춘 가라사대 '교회' 34명 '모텔' 26명〉 〈41.6점… 청춘들 절반은 몰랐다. 1987년 6월의 그날〉 〈청춘은 악필… 그래도 남친 앞에선 창피해요〉 〈2030은 정치를 모르고 싶다〉 〈"어디 살아요?"〉

다. '청년다움'은 역시나 꾸준히 요구되는 '덕목'이었다. 이는 주로 기성세대와 다른 '새롭거나 특이한' 모습들과 관련된다. 특히 문화적 변화를 다루는 기사들은 '청년세대'와 '기성세대'를 계속해서 분리하는데, 젊은 층의 문화로 일컬어진 것들이 기성세대와는 아무런 상관도 없는 것처럼 과장하면서 청년들에 대한 부정적인 인식을 재생산한다.

청년들만 SNS에 '허세' 섞인 글을 올리거나 웹상에서 데이트 상대를 찾고 '관종(관심종자)'처럼 행동한다는 식이다. 차별과 혐오의 문화 역시 젊은 층에게만 나타나는 '신풍속도'인 것처럼 논의된다. 〈임을 위한 행진곡〉의 가사도 모르고, 표준어를 마음대로 왜곡하고, 역사나 정치에 대한 상식도 부족하며, 심지어 손글씨 필체까지도 못생겨진 '상식과 능력이 부족한 요새 젊은 것들', 혹은 처음 만난 사람과도 잠자리를 가질 수 있고, 혼전동거에 자유로우며, 휴가철이면 해운대나 대천과 같은 해변에서 퇴폐 문화의 끝을 보여주는 '문란한 요새 젊은 것들'은 언론이 좋아하는 단골 레퍼토리다. 요즘 젊은 사람들은 선을 볼 때도 "어디 사세요?"를 먼저 물어보면서 상대의 재력을 확인한다고 언급한 황당한 기사도 있다. 심지어는 기성세대에 대한 젊은 층의 편견을 문제 삼으면서 세대 갈등을 조장하기까지 한다.

인구구조와 미디어 이용 패턴의 변화는 전통적인 매체의 독자 연령대를 크게 높이고 있다. 온갖 '요즘 젊은 것들' 이야기를 생산하고 소비하는 이들은 결국 기성세대다. 청년들이 과거에 비해 '막장'이라고 반복적으로 읊어대는 기사를 과연 청년들이 보고 싶어 할까. 언론사 내에서 어떤 기사를 생산하고 내보낼지 정할 수 있는 권한을 가진 이는 주로 기성세대일 것이다. 지금의 청년 담론은 기성세대가 주조하고 소비하는 악순환의 고리에 빠져 있다. 청년들에게 이는 큰 위기다.

오늘날 '청년세대'는 이렇게 판매된다. 청년세대에 대한 지식을 얻고자 하는 기성세대, 산업·경제·정치적 목적에서 해당 지식을 필요로 하는 이들이 있기 때문이다. 그 지식들은 대체로 청년세대 당사자들의 목소리를 담아내지 못할 뿐 아니라 그들의 이익과도 괴리되어 있다. 청년 문제를 다루는 연구 및 정책 보고서, '대학내일20대연구소'와 같은 소위 20대 전문 연구 단체 역시 크게 다르지 않다. 청년세대의 이익보다 다른 이들의 이익을 충족시키게 되는 경우가 훨씬 더 많다.

4

'청년세대' 담론
다시 쓰기

무엇을 비판하기란 상대적으로 쉽지만, 대안을 모색하는 일은 그보다 훨씬 더 어렵다. 물론 청년세대 담론과 세대주의적 경향에 대한 비판 자체가 새로운 논의 지평을 열 수도 있다. 하지만 대부분의 청중과 독자들은 대안을 듣고 싶어 한다. 이 책이 제기하는 핵심 비판은 기존 '청년세대' 담론을 구성하는 원리인 세대주의에 여러 가지 결함이 있다는 것이다. 따라서 '청년'에 관한 기존 관념에 기반을 둔 실천들, 즉 담론 생산이나 정책 설계, 사회운동 등은 일정한 한계를 수반한다. 결과적으로 이것은 '청년'이라는 정체성에 기초하지 않는 '탈–청년'의 문화정치가 필요하다는 주장인 셈이다. 하지만 그렇다고 해서 '청년'의 이름으로 말하거나 '청년'에 관해 말하는 모든 실천들을 부정하자는 것은 결코 아니다.

'청년세대'라는 범주와 씨름하며 다양한 실천을 모색하는 사람들은 주변에 많다. '청년'에 관해 글을 쓰고 말을 하는 연구자들, 청년 관련 기사를 작성하는 기자들은 항상 내 곁에 있다. 내 글을 읽고 공감해주거나 의견을 제시하는 활동가

동료들은 '청년당사자운동'이라는 새로운 흐름을 만들어가고 있다. 물론 이 또한 세대주의적인 것인지도 모른다. 나도 그런 실천과 무관하지 않은 사람이다. 나는 청년언론으로 스스로를 규정하는 '고함20'이라는 매체에서 오랫동안 활동했고, '탈-청년'이라는 화두를 꺼낸 이후에도 지속적으로 청년운동에 참여했다.

'탈-청년'을 주장했던 나는 과연 어떤 입장에 기댔던 것일까? 내가 주장한 '탈-청년' 전략조차 '청년세대'라는 범주를 만들어내는 데 기여하지는 않았는가? 혹은 청년활동가라는 정체성이 '청년세대' 담론을 연구하고 '탈-청년'을 주장하는 데 전혀 영향을 미치지 않았다고 이야기할 수 있을까?

세대주의적 '청년' 담론을 비판할 수는 있었지만, 실질적인 대안을 마련할 자신은 없었다. '탈-청년' 문화정치의 필요성을 절감했지만, 그렇다고 청년운동이 지닌 힘과 잠재력을 전부 부인하기란 어려웠다.[1] 그럼에도 이 문제를 떠나보내지 못한 채 붙들고 있던 몇 년간 쌓인 고민의 중간 결과를 공유하고자 한다. 나의 고민이 '청년세대' 담론과 정책, 운동의 그 다음을 모색하는 데 조금이라도 도움이 되기를 바라는 마음이다.

크게 두 가지 측면에서 '청년세대' 다시 쓰기를 제안하고 싶다. 첫 번째는 '청년세대' 개념 다시 쓰기로, 특정 연령 코호트나 출생 코호트를 지칭하는 것과는 다른 방식으로 '청년

세대'를 정의하자는 제안이다. 두 번째로, 운동의 차원에서
'청년세대'라는 기호를 어떤 방식으로 활용해야 할지 생각해
보려고 한다. 주로 '청년당사자'라는 표현의 불충분함에 대해
이야기할 것이다.

'청년', 어디에도
존재하지 않는 집단

세대 개념의 불투명성

'청년세대' 혹은 '청년'은 실재하는 대상일까? 이 단어를 통해 젊은 사람들의 모습을 상상하는 우리는 이 범주가 실체를 갖는다는 데 별다른 의심을 품지 않는다. 그러나 '청년'은 하나의 관념일 뿐이다. '청년'이라는 관념은 모든 20대들의 공통성을 귀납적으로 추출한 결과가 아니다. 오히려 이미 만들어진 '청년'에 관한 관념들이 개인에게 투사된다. '청년'과 '비청년'을 구분하는 기준 또한 임의적이다.

'청년'을 집단적 실체로 간주해 설명하는 모든 시도는 반드시 실패할 수밖에 없다. 집단의 평균값에서 이끌어낸 특성을 그대로 개인에게 적용하게 되면, 분석 단위의 오류가 발생하기 때문이다. 20대의 60퍼센트, 50대의 35퍼센트가 자신의 정치성향을 '진보'라고 응답했다고 가정해보자. 이는 무엇을 드러낼까. 1을 최대값, 0을 최소값으로 할 때 모든 20대가 0.6, 모든 50대가 0.35의 진보적 성향을 가지고 있음을 의

미할까? 혹은 20대 중 60퍼센트, 50대 중 35퍼센트에 해당하는 일부가 스스로 '진보' 성향을 지닌다고 판단한다는 뜻일까? 답은 분명 후자이다. 개인의 최소 단위는 한 명이기 때문이다. 그러나 통계 조사 결과만으로 전자가 성립할 수 있다고 보는 잘못된 해석이 종종 유통된다. 흔히 이를 생태학적 오류ecological fallacy라고 하는데, 이런저런 청년론에서도 이 오류가 나타난다.

이처럼 수많은 세대론이 집단적 실체로서 세대 개념을 상정한다. 요컨대 세대는 연령이나 출생 연도를 기준으로 구별되는 집단을 의미했다. 그러한 세대의 존재 여부를 확인해(혹은 당연히 존재한다고 전제해), 각 세대들의 성향 차를 밝히려고 하는 존재론적ontological 경향이 세대 개념을 활용한 연구에서도 주류를 이뤘다.[2] 신문 기사, 경영 및 마케팅 지향적인 세대 연구는 물론 비판적 세대 연구마저 이런 구분법을 종종 따랐다. 무엇보다도 '청년세대'가 바로 그 연구 대상이 되었다. 집단적 실체로서의 세대가 존재한다는 믿음 속에서 앞서 살펴본 수많은 '청년세대' 명칭들이 탄생한 것이다.

그러나 집단적 실체로서의 세대가 실재하는지 입증하는 일은 무척이나 까다롭다. 논리상의 여러 난점 탓이다. 학술적 세대 담론은 원칙적으로는 이러한 한계를 명확히 드러내는 방식으로 연구 결과의 무분별한 적용을 막고자 한다.[3] 하지만 이와 같은 '제한적 해석'의 원칙은 꽤 자주 무너진다. 특히 매체는 중요한 사항들을 탈락시킨 채 세대론을 유통한다. 20~39세, 40~59세, 60~79세로 연령 범주를 나눠 가치관에 관한 설문조사를 진행한다고 생각해보자. 이때 설문조사라는 도구, 개별 문항들의 특성, 연령 범주를 구획하는 방식, 집단 평균과 관련한 유의 사항(개인을 설명하는 데 섣불리 적용되어서는 안 된다는) 등 여러 문제가 있다. 그러나 이 사항들은 충분히 고려되지 않는다. 청년세대의 도덕 관념이 중장년층이나 노인세대에 비해 어떻다는 식의 결론을 도출해 성급히 진리로 제시하는 일이 부지기수다. 세대주의가 '과학적 절차'로 포장되어 무한 반복되는 것이다.

존재론적인 '세대' 개념의 불투명성이 세대(그리고 '청년') 연구에 시사하는 바는 무엇일까. 세대란 과학적으로 증명될 수 없으므로 이 개념을 사용하지 말아야 할까? 혹은 위험들을 감수하고서라도 계속 세대를 탐구해야 할까? 우선은 '청년세대'라는 집단적 실체는 존재하지 않지만, 그럼에도 이에 대한 추상적이고 관념적인 지식이 존재하며 이것이 모든 개인 행위자들의 일상에 침투해 있다는 사실로 되돌아가보자. 지금 우리에게 중요한 것은 집단적 실체로서의 세대가 실재하는지 여부가 아니라, 세대 개념이 일상화된 현실 자체다.

청년-하기: 세대 수행성을 말하다

이를 위해 생물학적 성별^{sex}과 일대일로 연결된 존재론적 젠더 개념을 비판했던 학자들의 논의를 참고할 필요가 있다. 존재론적인 위치에 고정되어 있던 세대 개념을 수행적인^{perfor-}^{mative} 위치로 확장하기 위해서다.

수행성^{performativity} 개념은 주디스 버틀러가 제시한 젠더 수행성 모델로 잘 알려져 있다. 버틀러는 섹스는 생물학적·자연적인 것이고 젠더는 문화적인 것이며 따라서 섹스가 젠더의 원인이 된다는 이해를 거부한다. 그는 "섹스는 언제나 이미 젠더"이며 오히려 섹스가 젠더, 즉 문화적인 것의 결과라고 주장한다.[4] 성기의 형태 등에 대한 의학 지식이 남성과 여성을 구별하는 객관적 근거로 여겨지지만, 그 지식 자체가 이미 사회적·문화적·역사적으로 구성되어 있다는 것이다. 버틀러 자신을 포함해 그의 견해를 공유하는 학자들은 남성과 여성을 구분하는 의학적 기준이 단일하지 않으며, 간성^{intersex}과 같이 남성 혹은 여성으로 성별을 판정하기 어려운 경우들이 다수 존재한다고 꼬집는다. 그러나 이러한 경우에조차 성별은 지극히 임의적인 기준에 의해 판별된다. 여기서 의학적 기준이란 보편타당한 진리가 아니라 문화적으로 강제된 성별 이분법이 구현되는 일종의 장치에 가깝다.

의학 기준이 작동하지 않는다면 젠더는 어떠한 방식으로

만들어질까? 이 질문에 대해 버틀러는 젠더는 생물학적 성별에 의해 본질주의적으로 결정되는 무엇이 아니라 "언제나 행위"일 뿐이라고 답한다.[5] 다시 말해 젠더는 행위들의 축적을 통해 "시간을 두고 서서히 구성되는 정체성이며, 행위의 양식화된 반복에 의해 구성"되는 것이다.[6] 우리에게 더 익숙한 개념으로 이를 다시 설명하면, 개인의 젠더를 삶에 지속적으로 주어지는 '사회화 과정'의 결과로도 이해할 수 있다. 사람들의 젠더 정체성이 흔히 '남성' 혹은 '여성'으로 양분되는 것처럼 보이는 까닭은 생물학적인 성이 실제로 두 개여서가 아니다. 성별이 남성 혹은 여성으로 양분되며 이것이 성기의 형태와 관련이 있다는 믿음이야말로 젠더 이분법을 만들어낸다. 사람들은 페니스를 가지고 태어난 아이를 남성으로, 그렇지 않은 아이를 여성으로 키워야 한다고 믿으며, 실제로 그렇게 키우려고 한다. 다시 말해 남성성과 여성성은 그들의 생물학적인 본질이 발현된 결과가 아니라 그들이 젠더적으로 주체화subjectivation된 결과이다.

버틀러는 행위 이전의 주체가 존재하지 않는다고 보지만, 사회적으로 주어진 이분법적 젠더 각본을 인지하는 개인들은 스스로의 젠더를 통제하기 위해 일종의 '정체성 관리 프로젝트'를 수행하기도 한다. 일상생활에서 스스로의 젠더 정체성을 통제하려고 하는 개인들의 미시적인 행위를 통해 이를 알 수 있다. "한 시점에 한 참여자가 다른 참여자들에게 어떤 식으로든 영향을 미치려고 하는 모든 행동"을 공연^{perfor-}^{mance}이라는 개념으로 포착한 어빙 고프먼의 연극학적 관점이 이런 해석에 이론적 영감을 제공한다.[7] 이를 바탕으로 '젠더-하기^{doing gender}'라는 그 유명한 개념이 등장하게 되는데, 이 개념은 젠더가 누군가에게 배당된 "성별 범주에 적합한 태도와 활동에 대한 규범적인 개념을 고려하여 위치지어진 행동을 관리하는 활동"임을 분명히 한다.[8]

젠더 수행성 논의를 세대 문제에 확장해 적용한 시도는 내가 아는 한 없다. 그러나 젠더 수행성 논의는 젠더를 넘어선 다른 사회 범주에도 종종 적용된다. 특히 인종과 관련해서는 '백인 하기^{doing whiteness}', '인종 수행하기^{performing race}', '인종 수행성^{race performativity}' 등의 개념이 버틀러의 젠더 수행성 논의와 큰 시차 없이 논의되었다.[9]

여기서 세대 수행성을 논하려는 이유도 크게 다르지 않다. 젠더(페미니즘) 정치학과 젠더 연구에 발휘된 사고의 전환이 세대 문제에서도 재연될 필요가 있다고 믿기 때문이다. 젠더가 어떤 본질을 갖지 않듯, 세대 역시 "하나의 귀속 작업"일 뿐이며,[10] 청년 혹은 청춘은 "단어에 불과"하다.[11] 지금 우리 사회에는 세대 정체성을 생물학적이고 본질적인 출생 연도 따위와 연관시키려는 담론이 팽배하다. 세대론은 사회적·역사적 현상을 계속해서 '자연화'하는 방식으로 전개되고 있다. 시대적인 문제가 세대적인 문제로 치환되는 것은 바로 이 때문이다.

　세대 수행성 개념을 통해 우리는 세대 혹은 세대 정체성이 주체화와 구성의 과정을 통해 주조된다는 것을 명확히 할 수 있다. 또 다른 이점도 있다. 버틀러는 젠더 수행성을 탐구하며 강력한 이성애주의가 젠더 이분법을 재생산해왔다고 지적했다. 또한 그는 보편적인 '여성'이라는 고정적이고 단일한 범주를 의문시하며 젠더 정치학에 다른 전망을 제공한다. 마찬가지로 세대 개념을 수행성의 관점에서 살펴보면, 개인의 세대 정체성, 그중에서도 '청년세대'를 둘러싼 수많은 담론들을 가능케 하는 권력 관계가 무엇인지 탐구할 수 있다. 이처럼 세대 개념을 다르게 이해하게 되면, 오늘날 다양한 차원(세대의 정치적 동원, 세대 간 불평등을 문제 삼는 대중운동, 청년운동 등)에서 진행되는 세대 정치를 비판적으로 성찰할 수 있을 것이다.

　우선 젠더 수행성을 참고해 도식적으로나마 세대 수행성을 정의해보자. '젠더-하기' 개념을 고안한 사회학자 캔더스 웨스트와 돈 짐머만은 젠더의 수행이 문화적(제도적) 차원의 성별 범주와 관계하며 구성된다고 설명한다. 성별 범주는 (생물학적 기준에 관한) 사회적 합의에 의해 결정되는 섹스와 어긋나면서도 상당한 관련성을 갖는다고 지적한다.[12] 여기에 빗대 우리는 세대 정체성(세대성)의 수행을 문화적 차원의 세대 범주generation category와의 관계 속에서 구성되는 것으로 그려볼 수 있다. 이때 세대 범주는 출생 시점이나 연령 등을 바탕으로 구성되는 시간성temporality을 기준으로 만들어진다. 이를 도식화해보면 다음과 같다.

세대 현상을 수행성의 관점에서 바라보려면 결국 세대를 구성하는 시간성을 전혀 다르게 맥락화해야 한다. 요컨대 세대에 대한 많은 설명들이 전제하는 인과의 순서를 뒤집어볼 필요가 있다. 시간성의 자연적 구조는 실제 세대들을 형성하는 원인이 아니다. 오히려 특정한 시간성과 연관된 세대 관념, 나아가 그것과 연동된 제도들이야말로 시간성의 '사회적' 구조를 만든다. 재학이나 병역 등 연령 기준과 연관된 다양한 법과 제도, 1년 단위로 편성된 달력과 연령 체계, 늙음-젊음과 관련된 사회적 관념 등이 모두 그 구조를 이룬다.

결과적으로 세대 수행성은 "다른 세대들과 구분되는 의식, 태도, 가치를 공유하는 연령 집단들은 언제나 존재하고 있다"[13]는 명제로 모든 것을 설명할 수 있다는 당위를 의심하며, 그런 '인식'이 항상 우리를 지배한다는 점을 드러낸다. 세대성이라는 것은 사회적으로 정당화된 세대 범주를 통해 구성된다는 것, 그것이 바로 세대 수행성의 핵심이다.

따라서 세대 현상을 다룰 때 우리는 세대와 세대성이라는 문화적 해석의 형식에 부여된 역사적인 의미에 주목해야 한다. 즉 세대성과 관련한 사회 규범 및 그 영향권에 있는 개인/집단 간의 상호작용을 관찰함으로써 세대 현상을 더 풍부하게 이해할 수 있다. 예컨대 '청년성'이라는 세대 규범에 순응/저항하는 실천 또는 이를 관리하려고 하는 역동적인 실천들이 그렇다. 청년성이란 여러 의미들이 경합하는 상태로, 청년-하기에는 상호 이질적이고 모순적인 수행들이 모두 포함된다. 이를테면 생애주기상의 과업, 즉 학업이나 (적당한) 연애, 자아-찾기 등에 적극적인 태도는 물론 그런 규칙에 저항하는 태도 역시 하나의 '청년성'인 것처럼 말이다.

'청년', 끊임없이 변화하는 관념

세대 수행성 혹은 '청년-하기'는 '청년'이라는 개념을 반본질주의anti-essentialism적인 방식으로 다시 사고하게 한다. '청년'을 연령을 기준으로 한 단일 정체성으로 가정하지 않는 '청년' 담론의 가능성은 물론 억압적인 '청년' 담론에 맞서 어떻게 저항할 수 있는지 통찰을 제공해준다.

버틀러의 수행성 모델에 따르면, 저항과 전복의 가능성은 젠더가 행위를 통해 구성되는 것이라는 사실 자체에서 비롯된다. 여성 혹은 남성이라는 본질, 즉 '원본'이 존재하지 않기 때문이다. 행위를 통해 구성되는 개인의 젠더는 이상적으로 여겨지는 규범적 '젠더 정체성'과 일치하지 않는 '원본 없는 패러디'가 된다. 규범의 반복 수행을 통해 구성되는 젠더 정체성 자체가 "규범을 가능하게 하는 조건"이다. 동시에 "그것이 새로운 의미로 열릴 미시적 가능성", 즉 행위주체성agency을 가능케 한다.[14] 그러나 버틀러는 젠더를 수행적인 것으로 보는 자신의 주장을 일종의 '옷 입기'와 분명히 구별한다. 즉 젠더는 오늘은 남성이 되었다가 내일은 여성이 되는 식의 온전히 자율적인 주체의 행위를 의미하지 않는다.[15]

버틀러의 저항론이 취하는 반본질주의적 입장[16]과 미래의 미결정성에 대한 관점이 청년운동에 시사하는 바는 매우 크다. '여성'이 하나의 본질이 아니라 끊임없이 변화하는 역사적 관념으로만 존재할 수 있듯, '청년' 역시 그러하다. 청년운동의 정당성을 보증해주는 본질로서의 '청년'이 부재하기에 우리는 지금과는 전혀 다른 '청년'을 상상할 수 있다. 버틀러는 '보편성'이나 '주체' 같은 용어들은 물론 최근 문제가 되고 있는 '혐오 발언' 역시 반본질적으로 사용될 수 있다는, 즉 하나의 용례로 고정되지 않는 정치적인 투쟁 대상이 될 수 있다는 입장을 취한다.[17] 이는 꽤나 지난한 과정이지만, 새로운 미래를 그려볼 용기를 우리에게 줄 수 있다. 이 용기를 가지고 '청년세대' 담론을 다시 써보고자 한다. 그전에 우선 당사자성이라는 테마부터 검토해보자.

청년은 청년이 잘 안다?: 청년당사자운동의 명암

청년이 보는 '청년세대' 담론

"저희 세대는 형제가 많아요. 방이 없어서 심지어는 여자 형제랑도 같은 방을 쓰거나, 부모님과 같은 방을 쓰는 집도 많았거든요. 그 안에서 싸우고 신경질 내고, 그렇지만 거기서 공동생활을 배우고, 협동을 배웁니다. **요즘은 어릴 때부터 자기 방을 쓴 애들이니까 협동심이 부족한 것은 너무 당연한 거죠.** 한 집에 살지만, 내 아이하고 나는 다른 나라 사람이에요. **걔는 국민소득 1만 5,000달러에 태어난 사람이고, 나는 80달러에 태어난 사람인데**, 어떻게 같은 사고를 할 수 있냐구요." (강조는 필자)[18]

《아프니까 청춘이다》로 청년들의 '멘토'이자 '원망의 대상'이 된 서울대 김난도 교수는 위의 인터뷰에서 세대 간의 가치관 차이에 대해 언급했다. 이런 비교는 지나치게 단순하고, 억지스럽게 느껴진다. 그는 인터뷰에서 분명한 사실이 아닌 주관적인 해석을 늘어놓는다. '젊은 친구들은 협동심이 부족하고 기성세대는 협동을 배웠다'는 가설은 세대 내의 차이—협동심을 지닌 젊은이, 협동심이 없는 노년층—에 관한 논의를 배제할 때만 성립될 수 있다. 세대 차이 가설을 지지하는 근거로는 고작 비교 대상인 두 세대가 다른 시대에 살았거나 성장했다는 사실만이 언급된다. 두 세대가 갖는 경험의 차이를 절대화하는 것이다. 이뿐만 아니라 청년세대의 특성을 기성세대에게서 변별해내려는 대부분의 논의가 부실하고 허술한 근거에 기초한다. 그 '근거 없음'에도 불구하고 다수의 논의들이 대중 독자들에게 별다른 문제없이 수용되고 있다. 그런 담론들이 광범위한 '청년'이나 '세대 차이'에 대한 편견에 부합하고 있다는 것이 여지없이 드러나는 대목이다.[19]

그 허술한 담론들은 청년당사자들에게도 영향을 끼친다. 청년당사자 역시 그런 '청년세대' 담론을 참조할 수밖에 없기 때문이다. 2014년, 20대, 30대 청년당사자들이 '청년세대' 담론을 어떻게 바라보는지 알아보기 위해 인터뷰를 진행한 적이 있다. 인터뷰 참여를 신청한 100여 명의 청년들 중 다양한 연령, 출신 지역, 학력, 정치 성향과 생활 수준(자기 평가로 측정)을 가진 이들 14명을 선정해 인터뷰를 진행했다. 청년 을 주제로 다룬 몇몇 신문 기사를 보여준 뒤 인터뷰이들의 의견을 들었다.

요새 세대 갈등이 굉장히 심하죠. 그런데 이건 되게 당연한 것 같아요. 이런 결과가 나온 게 **20~30대가 아무리 보수가 많아졌다고는 해도 진보적인 생각을 가진 사람이 대부분이고, 50~60대는 안정을 추구하니까 자기들 기득권을 위해 보수당에 투표하는 게 당연한 거니까요.** 젊은 애들 층에서는 내가 그걸 갈아엎고 우리가 새롭게 우리의 세상을 만들고 싶다는 거창한 느낌이 있는 것 같아요. 그래서 양극화가 당연히 일어나는 일이긴 한데 좋은 현상은 아닌 것 같아요. (강조는 필자)

—인터뷰이 A

대부분의 인터뷰이들이 '청년세대' 담론을 어느 정도 그대로 받아들이고 있었다. 이들은 대선에서 2030세대와 5060세대의 투표 성향이 갈렸다는 정보를 게재한 기사[20]를 읽을 때 박근혜 후보에게 투표한 2030세대가 많고(30퍼센트 이상), 문재인 후보에게 투표한 5060세대 또한 많다는(30퍼센트 이상) 사실에 주목하지 않았다. 현실 정치에 대한 세대주의적 해석틀이 '청년은 진보, 중장년은 보수'라는 식의 관념을 상당 부분 고착시켰음을 유추할 수 있는 대목이다. 보수적인 정치 성향을 지닌 청년들은 줄곧 '예외적'인 청년으로 언급된다. 진보적인 정치 성향을 가진 기성세대 역시 '어른인데도 깨어 있는 사람'이라는 식으로 평가된다.

청년이 100퍼센트라 치면 연금을 안 내는 청년들이 더 많기 때문에 청년들에게 부담을 주는 것이 아니라 지금의 40대에게, 지금의 아버지들 있잖아요. 30~40대 초반의. 그분들한테 짐 얹혀주는 거지 전혀 20대 30대 해당이 없어요. 왜냐하면 사회에서 중심적 세금을 내는 세대 층은 그 층이잖아요, 40대. 이 기사는 이해가 가지만 이건 전혀…… **제대로 직장 다니는 청년이 얼마나 되겠어요 지금.** (강조는 필자)

—인터뷰이 B

다수의 '청년세대' 담론이 일관성을 결여한다는 것, 세대 문제가 아닌 것들을 세대적으로 환원한다는 것을 지적한 이들도 있었다. B는 연금 제도의 변화가 세대 간 경제적 분배에 미칠 영향에 대해 다룬 기사[21]를 읽고, 세대론적 해석에서 벗어난 견해를 표출했다. 지금의 연금 체계에서 청년들은 손해를 볼 수밖에 없고, 장년층은 이익을 본다는 식의 기사를 읽은 B는 연금이 '제대로 된 직장'을 다니면서 연금을 꼬박꼬박 낼 수 있는 청년에게나 해당되는 사안이라고 지적했다. 연금 문제에 관한 세대주의적 해석이 계급 문제를 누락하고 있다는 사실을 정확하게 짚어낸 것이다. 대학을 다니지 않은 B는 인터뷰 당시 실업 상태였는데, 그는 기사가 이야기하는 '청년세대'에 자신은 해당되지 않는다는 느낌을 받았다고 이야기했다.

이외에도 많은 청년이 '청년세대' 담론을 다루는 기사에 문제를 제기하거나, 세대 간 갈등을 당연한 것으로 서술하는 주장 바깥에서 '세대 갈등'을 피할 다른 방안이 있는지 모색하려고 했다. 똑같이 청년세대를 다루는 복수의 기사들이 완전히 상이한 이야기를 하고 있는 것에 의아함을 표하는 경우도 있었다. 예컨대 청년들이 모든 것을 포기하고 있다는 '3포세대' 담론과 청년들이 세계를 개척하고 있다는 'P세대'나 'G세대' 담론이 정말 같은 청년들을 지시하는지는 누가 봐도 의심스럽다.

> **제일 큰 문제는 20, 30대가 자기가 앞으로 살 공간인데 자기가 살 나란데 투표율이 그래도 아직도 낮고 한 90퍼센트쯤 돼야지 새누리당이나 그런 곳에서 겁을 먹고 좋게 하려고 바꿀 텐데 나는 투표할 생각 없다고 투표할 시간에 놀러가겠다고……** 그건 미친놈이죠. 자기가 앞으로 살 나라이고 자기가 최소한 몇 십 년 이상을 살아야 할 나라인데 제일 기본적인 권리를 버리는 거나 다름이 없달까. (강조는 필자)
> ─인터뷰이 C

인터넷에서는 활발하지만 실제로 행동하는 것은 없는 특성이 있다. 예를 들면, **선거 전 인터넷에서는 모두들 정치에 관심이 많으며 투표하지 않는 사람을 쓰레기라고 우리가 세상을 바꿔야 한**

다고 떠들어대지만 실제 투표율을 보면 20대가 가장 낮다. 그들은 말로는 못할 것이 없는 것처럼 말하고 매일 사회를 비판하지만 그들이 비판하려는 사회를 바꾸려는 행동은 하지 않는다." (강조는 필자)

—인터뷰이 D

'청년세대' 담론을 해독하는 가장 흥미로운 방식은 '유체이탈' 혹은 '구별짓기' 화법이었다. 인터뷰이 C와 D는 정치에 관심을 두지 않는 청년들을 비판했다. 이러한 비판은 정확히 '탈정치화된 청년세대'라는 청년상에 부합한다. C와 D는 연령상 청년에 해당하지만, 스스로가 자신이 비판하는 '청년세대'와는 다르다고 보면서 청년을 비판한다. 두 사람에게 '탈정치화된 청년세대' 담론은 거짓(나와 내 주변 사람들은 '청년세대' 담론의 지적과 다르게 정치에 관심이 많다)이지만, 청년 세대 일반을 기준으로 하면 진실이 된다(청년들은 정치에 관심이 없다).

청년운동의 의미 변화: 사회의 주역에서 이해 당사자로

앞서 살펴본 청년들의 '유체이탈'이나 '구별짓기' 화법은 다음과 같은 진실을 드러낸다. 개개인의 청년들이 '청년세대'

담론을 통해서 공통의 세대의식을 지닌 정치적 세대로 탄생한다거나, 좀 더 분명한 세대 정체성을 갖게 되는 것은 아니라는 것이다. 오히려 이들은 스스로를 '청년세대'와 분명히 구별하고자 한다.

청년들의 '청년세대' 담론 비판은 주로 개인 차원에서 반례를 드는 방식으로 이루어진다. 이를테면 자신은 급여로 88만 원 이상을 받기 때문에 '88만원세대'가 아니고, 연애나 결혼을 포기하지 않았으므로 '3포세대'가 아니고, 꼬박꼬박 투표하기 때문에 탈정치화된 세대에 해당되지 않는다고 주장하는 식이다. 이렇게 주장하기는 상대적으로 용이하다. 그러나 제아무리 청년당사자라고 하더라도 청년층의 일반적인 성향을 파악하기란 쉽지 않다. 바로 그 청년 일반을 상상하는 데 자원을 마련해주는 것이 기존의 '청년세대' 담론이다.

그러나 대부분의 '청년세대' 담론들은 청년들의 부정적 속성을 자극적으로 강조하는 데 그치기 때문에, 청년 개인의 입장에서 '청년세대'라는 정체성은 전혀 매력적이지 않은 선택지가 된다. 이것이 바로 '청년세대' 담론을 바탕으로 공통의 집단의식을 형성하기 어려운 이유, 청년들이 이른바 '유체이탈'하는 방식으로 청년에 대해 말하게 되는 이유다. 따라서 '청년세대' 담론은 집합체로서 청년세대를 형성하는 (실제) 세대화 효과보다는, 지식으로서 '청년세대'를 구축하는 세대 (담론)화 효과를 발휘하게 된다. 스스로는 '청년'이 아니라고 생각하고 말하면서도 '청년'의 특수성이 분명히 존재한다고 믿는 청년들의 발화가 이를 뒷받침한다.

이 사례를 통해 우리는 사회 집단 및 정체성의 문제가 결코 단순하지 않다는 것을 재차 확인하게 된다. 왜 청년당사자는 청년세대라는 집단적 정체성을 받아들이지 않는가? 왜 그들은 역으로 청년을 타자화하는 기획에 가담하게 되는가? 이러한 질문은 '왜 가난한 사람들이 부자들을 위한 정책을 펴는 정당에 투표하는가?' 내지는 '왜 어떤 여성들은 페미니스트에게 거부감을 갖는가?' 같은 오랜 질문들과 상통한다. 이해관계 당사자들이 반드시 당사자성을 체현하고 있거나, 해당 운동이나 사회 담론을 지지하지는 않는다는 것이다. 이는 근본적으로 집단의 경계를 설정하는 일, 그리고 그 경계를 바탕으로 당사자와 비당사자를 판별하는 일의 임의성을 폭로한다.[22]

이는 '청년 문제'를 해결해보겠다거나 청년이 동등한 시민의 일원으로 인정받을 수 있도록 사회를 바꿔보겠다며 분투하는 청년당사자운동을 곤란하게 만든다. 이 운동이 스스로의 정당성을 확보하기 위한 전략으로 '청년 문제는 청년이 잘 안다' 내지는 '청년정책에는 청년들의 목소리가 반영되어야 한다'는 '당사자 논리'를 강조하기 때문이다. '청년당사자'를 강조하는 이 전략은 어떤 면에서 시민사회에서 무언가를 해보려고 하는 청년들에게 강요되는 것이기도 하다.

'청년당사자운동'[23]이라는 기표가 전면화되기 시작한 것은 대략 2000년대 후반과 2010년대 초반의 일이다. 1990년대 초반부터 지속된 학생운동은 당시 만성적인 위기를 겪고 있었고, 학생운동의 배경인 대학 역시 탈정치화되고 있었다.[24] 학생운동은 지금도 잔존하지만 사회 참여에 비교적 적극적인 학내 구성원들의 일반적인 지지마저 제대로 얻지 못하고 있다. 심지어 '청년활동가'를 자처하는 개인들도 "이전 세대 운동권들의 집회 문화에 대한 정서적, 미학적 반감"을 갖는 경향이 있다.[25] 이는 사회운동에 관심을 가진 20대/대학생 청년들에게 문화적인 기회 구조로 작용했다. '청년세대' 담론이 그들에게 새로운 운동의 가능성을 제시한 것이다.

1997년 IMF 금융 위기로 급증한 청년실업률이 사회문제로 다뤄지면서 청년은 국가가 나서 해결해야 할 문제적인 인구 집단으로 인식됐다. 이 영향 속에서 청년은 경제적으로 불운한 세대 혹은 소비주의적 세대로 재현되었다.[26] 경제적 소외계층 혹은 이해관계를 공유하는 계급으로서 '청년'의 출현은 청년당사자운동을 촉발했다. 학생운동에 참여하던 대학생을 비롯해 사회문제에 관심을 가지고 있던 청년들은 '청년'이라는 집단적 정체성을 통해 스스로를 자리매김했고, 나아가 이를 또래들의 사회적 요구와 결합할 수 있게 되었다. '청년 문제' 해결을 위한 운동이 사회적 공감대를 상실한 학생운동과 비교해 더 많은 지지를 얻을 수 있는 운동의 방식이기도 했다. 2010년을 전후해 대학가 안팎에서 등장한 청년 조직이 대표적이다. 이들은 청년실업, 등록금, 주거 등 자신이 당면한 문제의 구조적 해결책을 모색하고자 했다. 스스로 청년'당사자'이자 활동가임을 자처한 것이다.

즉 청년운동은 당사자가 자신의 문제를 해결하기 위해 벌이는 운동으로 이해됐다. 자신의 이해관계가 아닌 "전체 민중과 노동자계급의 정치적, 경제적 이해를 대변하고 투쟁의 선봉에 서는" 과거의 (청년)학생운동[27]과는 다른 새로운 청년운동의 형태, 즉 '경제적 소외계층'이 된 '청년'의 이미지를 바탕으로 "불안정노동과 실업에 맞서" 스스로의 문제를 해결하는 청년들의 사회운동[28]으로 여겨져온 것이다.

그러나 청년당사자운동 역시 과거의 학생운동과 마찬가지로 '소수의 청년'이 제도 안팎에서 분투하는 식으로 운동을 이끌어나가고 있다. 이는 청년당사자운동 주체들의 (사회, 청년에 대한) 계몽 의지를 보여준다. 하지만 이들이 그 기획을 정당화하기 위해 자신들의 당시자성 내지는 소수자성을 '청년'이라는 기표와 어느 정도 동일시해야 하는 것도 사실이다.

'청년당사자'라는 함정

앞서 언급했듯, 경제적 약자로서 '청년'을 표상한 담론의 출현은 사회 참여 내지는 운동에 관심을 가진 젊은 연령대들에게 분명 하나의 '기회'였다. 그러나 활동가들이 스스로를 '청년당사자'로 규정하고 '청년당사자'의 존재 자체를 운동의 근거로 삼으면서 청년운동은 정당성을 위협받기 시작했다.

청년운동은 막상 '청년당사자'에게까지 확산되지 못했다. 이는 젊은 층이 자신의 정치적 기대를 '청년세대'라는 정체성과 문제틀에 걸 만한 필연적인 이유가 없다는 사실과 관련된다. 예컨대 2016년의 탄핵 촛불시위나 페미니즘 관련 대중운동에 열성적인 지지를 표하면서도 청년당사자운동이 주장하는 의제들—최저임금, 청년층 주거 지원, 청년에 대한 사회안전망 등—에는 별다른 관심을 보이지 않는 청년들이 많았다. 이는 '청년당사자'의 요구라는 사실 자체로 정당성을 확보하는 청년운동에 상당한 위협이 된다. 정책 결정자들이나 정치인들, 담론 생산자들, 나아가 같은 청년들 사이에서까지 '청년들은 판을 깔아줘도 제대로 주장하거나 요구하지 못한다'는 식의 비아냥이 반복되는 것이다.

'청년 문제는 청년이 잘 안다'는 주장을 정당화하는 것 또한 어렵다. 적극적인 청년활동가들은 '청년 문제'를 기존과 다른 방향으로 정의하고자 노력한다. 이를테면 지금의 '청년 문제'는 일자리가 부족하거나 그들이 '좋은 일자리'에만 매달리기 때문이라고 보는 진단, 저출생 고령화나 청년들의 '포기'를 문제 삼으며 결혼과 출산을 위한 지원을 제시하는 것,

인재 유출로 인한 '지방 소멸'의 위기를 운운하며 청년들을 지역에 잡아두는 정책을 주장하는 것 등을 청년당사자운동 활동가들은 거부한다.[29] 청년활동가들은 청년정책이 취업 정책을 넘어 청년들의 삶 전반을 종합적으로 다뤄야 하며, 사회가 요구하는 '정상적인' 생애 과업들을 실행하도록 유도하는 정책이 아닌 청년 각자의 욕구를 묻는 데서 출발하는 정책이 되어야 한다고 주장한다.

그러나 '청년 문제'에 대한 여러 다른 정의들이 경쟁하는 상황에서, 지배적인 지식 체계에 도전하는 청년당사자운동이 새로운 지식의 정당성을 주장하고자 '당사자성' 전략을 쓰는 것은 상당히 불충분하다. 당사자의 주장이 반드시 비당사자에 비해 우월한 지위를 점한다고 보기는 어렵기 때문이다. 당사자의 주장은 비당사자의 그것과 마찬가지로 하나의 관점 그 이상도 그 이하도 아니다.[30] 청년들이 청년활동가들과 의견을 같이한다는 보장도 없다. 오히려 현실에는 청년에 관한 기존의 지배적 지식을 수용하는 청년들(청년활동가들과는 다른 생각을 가진 청년들)이 더 많다. 그렇기에 '청년 문제'에 대한 활동가들의 특정한 주장을 바탕으로 청년들 전체의 사회적 합의를 이끌어내기란 쉽지 않다.

또한 청년당사자운동에서 당사자성을 설정하는 순간, 청년들의 주체성은 '청소년화된 청년', 미성숙한 '어린애들'로 치환된다. 2017년 말 전국의 청년활동가와 이낙연 국무총리가 만난 한 정부 행사 '청년정책 민관 거버넌스의 시작! 문재인 정부가 묻고, 청년이 답하다'라는 행사가 딱 그랬다. 이 총리는 각 지역에서 오랫동안 청년운동/청년활동을 해온 활동가들을 앞에 두고 마치 성난 아이들을 달래는 듯 (정부가 생각하는) '청년 문제'의 원인과 해결책을 일방적으로 설명했다. "여러분께서 그냥 혼자 뒷방에 앉아서 고민하고, 세상 알지도 못하면서 한탄하고, 비난하고 이런 것보다는 다 모든 걸 드러내놓고 함께 토론하다보면 해결책도 나올 것이고, 또는 여러분이 미처 아시지 못했던 것도 아시게 될 거고."[31]

당사자로서 이야기하는 청년은 사적인 요구를 공적인 자리에 끌어오는 미숙한 자로, 관료나 기성세대는 그 사적인 요구들을 메타적인 위치에서 공적으로 처리할 수 있는 능력을 가진 자로 상정하는 이 구도는 지겹도록 반복된다. 청년 문제와 관련한 공적 행사들의 일반적인 패널 구성 방식만 해도 그렇다. 청년들로만 패널을 구성하는 것은 불충분하다고 여겨지며, 항상 당사자가 아닌 사람이 '전문가'의 지위를 달고 따라붙는다. 대부분 기성세대인 그 '전문가'가 정말로 해당 문제에 대한 전문성을 가지고 있는지 의문스러울 때가 한두 번이 아니다.

마지막으로 '청년당사자' 운동은 '청년세대'라는 정체성을 부정적으로 재생산하는 데 기여한다. 특히 세대 갈등을 유발하는 세대 이기주의적 발상이라는 지적에서 자유로울 수 없다. 청년당사자운동은 일반적으로 '청년'이라는 정체성을 기준으로 다양한 정책 영역을 종합하고자 한다. 청년들을 위한 예산을 편성해야 한다는 이 요구는 큰 틀에서 복지에 대한 요구인 셈이다. 그러나 복지는 특정 대상에게 물질적인 지원과 재분배를 제공받는 (수혜자에 대한) 공적인 적대감과 무시, 모욕을 생산한다.[32] 즉 청년정책이 복지정책으로 귀결될 때 청년은 계속해서 자기 피해를 증언함으로써 복지를 요구하는 사회적 약자로 환원된다.

청년들의 사회운동이 '청년당사자'의 요구로 한정되면, 청년은 '자립하지 못하는 존재'로 낙인찍히게 된다. 나아가 이는 세대 간 예산 분배 논쟁을 불러일으킬 수 있다. 청년당사자운동이 자칫하면 세대 이기주의의 혐의를 쓸 수 있는 것이다. 청년수당이나 청년주택과 관련한 '소모적' 논쟁―'왜 청년을 우대하는가?' '청년들은 왜 노력하지 않고 국가의 도움에만 의존하는가?'―은 '청년들 스스로가 청년정책을 요구하는' 지금의 방식이 바뀌지 않는 한 언제든 반복될 수 있다.

그렇다면 청년당사자운동의 한계를 어떻게 극복할 수 있을까? 크게 두 가지 대안을 생각해볼 수 있다. 하나는 사회가 청년에게 할당하는 역할을 청년들 스스로 위반하는 것이다. 이는 더 많은 정치적 실천을 자임함으로써 가능하다. '청년'이 사회적으로 동등한 권리와 역량을 가진 시민임을 적극적으로 주장하는 것이다. 다른 하나는 세대주의의 다른 가능성,

즉 포용과 포함의 정치학을 마련하는 잠재력에 주목하는 것
이다. 이 다른 가능성을 통해 '청년세대'를 새롭게 써나갈 수
있을 것이다.

'청년' 명함:
기회인가 위기인가?

확대되는 기회 구조

청년활동가 대부분은 '청년 문제'를 인식하며 활동을 시작한다. 자취를 하면서 '세상에 이렇게 집이 많은데 왜 내가 살 집은 없는지'를 문제 삼게 되고 그것을 해결하기 위해 관련 활동/운동에 가담하는 식이다. 이는 꽤나 자연스러운 과정으로 보이지만 전혀 그렇지 않다. 세대화된 담론의 영향력이 가감 없이 드러나는 부분이다. '왜 내가 살 집은 없는지'에 대한 고민을 주거 문제가 아닌 '청년 문제'로 인식하는 접근법은 매우 최근에 생겨난 지식이다. 다양한 사회문제를 '청년 문제'의 범주로 이해하는 담론이 존재하지 않았다면, 주거 문제, 노동 문제, 빈곤 문제 등에 대한 인식이 청년운동으로 이어지지는 않았을 것이다.

세대화된 사회 담론은 청년층이 마주하는 여러 기회 구조의 객관적인 상황 또한 바꿔놓았다. 다시 말해 기회 구조가 청년층을 청년활동의 영역으로 끌어들이고 있다. 구체적인 사례를 들어 이야기해보자. 지역에서 시의회 의원으로 활동하고 있는 한 정치인은 '청년 비례대표' 자격으로 공천을 받아 정치에 입문했다. 처음부터 '청년 문제'에 큰 관심을 가진 정치인은 아니었으나 의회 입문 후 스스로를 청년활동가로 정체화하면서 다양한 활동을 시작했다. 노동시장에서도 '청년'이라는 정체성과 밀접하게 연관된 기회 구조들이 형성되고 있다. 기성 시민사회단체와 연동된 '청년' 활동 (보수를 받는), 청년실업 해결책이자 시민사회 지원 정책으로 마련된 청년활동가 양성 사업 등도 활발히 진행 중이다. 서울시는 서울시청년활동지원센터를 통해 '사회혁신청년활동가'를, 서울시마을공동체종합지원센터를 통해서는 '지역혁신청년활동가'를 양성하는 뉴딜일자리사업을 진행한다.

 '청년' 범주의 사회적 의의가 확장되면서 '청년'이 호명되는 일은 점점 더 잦아졌다. 특히 정책 거버넌스(행정)의 영역에서는 청년당사자를 통해 청년정책을 개발하려는 시도들이 활기를 띤다. 좁은 의미에서 거버넌스는 "공공 문제를 해결하는 정책 과정에 민간의 주체들이 참여하고 권한을 나눠 가짐으로써 국가 주도나 시장 중심을 넘어서는 대안적인 공공성을 확보하는 시스템"[33]으로, '협치'라는 단어로 대체되기도 한다. 청년정책 거버넌스의 청년활동가들은 참여 기구 내에 다양한 청년들을 조직해 의견을 청취하고, 정책을 제안·심의·실행하는 등 정책 과정 전반에서 활동한다.[34]

이는 기회를 얻은 청년 개인뿐 아니라 청년당사자운동 전체에도 여러 기회를 제공했다. 그런 기회들은 청년운동의 자원난을 어느 정도 해결해주었다. 우선 청년정책 거버넌스를 통해 경제 및 상징자본이 지방정부에서 청년 조직으로 일정 부분 이전되는 효과가 발생했다. 지방정부 재원으로 운영되는 청년정책 심의기구 및 청년 참여기구는 청년활동가들에게 '청년정책위원' '청년정책네트워크 운영위원장' '분과장' 등 '명함'을 발급했다. 청년활동가들과 청년 조직에 '경력'이 쌓이면서, 청년당사자운동은 청년 문제와 관련한 각종 정책 논의에서 더 강한 발언력을 갖게 되었다. 적게나마 활동에 대한 경제적인 보상을 지급받는 경우도 있다.

또한 청년거버넌스 제도는 청년당사자운동의 잠재적 수혜자들을 운동의 지지자, 나아가 구성원으로 조직했다. 단순히 '또래와 대화를 나누고 싶다' 혹은 '무언가를 해보고 싶다' 정도의 마음으로 참여 기구 활동을 시작했던 몇몇 청년들은 이후 지방정부에서 주관하는 청년활동, 민간 청년 조직들이 주도하는 다양한 활동에도 참여하면서 종종 '청년활동가'로 거듭난다. '저위험 사회운동low-risk social movements'에 참여한 경험이 '고위험 사회운동high-risk social movements'에 참여하는 데 긍정적인 영향을 준다는 사회운동론의 분석처럼,[35] 청년정책 거버넌스가 일종의 '저위험 사회운동' 경험으로 작용하는 것이다.

활동가들은 지방정부 재원으로 운영되는 거버넌스 활동

에 참여한 다양한 청년들에게 다른 활동이나 청년 조직 가입을 권유하는데, 이는 운동의 구성원을 늘리는 가장 현실적인 방법이다. 정부의 동원력은 개별 청년 조직에 비해 훨씬 뛰어나기 때문에 청년정책 거버넌스는 운동의 잠재적 수혜자들을 늘리는 중요한 통로가 된다. 참여기구에 지원하는 청년들 대부분이 '공적인 것'에 관심이 있기 때문에 '정치적 주체화' 작용을 기대해볼 수 있다.

청년거버넌스 제도는 청년당사자운동이 광범위하게 확산되는 과정과도 맥을 같이한다. 청년들의 관심사는 문화 기획, 예술 창작, 사회적 경제, 주거, 노동, 창업, 환경, 성평등, 장애, 사회복지, 마을 만들기, 도시 재생 등 매우 다양하다. 시민사회의 여러 영역에서 활동하는 젊은 주체들은 청년 거버넌스가 제도화되는 과정에서 하나의 집단으로 형성되었다. 정부로부터 '청년'으로 호명되거나 '청년' 문제를 통해 스스로를 재인식하면서 청년당사자운동 전반을 지지하게 되는 것이다.

그러나 그 기회 구조가 '위기' 또한 초래했다는 점을 기억할 필요가 있다. 제도를 통한 호명이 청년들의 자율성을 저해하고 청년들을 제도에 순응하는 유순한 주체로 전락시키는 장치에 지나지 않는다는 비판들—주로 미셸 푸코의 통치성 개념을 참조하는 비판들—이 대표적이다.[36] 한국 사회에서 청년이 호명되는 구조를 분석한 경험적 연구들도 등장하고 있다.[37] 이 연구들은 주로 청년들의 실천이 청년들을 제도에 종속시키는 결과를 가져올지 혹은 그것을 넘어서는 잠재력을 발휘할지 단정하지 않고 '열린 결말'을 맺는 경향이 있다. 근본적으로 이는 젊은 개인 혹은 활동가들이 '청년'이라는 정체성을 통해 제도 내로 진입하는 과정 자체의 양가성 때문일 것이다.

'청년 문제' 해결을 뛰어넘는 주체 되기

이 '열린 결말'을 어떻게 '해피엔딩'으로 다시 쓸 수 있을까? 이제 청년들은 자신에게 주어진 역할을 위반하는 방식으로 '청년(세대)'에 관한 지식 체계를 재구성해야 한다.

오늘날 청년들은 사회를 이끌어가는 계몽의 주체가 아니라, 스스로의 이해관계에서 비롯되는 어려움을 증언하는 당사자로 소환된다. 당사자성을 통해 발언권을 확보하는 전략은 역설적으로 청년이 전략적 세대로서 사회 전반에 대해 발언할 권리를 축소한다.[38]

그러나 청년들의 관심사는 청년 이슈에 국한되지 않는다. 다양한 청년들을 이야기해보면 이는 훨씬 더 명확하게 드러난다. 이를테면 서울청년정책네트워크 청년들은 청년을 위한 복지를 요구하기도 하지만, 주로 성평등, 장애인권, 미세

먼지, 자전거 등을 비롯해 사회 전반의 개선을 요구한다. '청년당사자'와 좀 더 밀접한 의제인 일자리, 주거, 부채 등의 분야에서도 일과 노동, 집과 주거, 경제 문제 등을 새롭게 정의해야 한다고 목소리를 높인다. 단순히 자신의 몫만 챙기려는 요구와는 거리가 멀다. 이는 정부가 청년들에게 부과하는 역할, 즉 '문제를 스스로 해결하는 주체 되기'를 초과한다는 점에서 큰 의의가 있다.

구체적으로는 다음과 같은 노력이 필요하다. 우선 청년을 정치적 주체로 소환하거나 권능화empower하는 방식 자체를 바꿔야 한다. 이전의 '청년' 담론은 청년을 약자로, 또한 약자의 지위를 극복하기 위해 정치에 뛰어들어 권리를 주장해야 하는 존재로 상정했다. (이는 '88만원세대를 벗어나고 싶다면 투표를 하라'는 명령으로 요약된다.) 이제 '청년'은 청년당사자인 동시에 사회의 여러 이질적인 청년들을 대표/대의represent해야 하며, 사회문제 전반을 다루는 정책을 모색해야 한다.

'청년 문제'를 경제적인 차원의 재분배 의제로 국한하지 않는 노력 역시 필요하다. '경제 문제부터 해결하자'는 논리를 또 한 번 반복할 필요는 없는데, 이것이 다른 의제들을 부차화하기 때문이다. '청년'의 이름으로 '청년'을 위한 분배를 제기할 때, 청년과 다른 세대의 관계를 제로섬 게임으로 설정할 위험도 크다. '기성세대 때문에 피해를 겪는 청년세대 vs 청년세대의 권리 주장으로 역차별받는 기성세대' 같은 구도로 말이다. 누군가의 몫을 주장하는 일이 다른 누군가의 몫을 빼앗는 것과 동일하게 이해되면 사회적 합의는 도출되기 어렵다.

중요한 것은 '청년'이 어떤 가치와 연관되는지, 그런 가치를 추구하는 게 어째서 정당한지를 보이는 것이다. 이런 방식은 '청년'을 특정한 연령 집단에 고정하지 않도록 한다. 연령주의는 청년운동을 분리주의적인 정체성정치의 함정으로 이끌 수 있다. 예컨대 '더 많은 민주주의' '다양성을 존중하는 사회' '연령으로 차별하지 않는 사회' '누구나 스무 살에 독립할 수 있는 사회'와 같은 미래상을 제시하는 '청년' 담론은 연령주의를 전제하지 않는다. '청년에게 집을 제공하라'는 구호에 불만을 갖는 사람도 '스무살에 독립할 수 있는 사회가 필요하다'는 주장에는 공감할 수 있듯 말이다. '청년'을 연령 기준이 아닌 특정 가치관을 상징하는 말로 보는 이해가 사회적으로 공유된다면, '청년의 역할'에 대한 사회적 합의가 도출될 수 있을 것이다. '청년'은 '청년 의제'로 일컬어지는 가치관과 사회 변혁을 적극적으로 실천하기 위해 사회 전면에 나서는 주체로 거듭나야 한다.

그렇다면 청년운동은 앞으로 어떤 가치들을 의제로 제시해야 할까? 이는 토론을 거쳐 지속적으로 다듬어나가야 하는 부분이다. 다만 세대 내의 이질성과 격차, 불평등에 대한 의제만큼은 양보해선 안 된다. '보편'에서 벗어난 개인들을 고

려하지 않고서 더 나은 미래를 만드는 것은 불가능하기 때문
이다. 세대 내 동질성을 전제해온 기존의 '청년' 담론은 바로
이런 점에서 퇴보했다고 볼 수 있다.

탈-청년·탈-세대 문화정치를 그리다

'청년세대'나 '청년'이라는 기표 자체를 폐기할 수는 없다.
그러나 앞서 충분히 논의했듯 '청년' 기표는 다른 한편 실제
청년들의 행동과 실천을 제약하는 억압 구조로 작용한다. 본
질주의적인 '청년' 개념은 필연적으로 기성세대와의 적대를
내포할 수밖에 없으며, 오히려 '청년'을 약자화하는 기제가
될 수 있다. 다른 소수적 정체성들의 사례가 무엇보다도 이
를 잘 보여준다.

너멀 퓨워는 제도권에 진입한 소수자가 겪는 특유의 곤
란함에 대해 지적한다.[39] 공적 공간에 적합한 신체는 남성 백
인으로 상상되며, 역사적으로 구성된 이 기준은 강력하고 끈
질기게 작용한다. 따라서 공적 공간에 진입한 여성과 흑인의
신체는 부자연스럽고 어색한 것으로 인식되며, 그들은 '당혹
스러움'을 유발하는 '공간 침입자'가 된다. 남성-백인-국회
의원의 신체가 자연스럽게 국회의원에 대한 이미지로 통합
된다면, 여성-흑인-국회의원의 신체는 의아함을 불러일으킨

다. 이때 주목되는 것은 여성-흑인-국회의원의 직업이 아닌 젠더와 피부색이다.

한국 사회의 연령주의^{ageism} 역시 이런 식으로 작동하는 게 아닐까? 정치인이나 위원 같은 직위를 떠올릴 때 우리는 언제나 '중년 남성' 이미지를 상상한다. (더불어민주당의 광역자치단체장 후보가 온통 50대 이상 남성이었던 것은 우연이 아니다.) 또한 중장년층 남성의 신체는 제도권에서 특별하게 인식되지 않는 데 비해 '젊음'이라는 특성은 유독 부각되며, 이것이 종종 청년활동가, 정치인의 자질을 의심하는 기제가 된다. 청년들의 정치 활동을 정당 공천의 힘("1번이면 무조건이지")이나 배려의 결과("청년이라 혜택 본 거지")로 바라보는 시각도 다분하다.

그렇다면 보편적인 '인간' '시민' '민중'으로서 청년 주체를 논하려면 어떻게 해야 할까? 철학자 자크 랑시에르는 평등을 이상적인 것, 혹은 자연스럽게 이루어지는 것이 아닌 '입증해야 하는 보편적인 것'이라고 언급한다. 말하자면 노동자의 지적 해방이 노동자의 지적 능력과 지식인의 지적 능력의 평등함을 '입증'하는 실천을 통해 달성된다는 것이다. 평등을 입증하기 위한 실천은 탈정체화, 탈계급화 과정으로서 정치적 주체화 과정을 통해 가능하다. 여기서 타자가 부과한 정체성을 부인하는 '탈정체화의 정치'는 매우 중요하게 다뤄진다. 개인에게 '정확한 이름'을 부과하는 시도에 저항하고, 나에게 이름을 부과하는 타자와 내가 다르지 않다는 것을 입

증하는 것이다.[40]

　지금 논하는 '탈-청년'의 문화정치 역시 청년층에 한정
되지 않는다. '탈-청년'의 문화정치는 궁극적으로 연령주의
에 저항하는 '탈-세대'의 문화정치와 연결된다. 노년층을 둘
러싼 '늙음'에 대한 편견들, 청소년들을 둘러싼 '어림'에 대한
편견들, 또한 '청년'이라는 범주가 발생시키는 각종 폭력을
극복하는 것, 그것이 바로 '탈-청년' '탈-세대'의 문화정치다.
'청년' '연령' '세대'라는 분류 범주에 대한 본질주의적 사고
에서 벗어날 때 비로소 그런 편견을 떨쳐낼 수 있다.

'상상된 공동체', 청년세대:
배제된 자들의 연대

'세대주의', 어떤 실천과 만날 것인가

이 책을 비롯해 세대주의에 관한 논의는 매우 비판적으로 전개돼왔다. 그러나 세대주의를 무조건 '나쁜 것'으로 치부하는 게 능사는 아니다. 문제는 그리 간단하지 않다. '청년'이라는 기표를 통해 사회적 요구를 관철하고자 하는 주 행위자가 다름 아닌 청년들과 청년운동 집단이기 때문이다. 즉 세대주의는 한편으로 전복적인 실천을 위한 도구다.

그러나 청년당사자라는 지위가 '청년'이라는 말을 정당하게 사용할 수 있는 자격을 부여해준다고 할 수 있을까? 그렇지는 않은 것 같다. 연장선상에서, 다수의 청년들이 '청년'이라는 개념에 의지해 세대주의적인 상상력을 발현하고 스스로 세대 담론을 생산하는 흐름을 어떻게 이해할 수 있을까? 더불어 이러한 실천이 '청년팔이'와는 분명 차별화된다고 어떻게 말할 수 있을까? 조금 다른 관점에서 이렇게 생각해보자. '세대 게임'을 좌지우지할 수 있을 정도의 자본을 갖지 못한 보통 시민들도 세대주의적 상상을 공유하며, 특별한 의도 없이 세대주의에 공모할 수 있다고 말이다.

역사학자 베네딕트 앤더슨이 제안한 '상상된 공동체imagined community'라는 개념을 경유하면 세대주의 개념을 좀 더 폭넓게 이해할 수 있다.[41] 앤더슨은 이 상상된 공동체를 민족/국민nation 그리고 민족주의nationalism와 연관 지어 논의했는데, 적절한 유비 과정을 거쳐 세대에도 해당 논의를 적용해볼 수 있다. 앤더슨은 민족을 다음과 같은 요건들을 통해 정의한다. 민족은 1) (정치적) 공동체로, 2) 제한된 것으로, 3) 주권을 가진 것으로, 4) 상상된다.[42] 이러한 정의를 모든 종류의 (정치적) 공동체로 확장해 적용해보면, 세대 역시 비슷한 상상 위에서 작동한다고 볼 수 있다. 세대는 연령을 기준으로 안팎을 구분하는 공동체로, 그 공동체는 내부에서 공통 의견을 주장해야 한다거나 적어도 자신들 운명의 결정권 자체를 스스로 보유해야 한다고 믿는다. 마찬가지로 세대주의적 상상의 근저에는 청년세대가 기성세대와 다르며 청년세대를 잘 아는 것은 청년이니 그들 스스로 운명을 결정해야 한다는 믿음이 깔려 있다.

앤더슨은 민족주의적 상상이 금세 '모듈화'되어, 다양한 담론들과 절합articulate된다고 지적한다. 예컨대 민족주의는 제3세계에서 탈식민을 위한 해방적 전략으로 절합될 수 있고, 반대로 인종주의와 절합되면 타자와 난민, 민족 간의 우열을 생산하는 기제가 될 수도 있다. '민족'이라는 범주 개념은 다른 무엇과 절합되면서 구체적인 정치적 함의를 띤다. 세대주의 역시 마찬가지로 여러 담론들과 절합되면서 구체적인 형태를 갖게 된다. 임금피크제나 기본소득은 물론 세대 간 갈등 및 경제적 불평등을 강조하면서 특정 세대의 이익을 주장하는 담론과 만날 수도 있고, '해방적인' 정치적 실천과 만날 수도 있다.

청년당사자운동, 가능성의 영역

〈표 9〉는 2015~2018년 서울청년의회-서울청년정책네트워크가 서울시에 제안한 과제를 연도별로 정리한 것이다. 이 내용은 가장 적극적으로 '청년' 기호를 활용하는 청년당사자운동에서 세대주의라는 모듈이 어떤 담론들과 결합하는지 잘 보여준다. 편의상 제안 과제를 조례상의 청년(만 19세~29세, 34세) 규정과 직접적으로 연관되는 사례와 그렇지 않은 사례로 구분했다. 전자가 일부 청년 인구를 대상으로 한다면, 후자는 특정 연령대와 상관없이 사회문제 전반을 다룬다. 장애인권, 성평등, 성소수자[LGBT] 운동, 안전, 환경, 교통, 금융 빈곤, 문화예술 등을 아우르는 폭넓은 주제들이 제시됐다.

청년을 인권, 성평등, 환경, 탈권위주의 등의 의제와 연관

〈표 9〉. 서울청년정책네트워크-서울청년의회 연도별 제안 과제

연도	청년 관련 정도 높음	청년 관련 정도 낮음
2015	• 청년들이 존중받는 정책으로 개선 • 청년활동 공간 확대 (무중력지대) • 청년수요 맞춤형 일자리 정책 • 청년 자립 안전망 구축 • 청년과 시민 수요 맞춤형 교육정책 • 서울청년의회의 독립 보장 및 상설화 • 청년 참여예산 실링제	• 장애인 의무고용 및 근무환경 개선 필요 • 성평등의 모범이 되는 서울시 • 표준이력서에 성별 표기 삭제 • 민관이 함께 시민의 질 향상 방안 마련
2016	• 청년수당(청년활동지원금) • 대학(원)생 학자금대출 이자 지원 기간 연장 • 1인 청년가구 건강한 식생활 지원 • 2030청년층 대상 체험형 자전거 안전교육 • 청년민주시민교육 신설 및 확대 • 온라인 주거정보통합플랫폼 구축 • 공공주택 입주자격을 청년 일반으로 일원화 • 지역청년공간 대규모 확대 조성 • 취업날개서비스 지속적 운영, 지원 확대	• 서울 미세먼지 측정 및 관리 • 청각장애인 의사소통지원서비스 확대 • 장애인의 평등한 문화관광 참여 • 자전거 안전시설 지역 편차 해소
2017	• 청년수당 비구직/저활력니트청년 쿼터 마련 • 버스정책시민위원회 청년분과 신설 • 청년 마음건강 바우처 도입 • 청년취업지원사업 이해당사자협의체 구성 • 부채 위기 청년 긴급생활지원사업 신규 도입 • 청년종합생활상담교육 프로그램 • 서울형 청년갭이어 도입	• 대중교통 조조할인 시간대 확대 • 안전취약계층의 재난 및 안전관리 지침 수립 • 서울시 관내 고금리 대부업 규제 및 관리감독
2018	• 역세권 2030 청년주택 지원 대책 개선 • 청년 임차보증금 지원 제도 확충 • 청년 공간 접근성 및 효과성 제고 • 비진학 청년 기술교육원 청년디딤돌 과정 개선 • 서울시 위원회에 청년 참여 15퍼센트 의무화	• 문화 예술인의 자립기반 확충 • 장애인 대중교통 접근성 관련 실태조사 • 공존도시 서울 실현 (다양성, 탈권위, 평등) • 성평등 교육 및 캠페인 활성화

지어 논의하는 이 현상을 두고 많은 이들은 '청년들이 기성 세대보다 이슈에 더 많은 관심을 갖기 때문'이라고 지적한다. 청년은 대개 개인의 자율성을 중시하고, 정체성정치 및 신사

회운동에 호의적이며, 탈물질주의 가치에 밀접하다는 것이다. 의심의 여지 없이 세대주의적인 독법이다. 중장년층이나 노년층에도 이런 가치 지향을 지닌 사람이 많지만, 그들의 가치 지향은 왜 '중년'이나 '노년'과 같은 세대적 기표를 경유하여 발화되지 않는가? 세대(연령)를 가치 지향과 요구를 분할하는 기준으로 보는 본질주의적 해석은 그 이유를 설명하지 못한다.

청년들의 당사자 연구를 지원하는 프로그램에 매년 장애 청년과 성소수자 청년과 관련된 연구계획이 다수 제출되고 선정된다. 장애 청년의 정체성에 관한 연구계획서를 작성한 누군가에게 이런 질문을 한 적이 있다. 해당 연구에 굳이 '청년'이라는 딱지를 붙일 필요 없이 장애 연구로 진행할 수 있지 않느냐고. 그는 장애를 가진 청년들에게는 '장애인'이라는 정체성으로도, 그렇다고 '청년'이라는 정체성으로도 환원되지 않는 복합적인 경험들이 분명히 존재한다고 힘주어 대답했다. 이 경우 세대주의는 세대와 장애를 교차시키는 방식으로 발현된다.

이후 그와의 교류를 지속하게 되었는데, 그는 장애운동에서도 자신을 비롯한 몇몇 젊은 활동가들이 관심을 갖는 의제를 부차적인 것으로 여긴다고 털어놓았다. 따라서 자신이 가진 참여 욕구를 실질적으로 실현할 수 있는 공간은 청년활동의 장이라는 것이다. 그의 경험을 '장-특정적 세대field-specific generation' 개념[43]을 바탕으로 해석해보면, 독자적이고 자율적인 영역으로 구축된 장애운동의 장에서 신참 활동가가 주장하는 의제는 주변화될 여지가 있다. 그가 가진 상징자본의 총량이 적은 탓이다. 따라서 그에게는 아직 그 내용이 정확하게 규정되지 않은 새로운 활동 영역, 즉 청년활동이 좀 더 가능성 있는 공간으로 인지된다. 이뿐만 아니라 성평등, 환경, 문화 등 시민사회에 이미 형성돼 있는 부문들도 마찬가지다.

한편 성소수자 운동의 경우는 사정이 조금 다르다. 전국 곳곳에서 퀴어문화축제가 개최되고 이슈가 되는 등 어느 정도 성과를 거두고 있으나, 정작 정부는 성소수자 운동이 제기하는 의제를 논의·반영하고 있지 않다. 제도 개선과 정책 도입을 목표로 활동하고자 하는 젊은 활동가들의 활동 폭이 제한적일 수밖에 없는 이유다. 따라서 미약하게나마 제도적인 기반이 마련되고 정부의 지원이 이뤄지는 청년활동 영역은 이들에게도 대안이 될 수 있다. 청년활동 경력을 인정받아 중앙정부 및 지방정부 성평등 관련 위원회의 위원으로 위촉돼 자신과 동료들의 의제를 어느 정도 제도 내에서 주장하는 활동가들도 실제로 있다. 이는 청년 담론에 깃든 세대주의적인 상상이 전복적으로 작용하는 하나의 사례가 된다. '청년'이 배제된 존재들을 불러모으고 세력화하는 계기가 된다는 점에서는 분명 그러하다.

상상의 공동체로서 민족은 개인들로 하여금 스스로를 공

동체 내에서 인식할 수 있게 한다. 자유방임주의, 시장주의 사회에 따르는 취약성을 '민족'이라는 상상된 공동체가 보완해주는 것이다. 공동체가 주는 안정감은 상상적이면서 동시에 실질적이다. 국가의 존재가 국민을 보호해줄 것이라는 상상, 혹은 국민이 운명공동체라는 상상된 민족주의는 개인의 힘돋우기empowerment의 중요한 차원일 수 있다. 상상의 공동체로서 청년(세대) 역시 비슷한 역할을 할 수 있고, 또 실제로 이미 어느 정도 그 역할을 하고 있다.[44]

대의하는 당사자

다른 한편 〈표 9〉에서 청년 인구를 직접적인 대상으로 하는 제안 과제들은 어떨까? 이 요구들은 특정 세대의 이익, 즉 청년에 대한 배타적인 물질적 지원 정책을 대변하는 것일까?

그러나 정책 제안에 참여하는 청년이 청년을 위한 정책 필요성을 이야기할 때조차 말하는 주체인 청년 a와 정책의 대상인 청년 b는 체계적으로 분리된다. 정책 대상인 청년 b는 〈표 9〉에서 1인 청년가구, 비진학 청년, 저활력 NEET 청년, 부채 위기를 겪는 청년 등으로 구체화된다. 이들은 다른 청년들에 비해 특수한 정책을 적용받아야 한다고 간주된다. 청년 a 또한 일반적인 청년은 아니다. 이들은 다른 청년군에 비해서 정치 및 사회 참여나 정책 개입에 대한 의지가 높고 그것을 실천할 수 있는 일정한 조건과 능력을 갖추고 있다. 결과적으로 청년 a와 청년 b 사이에는 연령을 제외하면 공통점이 거의 없다.

오히려 이 사례는 사회적으로 배제된 청년 b를 포함시키자고 이야기하는 청년 a의 발화를 보여준다. 청년 a는 b와 달리 배제된 존재가 아니다. 여기서 세대주의는 청년세대라는 상상된 공동체를 빌려 청년 a가 청년 b를 인식할 수 있도록 하는, 즉 청년 a가 b를 자신과 어느 정도 동일시할 수 있게 하는 매개항 정도로 기능한다. 그러므로 일반적으로 쓰이는 청년당사자운동이라는 개념은 이치에 맞지 않는 표현이다. 개인을 의사 표현의 최소 단위로 설정할 때, '나'의 당사자는 '나'일 뿐, '나'가 청년의 당사자가 되거나 청년이 '나'의 당사자가 될 수는 없기 때문이다.

배제된 가치가 일정하게 청년활동 영역 내로 수렴되는 현상은 여기서도 나타난다. 사람들은 흔히 청년세대가 (집을 투자 대상으로 보는) 기성세대와 달리 집을 거주 대상으로 보기 때문에 청년활동 영역에서 별도의 주거 정책이 제기된다고 생각한다. 그러나 실제로는 그 반대에 가깝다. '내 집 마련'이 아닌 다른 가치를 우선시하는 담론이 기존의 주거 정책 장에서 충분히 수용되지 못했다. 새롭게 구성되고 있는, 미결정의 영역인 청년활동은 이 배제된 담론에 대안적 기회가 될 수 있다.

세대주의는 청년 관련 논의뿐 아니라 사회문제에 대한 사고를 자체를 부정적인 방향으로 굴절시킨다. 그러나 세대주의적 상상이 현실의 다양한 실천들을 이미 조건 짓고 있는 상황에서 세대주의의 다른 잠재력을 적극적으로 발굴할 필요 또한 있다. 세대주의 그 자체를 쇄신하는 것이 세대주의의 여러 폐해를 전복하는 출발점이 될 수도 있기 때문이다.

서울청년정책네트워크 사례는 세대 간의 배제를 기본값으로 취한다고 간주되는 세대주의가 다른 한편 배제된 자들의 연대를 구축하고 있음을 잘 보여준다. 청년 논의를 전개하는 실천가들이 이를 더 명확하게 인지하면서 다음 활동을 준비한다면, 동년배집단의 문제를 넘어 배제된 여러 가치들을 포함하는 방식으로 새로운 '청년' 담론을 써나갈 수 있을 것이다.

나가며:
'탈-청년'을
위하여

불가능한 선언: "나는 청년이 아니다"

'이 책의 저자인 나는 청년이 아니다'. 이는 20대이지만, 스스로를 청년으로 규정하지 않겠다는, 언뜻 보면 불가능한 선언이다. 그러나 이 선언은 반드시 필요하다

'청년'이라는 기표는 모호하다. 흔히 20대, 넓게는 30대까지 청년으로 분류된다. 자그마치 1,400만 명이 넘는 사람들이 '청년'으로 '퉁쳐지는' 셈인데, 이는 어불성설에 가깝다. 2030이라는 연령대 안에는 좌파와 우파, 경제적으로 풍요로운 사람들과 빈곤한 사람들이 공존하고 있기 때문이다. 이를 '차이의 조건들'이라고 부를 수 있다. 하지만 이러한 다양성은 종종 간과되며, 반면 청년 세대의 동질성은 과장된다. 청년과 그 전후의 출생 코호트가 연속선상에 있다는 점 또한 잊힌다. 연령 혹은 세대가 여러 사회문제의 동인이자, 가치관과 행동 양식들 간의 차이의 원인으로 인식되면서 나타난 현상이다(한국 사회에서 세대 담론이 유행하기 시작한 것은 기껏해야

'신세대론'이 출현한 1990년대 초반 이후다).

사회적 논란을 일으킨 《조선일보》의 '달관세대'도 그렇다. 일본의 '사토리세대'에서 비롯된 이 용어는, "1980년대 중후반~1990년대에 태어난 젊은이 중 미래는 절망적이지만 지금은 행복하다고 말하는, 중저가 옷을 입고 햄버거를 먹으면서도 행복을 느끼는 세대"를 가리킨다. 물질적 풍요로움에 삶의 기준을 둘 것인지는 개인의 선택이건만, 여기에 '세대'라는 외피를 둘러 청년들의 가치관이 기성세대와 특별히 다르기라도 하다는 듯한 뉘앙스를 풍겼다. 현실에 만족하지 못하고 불행함을 느끼는 많은 청년들은 《조선일보》의 '달관세대'론을 불편하게 느낄 것이다.

'88만원세대' '3포세대' 'G세대' '촛불세대' 등의 세대 명칭, 그리고 청년들의 가치관과 문화에 대한 세대적 접근—보수화된 청년, 탈정치화된 청년, 개인주의적인 청년, 이기적인 청년, 부모에게 의존적인 청년, 스펙 쌓기에 혈안이 된 청년 등등—이 부각하는 것은 '젊은 세대'라는 동질성이다. 이 일련의 담론들은 현실에 그런 청년들이 있다고 주장한다. 그런 청년들은 당연히 '있다'. 20~30대 인구는 천만 명이 넘기 때문이다. 그러나 같은 이유로 그렇지 않은 청년들 또한 '있다'. 청년담론과 세대담론이 공허한 논쟁으로 이어지게 되는 이유다.

'청년'이라는 단어를 의심하다

청년 세대를 하나의 집합체로 다루는 논의의 가장 큰 허점은 극히 일부의 청년들을 '기준'으로 설정한다는 것이다. 이때 다른 청년들은 모두 제외된다. 청년당사자가 청년에 대해 이야기할 때도 마찬가지다. '청년이 청년을 가장 잘 안다'는 말은 그럴듯해 보이지만 분명한 한계를 갖는다. 청년이 '안다는' 바로 그 청년 또한 극히 일부에 지나지 않는 '표본'이기 때문이다.

대학생 청년은 고졸 청년을, 대기업 사원 청년은 생산직 청년을, 부유한 부모를 둔 남성 청년은 가난한 부모를 둔 여성 청년을, 진보정당 당원 청년은 일베 청년을 당사자로서 경험할 수도, 잘 알 수도 없다. 고졸-생산직-저소득층-여성-보수 청년을 대표할 수 없는 대졸-대기업 사무직-고소득층-남성-진보 청년이 당사자로서 '청년'에 대해 말할 때 나타나는 효과는 분명하다. 무언가를 과장하거나 의도적으로 누락한 논의들을 마치 '청년 전체'에 해당하는 이야기인 양 제시하게 된다.

청년층이 경제적 약자가 되었다는 주장('88만원세대'론)은 사회시스템이 노동을 불안정하게 만들고, 빈부 격차를 심화하며, 삶의 책임을 개인에게 지우는 식으로 설계되어 있다는 것, 또한 다수의 청년들이 겪는 고통이 바로 그 연장선상에 있다는 사실을 간과하게 만든다. 오늘날 청년층의 경제적 불안정성에 관한 논의는 사회구조의 개혁을 모색하는 대신 어떤 세대가 더 힘든지 부각하는 배틀로 전락했다.

'요즘 청년들'의 개인주의, 학벌주의, 가벼운 연애, 국가에 대한 견해 등을 들먹이는 논의 또한 마찬가지로 사회문제를 청년들 개개인의 문제로 환원한다. '요즘 젊은 것들은 이래서 문제'라고 할 때 그 '이래서'는 사실 청년들에게서 나타나는 전형성이 아니다. 예컨대, 대학생들이 지나치게 경쟁 지상적이며, 학벌주의에 물들어 있으며, 부모에게 의존적이라는 이야기가 팽배한데, 과연 청년들의 몸에 이러한 특성이 생물학적으로 새겨져 있기라도 한 것일까? 개인 혹은 가족 단위로 벌어지는 무한 경쟁이나 학벌주의를 체화하고 있는 것은 한국 사회 전체이지 결코 청년 집단이 아니다.

'청년'이라는 기표에는 이미 권력관계가 포함되어 있다. 한국 사회는 청년이라는 단어, 혹은 그 구체적인 연령집단에게 다양한 욕망들을 투사하고 있다. 기성 담론들은 '사회 진보를 달성하게 해줄 변화의 동력' '미래의 한국 경제를 책임질 인적 자원'과 같은 식으로 청년을 통해 미래를 상상한다. 누구나 한 번쯤 청년을 규정해보려고 애쓰는 것도 이 때문인지 모른다.

청년이 지식의 대상이 되었다는 사실은 근본적으로 무엇을 뜻할까? 이것을 청년에 대한 관심이 높아졌다는 긍정적인 지표로 이해하고 넘어가도 괜찮은 것일까? 내가 보기에 오히려 이것은 청년과 청년을 규정하고자 하는 사람들(기성세대) 사이에 존재하는 권력관계를 드러낸다. 기성세대와는 다른 '정체성'을 부여받음으로써 청년은 사회가 '특별히' 보호해야 할 '대상', 동시에 규명하고 관리해야 할 대상이 된다.

청년이 '청년으로서' 발화하는 방식이 문제가 되는 것도 바로 이 때문이다. 청년의 발언은 '패기는 있지만 아직 세상의 이치를 잘 모르는' '참신하지만 정제되지 않은' 미성숙한 발언으로 종종 평가절하된다. 2015년 12월 큰 화제를 모은 '최씨 아저씨에게 보내는 협박편지' 대자보 사건만 해도 그렇다. '정규직 과보호'에 대한 최경환 경제부총리를 비판한 이 대자보는 명문대 20대 청년이 작성했다는 이유로 언론의 주목을 받으며 '최씨 아저씨'라는 유행어를 만들어냈다.

그러나 이 대자보 이후 출현한 담론은 대자보에 쏟아진 사회적 주목에 역행했다. 대자보가 '불쌍한 청년'과 '최씨 아저씨'를 둘러싼 가십으로 소비된 것이다. 대자보에 공감하는 대중과 언론 역시 '청년들의 아픔'이나 '대자보를 쓴 청년의 용기' 등을 이야기하며 청년의 이미지를 소비하기 급급했고, 또 다른 사람들은 '뭣 모르고 하는 짓'이라고 행위를 깎아내리기 분주했다. 고용 안정성과 (비)정규직 문제를 둘러싼 합리적인 토론이 개입할 여지는 어디에도 없었다. 이 사건이야말로 '청년당사자' 프레임의 결정적인 ·한계를 보여주는 듯하다.

의심의 대상조차 되지 않는 '청년'이나 '청년세대'라는 집합명사, '청년세대의 단일성'이라는 신화, '불쌍함' '미성숙' '무지' '의존성' 등 청년세대에 덧붙는 속성들을 이제는 의심해볼 때다. 이것이 청년들 스스로 사회문제를 해결하고, 나아가 기성세대와 동등한 사회 구성원으로 자리매김하기 위한 첫걸음이다.

새로운 '청년' 담론 상상하기

그렇다면 구체적으로 무엇을 해야 할까? 가장 손쉬운 것으로는 '청년'이라는 이름으로 행해지는 모든 실천을 냉소하는 방법이 있을 것이다. '청년' 담론은 어차피 누군가를 배제하고 억압할 것이라고 단정하면서 말이다. 그러나 그런 냉소야말로 '탈-청년'을 어렵게 만들 수 있다. '청년' 담론을 통한 실천을 폄하하는 일은 '청년'이라는 기호에 이미 붙어 있는 '미성숙함' '불완전함'과 같은 의미들을 더 강화할 수 있기 때문이다. 더구나 '청년' 담론과 세대론은 우리가 냉소한다고 해서 사라지는 것이 아니다. '청년'과 세대를 이야기하는 것이 중요하다고 믿는, 혹은 그 담론을 활용할 수 있다고 믿는 사람들이 이미 너무나 많은 탓이다.

'청년'의 함정에서 벗어나기 위해 무엇보다도 우리는 세대주의를 정교하게 다룰 필요가 있다. 세대주의를 우리의 정치적, 사회적, 담론적 실천을 점검하기 위한 반성과 성찰의 대상으로도 검토해야 하지만, 동시에 하나의 시대 조건으로도 사유해야 한다. 세대주의의 실천 자체를 재조직하기 위함이다. 따라서 우리는 청년들에게 유해한 기존의 '청년' 담론과 단호하게 선을 긋고, 그것을 대체할 수 있는 '청년' 담론을 계속해서 다시 써나가야 한다. '기성'과 단절하는 '탈-청년' 전략을 조직할 필요가 있는 것이다.

'청년'을 다시 쓰기 위한 준비 단계로, 우리가 지금껏 해온 '청년'으로서의 실천들을 다른 각도에서 독해해볼 것을 제안한다. 우선 세대 환원론을 넘어선 '청년' 담론의 긍정적 작용에 주목해보자. 첫째, '청년' 담론을 말하는 청년 주체는 언제나 공론장에서 배제되는 청년의 몫까지 대표해왔다. 둘째, '청년을 위한 사회'라는 의제는 항상 사회 전반의 가치론적 주장과 연결돼 있었으며, '청년' 담론은 언제나 청년의 배타적 이익을 초과하는 이해관계를 함축해왔다. 셋째, 청년들은 '청년' 담론을 통해 정치사회적 실천 의지를 표명한 모든 순간 기존의 연령주의가 그들에게 배당한 자리—취업/결혼/출산 등의 생애과업을 완수하고 한 사람의 경제 인구로 이행하기 위해 노력해야 하는 자리, 기존의 정치 지형에서 담론의 생산자가 아닌 소비자-대중에 머물러야 하는 자리—를 위반했다.

기존의 '청년' 담론은 말한다. '청년' 담론이 청년 이기주의에 지나지 않거나 세대 분리주의의 오류를 범하고 있다고, 혹은 오늘날의 청년들은 과거와 달리 자기 자신의 문제를 해결하기 위해 정치를 하는 '다른 존재'가 되었다고. 이런 식의 사고는 청년들의 실천이 촉발하는 복잡한 작용들을 청년들 스스로 인지하지 못하도록 한다. 우리 스스로가 어떤 '청년' 담론을 만들어왔는지 다시 돌아보고, 앞으로 어떤 '청년' 담론을 쓸 수 있는지 새롭게 상상해보자. 기성의 '청년' 담론을 넘어 새로운 '청년' 담론을 조직할 때 비로소 우리는 '탈-청년'을 달성할 수 있을 것이다. 이것이 곧 '청년팔이 사회'를 극복하는 길이다.

미주

들어가며

1 사회학자 전상진은 영국의 파시스트 운동가 오즈왈드 모즐리(1896~1980)가 쓴 'youth racket'이라는 표현을 '청년팔이'라는 용어로 번역하고 이를 "청년을 팔아서 부당한 이익을 보는 행위"로 정의한 바 있다. 전상진, 《세대 게임: '세대 프레임'을 넘어서》, 문학과지성사, 2018, 302쪽.

1장

1 조성호, 〈최근 미혼 인구의 특성과 동향: 이성교제를 중심으로〉, 《보건복지포럼》 213, 2014.

2 Jonathan White, "Thinking generations", *The British Journal of Sociology* 64(2), 2013, p.216.

3 Karen Foster, "Generation and discourse in working life stories", *Ibid.*, 2013.

4 포스터가 연구한 세대주의 사례와 유사한 영미권 페미니스트들 내부의 세대론 논쟁을 추가로 소개하고자 한다. 우리가 페미니즘이라고 통칭하는 연구나 실천의 흐름은 하나로 통합하고 환원하기 어려운 다양한 경향을 가지고 있는데, 이러한 이질성을 '세대'에 비유해 설명하는 시도들이 종종 발견된다. 예컨대 페미니즘 관련 입문서를 보면 페미니즘을 첫 번째, 두 번째, 세 번째 물결 등으로 구분하는 경우가 있는데, 이것이 일종의 페미니즘 내부의 세대론이다. 한국에서도 2000년대 초반의 '영 페미니스트'들이나 2015년 이후 가시화된 '영영-페미'가 '영young'이라는 연령적 정체성을 강조함으로써 스스로 세대론을 제시했다고 볼 수 있다. 다만 이렇게 페미니스트들의 입장 차이를 연령이나 세대의 문제로 환원할 경우, "여성 주체에 얽힌 복잡한 문제를 세대 모델로 단순화함으로써 페미니즘 담론의 빈곤을 초래"하게 되며, 따라서 페미니즘 내부의 입장 차이는 세대 차이가 아닌 있는 그대로의 입장 차이로 바라봐야 한다는 지적이 있다. Rosalind Gill, "Post-postfeminism? New feminist visibilities in postfeminist

times.", *Feminist Media Studies* Vol.16, 2016; 조선정, 〈포스트페미니즘과 그 불만: 영미권 페미니즘 담론에 나타난 세대론과 역사 쓰기〉, 《한국여성학》 30(4), 2014.

5   헬조선 관련 내용은 '나무위키'의 헬조선 항목(https://namu.wiki/w/헬조선)을 참조했다.

6   조동주, 〈[지금 SNS에서는] 2030이 부르는 또 다른 대한민국 '헬조선'〉, 《동아일보》, 2015. 7. 10.

7   이 게시물에 포함된 지표들에 대한 왜곡 논란이 있었다. 여기서 해당 게시물의 내용을 인용하는 것은, 헬조선을 이야기하는 사람들이 대한민국을 왜 '지옥'과 같다고 생각하는지에 대한 근거들이 어떤 차원에 위치해 있는지를 넓게 보여준다고 판단했기 때문이다. 자료의 진실 여부는 이 글의 맥락과 관련해서는 중요한 사항이 아니며, 정말로 한국 사회가 '헬조선'이라고 불려야 할 만큼 상황이 좋지 않은지를 따져보고자 하는 경우에나 별도로 논의되어야 할 것이다.

8   〈헬조선 OECD 50관왕? 70퍼센트는 왜곡 또는 거짓〉, 《머니투데이》, 2016. 3. 8.

9   〈[인터뷰] 성난 2030 "헬조선, 죽창 앞에선 모두 평등"〉, 《프레시안》, 2015. 8. 6.

10   노치원, 〈'헬조선'이 그렇게 궁금하세요?〉, 《중앙문화》 69, 2015.

11   〈'부들부들 청년' [1부 ③ 우리도 청년인가요?] "헬조선이 뭐예요? 우린 그런 거 신경 쓸 여유도 없어요."〉, 《경향신문》, 2016. 1. 11.

12   〈"하늘이 감동할 만큼 노력해봤나요?"… 흙수저 탓만 하는 세대에 일침〉, 《동아일보》, 2015. 12. 21.

13   〈아무 일도 안 하며 '헬조선' 불만 댓글… '잉여'인간 160만 명으로 급증〉, 《조선일보》, 2015. 10. 13.

14   〈비트코인이 흙수저 탈출구? 젊은 층 한탕주의에 광풍〉, 《한국일보》, 2017. 12. 13.

15   고란, 〈[취재일기] 암호화폐 규제 "완벽한 규칙은 없다"〉, 《중앙일보》, 2017. 12. 4.

16   〈2030 분노·박탈감, 열풍 넘어 태풍으로… 靑에 청원글 17만 개〉, 《매일경제》, 2018. 1. 14.

17   〈60대, 열 명 중 한 명 가상화폐 투자… 넣은 돈은 2030의 두배↑〉, 《뉴시스》, 2018. 3. 7.

18   압생트, 〈비트코인 열풍, 청년들의 한탕주의 때문일까?〉, 고함20, 2018. 2. 13, http://goham20.com/56888.

19   〈[사설] 조코비치 꺾은 정현에게서 한국 청년세대의 저력과 패기를 본다〉, 《매일경제》, 2018. 1. 24.

20   〈[사설] 고맙다, 정현〉, 《한겨레》, 2018. 1. 24.

21   〈[정현 신드롬] "포기는 없다"… N포세대 '학습된 무력감' 깬 정현 돌풍〉, 《이데일리》, 2018. 1. 25.

22   〈'5색 매력' 정현에 반하다〉, 《한국일보》, 2018. 1. 25.

23   〈남북 정상회담 세대 차, 3040 부정적 검색 5060보다 많아〉, 《중앙선데이》, 2018. 5. 5.

24   〈청년층, 생존에 내몰려 공정성에 민감… '세대 연대' 절실〉, 《한겨레》, 2018. 2. 12.

25 이현, 〈[시선 2035] 툭하면 2030 세대론〉, 《중앙일보》, 2018. 1. 24.

26 박재흥, 〈세대 명칭과 세대 갈등 담론에 대한 비판적 검토〉, 《경제와 사회》 81, 2009, 14쪽.

27 전상진, 앞의 책.

2장

1 강지웅, 〈청년도 늙는다〉, 서울시청년허브 편, 《청년, 자기 삶의 연구자가 되다》, 2016, 15~16쪽에서 재인용.

2 같은 글, 10쪽에서 재인용.

3 한국사회학회, 《한국 사회의 세대 문제》, 나남, 1990.

4 전상진, 〈세대사회학의 가능성과 한계: 세대 개념의 분석적 구분〉, 《한국인구학》 25(2), 2002, 194~195쪽.

5 박재흥, 〈한국 사회의 세대 문제: 질적 접근〉, 《사회와역사》 38, 1992, 11~12쪽.

6 박재흥, 〈신세대의 일상적 의식과 하위문화에 관한 질적 연구〉, 《한국사회학》 29, 1995, 654~661쪽.

7 천호영, 〈'운동권 신세대' 미메시스의 신세대 문화론〉, 《말》, 1993년 10월, 232~248쪽.

8 주은우, 〈90년대 한국의 신세대와 소비문화〉, 《경제와사회》 21, 1994, 72쪽.

9 홍기삼, 〈신세대란 누구인가〉, 《샘터》, 1994년 12월, 32~34쪽.

10 박재흥, 〈신세대의 일상적 의식과 하위문화에 관한 질적 연구〉, 앞의 책, 655쪽.

11 문화이론연구회, 〈'신세대론'을 비판한다〉, 《문화과학》 5, 1994, 286쪽.

12 강준만, 〈광고회사가 만드는 신세대 '가상현실'〉, 《말》, 1994년 8월, 219쪽.

13 구자순, 〈신세대와 문화 갈등〉, 《사회이론》 14, 1995, 215쪽 〈표 1〉 참고.

14 '자기규정'과 '외부규정'이라는 표현에 대해서는 다음의 글을 참고하라. 전상진, 〈세대 경쟁과 정치적 세대: 독일 세대 논쟁의 88만원세대론에 대한 시사점을 중심으로〉, 《한·독사회과학논총》 20(1), 2010, 127~150, 139쪽.

15 이재원, 〈時代遺憾, 1996년 그들이 세상을 지배했을 때: 신세대, 서태지, X세대〉, 《문화과학》 62, 2010.

16 브라운대학교 인류학과 교수인 데이비드 커쳐는 학자들이 사용하는 세대의 개념을 네 가지 유형으로 구분한 바 있다. 첫 번째 유형은 가족 관계/친족 계보에서의 위치를 따지는 용법으로서 세대 개념generation as principle of kinship descent이고, 두 번째는 연령 효과에 집중해 생애주기 단계에서의 위치를 이야기하는 용법으로서 세대 개념generation as life stage, 세 번째는 시기 효과에 집중해 특정한 역사적 시기에 함께 생존한 사람들을 집합으로 묶는 세대 개념generation as historical period, 네 번째는 코호트 효과에 집중하여 상대적으로 동일한 시기에 태어난 출생 동기집단을 강조하는 세대 개념generation as cohort이다. David Kertzer, "Generation as a sociological problem", *American*

Review of Sociology 9, 1983, pp.126-127.

17 이기훈,《청년아, 청년아, 우리 청년아》, 돌베개, 2014, 16~19쪽.

18 이재원,〈時代遺憾, 1996년 그들이 세상을 지배했을 때: 신세대, 서태지, X세대〉. 앞의 책, 94쪽.

19 문화이론연구회,〈'신세대론'을 비판한다〉, 앞의 책, 292~293쪽.

20 강원택,〈세대, 이념과 노무현 현상〉,《사상》 54, 2002, 80쪽.

21 정진민,〈한국 선거에서의 세대 요인〉,《한국정치학회보》 26(1), 1992; 정진민·황아란, 〈민주화 이후의 한국의 선거 정치: 세대 요인을 중심으로〉,《한국정치학회보》 33(2), 1999.

22 〈총선 투표 분석: (2) 세대〉,《경향신문》, 2004. 4. 21.

23 허진재,〈세대별 투표 양극화 어떻게 볼 것인가?: 세대별 정치 성향과 투표 경향을 중심으로 본 갈등과 소통 방향〉, 국민대통합위원회 편,《대선과 대통령 평가를 통해 살펴본 세대 차이》, 2014, 20~26쪽. (국민대통합위원회 세대공감 의제 발굴 및 확산 방안 연구 프로젝트 제1차 토론회)

24 정진민,〈한국 선거에서의 세대 요인〉, 앞의 책, 166쪽.

25 허진재, 위의 글, 21~22쪽 표를 재구성했음; 2018년 실시된 제19대 대선의 경우에도 연령대별로 후보자별 득표율에 차이가 있었다. 지상파 3사 공동 출구조사 결과에 따르면, 당선자인 문재인 후보는 20대 47.6퍼센트, 30대 56.9퍼센트, 40대 52.4퍼센트의 득표율을 얻었으나 60대 24.5퍼센트, 70대 이상에서는 22.3퍼센트의 득표율에 그쳤다 (50대는 36.9퍼센트). 홍준표 후보의 경우 20대 8.2퍼센트, 30대 8.6퍼센트, 40대 11.5 퍼센트, 50대 26.8퍼센트, 60대 45.8퍼센트, 70대 이상 50.9퍼센트로 역시 연령대별로 득표율에 큰 차이가 있었다.

26 박상훈,《만들어진 현실: 한국의 지역주의, 무엇이 문제이고, 무엇이 문제가 아닌가》, 후마니타스, 2009.

27 성한용,〈호남 유권자 욕하면 안 된다〉,《한겨레》. 2016. 4. 29.

28 〈한국의 두 코드 'P세대' vs 'Wine세대'〉,《주간조선》 1802호.

29 이영해,〈특별기고: 475세대가 앞장설 때다〉,《주간조선》 1768호.

30 〈[편집장 레터] 고령화 사회의 수채화〉,《주간조선》 1825호.

31 'P세대'는 "사회 전반에 걸쳐 적극적 참여participation 속에서 열정passion과 힘potential Power을 바탕으로 사회 패러다임의 변화를 일으키는 세대paradigm-shifter란 의미를 가지고 있다"고 정의된다.

32 이동연,〈세대 정치와 문화의 힘〉,《문화과학》 33, 2003, 96~97쪽.

33 홍성태,〈세대 갈등과 문화정치〉,《문화과학》 37, 2004, 171쪽

34 홍영림,〈대학생들 "좌우향~우!"〉,《주간조선》 1775호.

35 청년세대의 보수화 현상이 아닌 보수화 담론에 관해 다룬 흔치 않은 문헌으로는 신임선의 석사학위 논문이 있다. 이 연구 역시 연구 대상으로 표집된 신문 기사들에서 청년세대의 보수화가 명확한 근거 없이 주장되고 있으며, 매체의 성향에 따라 임의대로

프레이밍된 형태로 반복되고 있다고 지적한다. 신임선, 〈청년세대의 보수화 담론 연구〉, 연세대학교 정치외교학과 석사학위 논문, 2016.

36 우석훈·박권일, 《88만원세대》, 레디앙, 2007.

37 신광영, 〈세대, 계급과 불평등〉, 《경제와사회》 81, 2009, 37쪽.

38 전상진, 〈경제민주화와 세대: '연금을 둘러싼 세대들의 전쟁' 레토릭에서 나타나는 세대의미론과 활용 전략의 변화〉, 한국사회학회 편, 《상생을 위한 경제민주화》, 나남출판, 2013, 294쪽.

39 유선영, 《미디어의 '세대 차이' 담론》, 한국언론재단, 2004.

40 이동연, 〈세대 문화의 구별짓기와 주체 형성: 세대 담론에 대한 비판과 재구성〉, 《문화과학》 37, 2004, 139쪽.

41 정장열, 〈새내기 유권자 400만… 첫 여론조사〉, 《주간조선》 1970호.

42 신광영, 〈세대, 계급과 불평등〉, 앞의 책, 56쪽.

43 전상진, 〈세대 경쟁과 정치적 세대: 독일 세대 논쟁의 88만원세대론에 대한 시사점을 중심으로〉, 앞의 책, 143쪽.

44 고덕영, 〈주체의 기획이 좌초된 20대 세대론을 다시 읽는다: '88만원세대'의 확산과 그 변형〉, 미디어스, 2013. 10. 11.

45 남재일, 〈투표 대 로또〉, 《경향신문》, 2012. 12. 19.

46 한윤형, 〈월드컵 주체와 촛불시위 사이, 불안의 세대를 말한다: 강제로 규정된 청년세대의 복잡 미묘함에 대해〉, 《문화과학》 62, 2010, 85쪽.

47 심광현, 〈세대의 정치학과 한국 현대사의 재해석〉, 《문화과학》 62, 2010, 57~59쪽.

48 우석훈, 〈움직이는 10대 소녀, 어떻게 볼 것인가?〉, 《한겨레》, 2008. 5. 8.

49 김용민, 〈너희에겐 희망이 없다〉, 《충대신문》 1002, 2009. 8. 20.

50 촛불집회에 참여해본 적이 있다고 응답한 비율이 20대 13.7퍼센트, 30대 14.8퍼센트, 40대 12.8퍼센트, 50대 6.5퍼센트, 60대 이상 2.2퍼센트로 나타났다. 이갑윤, 〈촛불집회 참여자의 인구·사회학적 특성 및 정치적 정향과 태도〉, 《한국정당학회보》 9(1), 2010, 103쪽.

51 한윤형, 〈월드컵 주체와 촛불시위 사이, 불안의 세대를 말한다: 강제로 규정된 청년세대의 복잡 미묘함에 대해〉, 앞의 책, 81~82쪽.

52 최태욱, 〈정동칼럼: 스펙 쌓기는 그만! 정치로 '곳간'을 털자〉, 《경향신문》, 2014. 5. 23.

53 〈오후 2시 넘어서며 이상했어요… 20대가 하나둘씩…〉, 《한겨레》, 2010. 6. 4.

54 〈[2040 왜] ① 세대가 계급이다: 양극화 덫에 걸린 2040, 단일 계급으로 묶였다〉, 《경향신문》, 2011. 10. 29.

55 〈TV 안 보고 SNS도 안 하고 대선 결과 인정 못한 채 '멘붕 상태'〉, 《경향신문》, 2012. 12. 26.

56 박상근, 〈[편집자에게] 2030세대가 과잉 복지에 제동 걸어야 하는 이유〉, 《조선일보》, 2011. 11. 8.

57 〈괴담의 나라: 2030 3不(불안·불만·불신)+3反(반정치·반정부·반언론)이 온라인 군

중 심리와 맞물려 괴담 급속 확산〉,《조선일보》, 2011. 11. 11.

58 함재봉,〈[동아광장]: 20대는 우파다〉,《동아일보》, 2011. 12. 8.

59 〈청춘들은 말한다, 이념? 내게 중요한 것은 현실〉,《중앙일보》, 2011. 12. 23.

60 배인준,〈30대, 386 선배를 넘어서라〉,《동아일보》, 2011. 11. 16.

61 한윤형의 이러한 분석은 2007년의 세대 갈등론에 관한 것이었다. 한윤형,〈월드컵 주체와 촛불시위 사이, 불안의 세대를 말한다: 강제로 규정된 청년세대의 복잡 미묘함에 대해〉, 앞의 책, 72~91쪽.

62 〈대한민국 20대, 바리케이드는 자기 마음에 쳤고 짱돌은 386에 던졌다〉,《경향신문》, 2018. 6. 3.

63 Jonathan White, "Thinking generations", *Ibid.*, 241-242.

64 송윤경,〈박근혜 핵심 공약 후퇴: 무너지는 '박근혜 공약'… 기초연금 반발 '복지 대전쟁' 예고〉,《경향신문》, 2013. 9. 24.

65 박현진·조은아,〈허리 휘는 20대, 재정 부담: 현 세입-복지 지출 유지 땐 2008년 이후 출생자 4억 부담해야〉,《동아일보》, 2011. 6. 8.

66 〈[사설]: 영국 시위 사태, 복지 무너뜨린 재정 정책이 부른 재난〉,《한겨레》, 2011. 8. 11.

67 〈[사설]: 지구촌 곳곳 확산되는 '좌절 세대'의 분노〉,《동아일보》, 2011. 8. 13.

68 〈朴 대통령 "학벌보다 창의성·능력으로 평가받아야"〉, 연합뉴스, 2013. 7. 16.

69 〈이기권 고용노동부 장관 "30대 기업 정규직이 양보·배려 실천해달라"〉,《한국경제》, 2016. 1. 18.

70 김유선,〈정년 60세 시대, 임금피크제가 청년 고용 해법인가?〉, 양대 노총 공공 부문 노동조합 공동대책위원회 주최 정책토론회(2015년 6월).

71 〈임금피크제 놓고 충돌하는 까닭〉,《시사IN》 411호.

72 〈청년희망펀드 의혹, 1463억 모금… 사용처 모르고 해지도 '불가'〉,《이코노믹리뷰》, 2017. 11. 1.

73 서복경·신윤정·엄창환·오윤덕·장수정,《청년정책 결정 및 집행 체계에 대한 경험 연구: 효율성, 참여성, 적합성의 원리에 따른 협력적 거버넌스 모델 제안》, 서울시청년허브 기획연구보고서, 2017, 30쪽.

74 김병권·박형준·신윤정·오윤덕·이수나,《지방정부 청년정책 변화 분석을 통한 서울시 청년정책 2.0 과제 도출》, 서울시청년허브 기획연구보고서, 2017, 93~115쪽.

75 박이대승,《'개념' 없는 사회를 위한 강의: 변화를 향한 소수자의 정치전략》, 오월의봄, 2017, 105쪽.

76 전상진,〈세대사회학의 가능성과 한계: 세대 개념의 분석적 구분〉, 앞의 책, 195쪽.

77 박이대승, 앞의 책, 19쪽.

78 Ernesto Laclau, *Emancipation(s)*, Verso, 1996, pp.43-45.

79 Ernesto Laclau, Chantal Mouffe, *Hegemony and socialist strategy: Towards a radical democratic politics*, Verso, 2001[한국어판:《헤게모니와 사회주의 전략: 급

진 민주주의 정치를 향하여》, 이승원 옮김, 후마니타스, 2012].

3장

1   단순히 기사 수만을 비교할 경우, '세대'와 관련된 보도의 증가가 언론의 외적 성장과 이로 인한 보도량 자체의 양적 증가에 의한 것일 가능성을 차단하지 못한다. 따라서 이를 통제하기 위해 연도별로 세대, 청년, 2030 검색어로 검색된 기사의 개수를 해당 연도에 발행된 전체 기사 개수로 나눈 비율을 구해 연도별로 비교했다.

2   전상진(《세대사회학의 가능성과 한계: 세대 개념의 분석적 구분》, 앞의 책), 마틴 콜리(Kohli, Martin, "The Problems of Generations: Family, Economy, Politics.", Collegium Budapest: Public Lecture Series No. 14, Budapest, 1996), 쿠르트 뤼셔(《양가성: 세대 문제의 이해를 위한 하나의 시도 - 오늘날 세대 문제의 의미》,《'세대'란 무엇인가?: 카를 만하임 이후 세대담론의 주제들》, 한독젠더문화연구회 옮김, 한울, 2014, 78~109쪽) 등은 세대 개념의 다의성이 세대 연구의 장애물로 여겨지기도 하지만 오히려 기회일 수 있다는 데 의견을 같이한다.

3   사회학자 전상진은 태극기 집회에 참여하는 노년층의 세대성에 관한 논의에서 출생 코호트 세대는 일반적으로 청년기에 완성되기보다는 시간이 지나면서 '기억'의 작용과 함께 형성된다고 지적한 바 있다. 이에 따르면 아직까지 그 '기억'이 충분하지 않은 연령대인 청년들을 곧바로 출생 코호트 세대로 분류하기는 어려운 면이 있다. 전상진, 《세대 게임: '세대 프레임'을 넘어서》, 212~213쪽.

4   이혜숙, 〈'청소년' 용어 사용 시기 탐색과 청소년 담론 변화를 통해 본 청소년 규정 방식〉,《아시아교육연구》7(1), 2006.

5   이기훈, 앞의 책, 18쪽.

6   Paul Hodkinson, "Youth Cultures: A critical outline of key debates", eds. Paul Hodkinson and Wolfgang Deicke, *Youth Cultures: Scenes, Subcultures and Tribes*, Routledge, 2007.

7   소영현, 〈청년과 근대:《少年》을 중심으로〉,《한국근대문학연구》6(1), 2005, 49~50쪽.

8   하인츠 부데, 〈맥락으로 보는 '세대': 전쟁 세대에서 복지국가 세대까지〉, 미하엘 빌트·울리케 유라이트 엮음, 한독젠더문화연구회 옮김, 앞의 책, 54쪽.

9   전상진, 〈세대사회학의 가능성과 한계: 세대 개념의 분석적 구분〉, 앞의 책, 297쪽.

10   전상진, 〈경제민주화와 세대: '연금을 둘러싼 세대들의 전쟁' 레토릭에서 나타나는 세대의미론과 활용 전략의 변화〉, 앞의 책, 205쪽.

11   하인츠 부데, 〈맥락으로 보는 '세대': 전쟁 세대에서 복지국가 세대까지〉, 앞의 책, 54쪽.

12   박경숙과 동료들은 실제로 세대 간의 가치관 차이가 현저하지 않은데도 세대 간 갈등

이 부각되는 이유로 연령주의ageism와 같은 (부정적) 세대 고정관념을 꼽는다. 이 논의의 서베이 조사에 따르면 특정 연령 집단에 대한 부정적 편견이 20~30대와 60대 이상에게만 귀속되었다. 여기서 노년층은 은퇴 인구로 상정되어왔으며, 젊은 층은 아직 학생이거나 혹은 실업자(청년 백수), 니트NEET족 등으로 표상되는 인구라는 점을 지적해둘 필요가 있다. 박경숙 외 지음, 《세대 갈등의 소용돌이》, 다산출판사, 2013, 148~150쪽.

13 하인츠 부데, 〈맥락으로 보는 '세대': 전쟁 세대에서 복지국가 세대까지〉, 앞의 책, 49쪽.

14 Paul Hodkinson, "Youth Cultures: A critical outline of key debates", *Ibid.*, p.2.

15 전상진, 〈경제민주화와 세대: '연금을 둘러싼 세대들의 전쟁' 레토릭에서 나타나는 세대의미론과 활용 전략의 변화〉, 앞의 책, 297쪽.

16 하인츠 부데, 〈맥락으로 보는 '세대': 전쟁 세대에서 복지국가 세대까지〉, 앞의 책, 59쪽.

17 Andy Bennett, "As young as you feel: Youth as a discursive construct", eds, Paul Hodkinson and Wolfgang Deicke, *Youth Cultures: Scenes, Subcultures and Tribes.* Routledge. 2007, p.33.

18 Jeffrey Jensen Arnett, "Emerging adulthood: A theory of development from the late teens through the twenties", *American Psychologist* 55(5), 2000; 전상진, 〈미래 예측, 복고, 청소년: 후기근대 청소년의 위험과 도전 과제에 대한 시간사회학적 고찰〉, 《청소년문화포럼》 27, 2011; 주경필, 〈성인도래기Emerging Adulthood의 개념 정립을 통한 국내 청년 복지정책에 대한 소고〉, 《청소년복지연구》 17, 2015.

19 김병권·박형준·신윤정·오윤덕·이수나, 앞의 책, 36~38쪽.

20 최상진·김양하·황인숙, 〈한국문화에서 청소년이란 무엇인가?〉, 《한국심리학회지: 문화 및 사회문제》 10, 2004; 박소영, 〈청소년 담론 분석을 통한 청소년관 변천사 연구: 신문 사설을 중심으로〉. 명지대학교 청소년지도학과 박사학위 논문, 2016.

21 Pierre Bourdieu, *On the State: Lectures at the Collège de France*, 1989-1992, Polity, 2014, pp.11-12.

22 고덕영, 〈주체의 기획이 좌초된 20대 세대론을 다시 읽는다: '88만원세대'의 확산과 그 변형〉, 미디어스, 2013. 10. 11.

23 전상진, 〈세대 개념의 과잉, 세대 연구의 빈곤: 세대 연구 방법에 대한 고찰〉, 《한국사회학》 38(5), 2004, 45쪽.

24 한윤형, 〈월드컵 주체와 촛불시위 사이, 불안의 세대를 말한다: 강제로 규정된 청년세대의 복잡 미묘함에 대해〉, 앞의 책.

25 〈4·13 총선 5대 어젠다 1: 투표율이 힘〉, 《국제신문》, 2015. 12. 31.

26 〈2030의 '선거 반란'〉, 《한겨레》, 2016. 4. 14.

27 전상진, 《세대 게임: '세대 프레임'을 넘어서》, 252~261쪽.

28 엄기호, 〈학교는 하나인데 '출신'은 여러 개〉, 《시사IN》 362호.

29 오찬호, 〈'학내 카스트' 당신 대학은 예외인가〉, 《한겨레21》 1020호.

30 박재흥, 〈세대 연구의 이론적·방법론적 쟁점〉, 《한국인구학》 24(2), 2001, 55쪽.

31 전상진, 〈세대 개념의 과잉, 세대 연구의 빈곤: 세대 연구 방법에 대한 고찰〉, 앞의 책, 39쪽.

32 스누라이프 내에서 학부생 전용 게시판을 주장하는 논리가 생긴 것이 단순히 타대 출신 서울대학교 대학원생들에 대한 '학벌 차별' 때문만은 아니다. 스누라이프 게시판에 올라온 다양한 종류의 문제적 발언이 기사화되는 바람에 학교와 학생들이 비난받는 일이 계속되자 학부생들만 볼 수 있는 게시판을 만들자는 논의가 만들어진 맥락이 있었으나, 언론은 이에 대해서는 침묵했다. 한국외국어대학교 서울캠퍼스 학생들이 캠퍼스 통합을 반대하는 시위를 벌인 것 역시 '용인캠퍼스 차별' 맥락 외에도, 캠퍼스 통합으로 인해 강의당 수업 인원이 증가하게 되면 서울캠퍼스 학생들이 피해를 입는다는 사실, 또한 서울캠퍼스 학생들이 시위를 통해 지적한 가장 큰 문제는 '학교 측의 독단적인 결정'이었다는 점을 함께 봐야 했다. 《한겨레》는 2011년 10월 27일 〈용인캠퍼스와 통합 안 돼, 외대 학생들 씁쓸한 투쟁〉이라는 기사에서, 학생들의 시위에 대해 학벌주의를 체화한 대학생들의 비윤리적 행태 프레임으로만 보도했다. 2016년 여름에는 이화여대 학생들이 학교 측의 일방적인 미래라이프대학 설립 통보와 학내 경찰 병력 투입 등에 반대해 학내 시위를 대규모로 벌인 일이 있었는데, 그때도 어김없이 '학벌주의 프레임'이 적용됐다. 이화여대 학생들이 실제로 어떤 이유로 시위를 하고 있는지와는 관계없이 이화여대 졸업장의 가치가 낮아지는 게 싫어서 저러는 것이라는 식의 해석들이 댓글란은 물론 지면상에도 등장했다.

33 최효찬, 〈우리 모두가 행복한 교육: 청소년 파고드는 '하이티즘 신드롬'〉, 《주간경향》 1033호.

34 〈지난 21년간 軍 사망자 연평균 195.6명〉, 《주간조선》 2320호.

35 〈[Why] 엄마가 안 가르친 '밥상머리 예절'… 부장님이 나섰다〉, 《조선일보》, 2016. 2. 13.

36 〈청소도 못해 도우미 부르는 '어른 아이들'〉, 《한국일보》, 2016. 8. 30.

37 Ernesto Laclau, *Ibid.*, p.45.

38 Jonathan White, "Thinking generations", *Ibid.*

39 정수남·권영인·박건·은기수, 〈'청춘' 밖의 청춘, 그들의 성인기 이행과 자아 정체성: 빈곤 청년을 대상으로〉, 《문화와 사회》 12, 2012.

40 안수찬, 〈가난한 청년은 왜 눈에 보이지 않는가〉, 민주정책연구원 기고 칼럼, 2011.

41 배은경, 〈'청년세대' 담론의 젠더화를 위한 시론: 남성성 개념을 중심으로〉, 《젠더와 문화》 8(1), 2015, 10쪽.

42 같은 글, 16쪽.

43 진, 〈청년 담론에서 보이지 않는 여성〉, 고함20 편, 《8998: 헬조선의 여자들》, 2017.

44 김현아, 〈청년 여성의 불안정 노동 경험과 "가족 실행" 전략에 관한 연구〉, 성공회대학교 NGO대학원 석사학위 논문, 2015.

45 김혜경·이순미, 〈'개인화'와 '위험': 경제 위기 이후 청년층 '성인기 이행'의 불확실성과 여성 내부의 계층화〉, 《페미니즘연구》 12(1), 2012, 35~72쪽.

46 김선기·구승우·김지수·정보영·박경국·채태준, 《청년 연구 과제 개발을 위한 기초 연구: 연구 동향의 메타 분석을 바탕으로》, 서울시청년허브 기획연구보고서, 2016, 94~102쪽.

47 신선미·민무숙·권소영·고혜원, 《미취업 여성 청년층의 취업 준비 활동 효과와 취업 지원 방안》, 한국여성정책연구원 연구보고서, 2013.

48 유정미, 〈청년세대 노동시장 진입 단계의 성별 임금 격차 분석〉, 《한국여성학》 33(1), 2017.

49 최율·이왕원, 〈청년층 취업 선호도와 노동시장 진입의 관계: 잠재 집단 분석과 생존 분석을 통한 접근〉, 《한국사회학》 49(5), 2015.

50 조해영·진선민, 〈노동시장에서의 성차별 경험이 여성 구직자에게 미치는 영향: 서울 4년제 대학 여성을 중심으로〉, 서울시청년허브 편, 《청년, 자기 삶의 연구자가 되다》, 2017, 169쪽.

51 최종렬, 〈'복학왕'의 사회학: 지방대생의 이야기에 대한 서사분석〉, 《한국사회학》 51(1), 2017.

52 정수남과 김정환은 "계급적 차원의 문제가 결여된 세대론은 청년세대의 불행한 실존적 상황을 해결하는 데 별다른 도움을 주지 못"하며, "세대 문제는 계급적 차원과 밀접한 관계 속에서 다루어져야" 한다고 주장한다. 정수남·김정환, 〈'잠재적 청년실업자'들의 방황과 계급적 실천〉, 《문화와 사회》 23, 2017, 199쪽.

53 안수찬, 앞의 글.

54 Collins, Patricia Hill and Bilge, Sirma, *Intersectionality*, Polity, 2016.

55 Crenshaw, Kimberle, "Mapping the margins: Intersectionality, identity politics, and violence against women of color", *Stanford law review* Vol.43, No.6, July 1991.

56 다음의 유튜브 영상을 참고하라. https://youtu.be/uPtz8TiATJY

57 Judith Jack Halberstam, *Gaga Feminism*, Beacon Press, 2012[한국어판: 《가가 페미니즘: 섹스, 젠더, 그리고 정상성의 종말》, 이화여대 여성학과 퀴어·LGBT 번역 모임 옮김, 2014, 이매진].

58 나는 핼버스탬의 결혼 제도 확대에 대한 비판이 타당하지만, 동시에 '동성 결혼'의 법제화를 주장하는 목소리에도 진보적인 잠재력이 있을 수 있다고 생각하는 입장이다.

59 실제로 연애는 포기되고 있는데, 그것은 다양한 방식으로 정의되는 계층적 요소에 따라 연애를 희망/단념하는 비율에 유의미한 차이가 나는 상황에서 드러난다. 조성호, 〈최근 미혼 인구의 특성과 동향: 이성 교제를 중심으로〉, 《보건복지포럼》 213, 2014.

60 류연미, 〈시험의 공정성과 능력주의의 문제들〉, 《새로운 규칙 포럼 Q001. 무엇이 공정한 채용인가? 자료집》, 2018년 12월.

61 개인주의는 이기주의로 쉽게 곡해돼 청년들을 비판하는 논리로 사용된다. 그러나 청

년들의 개인주의는 남보다 나를 우선적으로 여기는 이기주의의 형식으로 발현될 때도 있지만, 기본적으로는 스스로 자신의 삶을 선택하고 결정하고 책임지는 자기 책임의 원리에 가깝다. 울리히 벡(《위험사회》, 홍성태 옮김, 새물결, 1997, 221쪽)에 따르면 개인(주의)화individualization는 "생애가 자기성찰적으로 됨"을 의미하며, 후기 근대에서 "사회적으로 규정된 생애가 계속해서 자가생산되는 생애로 변화"하는 흐름을 가리킨다. 이렇게 볼 때 오늘날 청년들이 겪고 있는 이행의 위기(N포)는 일정 부분 '고용 없는 성장'이라는 시대 상황과 연관된 '불능'이기도 하지만, 개인화의 확산과도 연관 있는 '선택'이기도 하다. 자신의 삶을 성찰적으로 빚어가는 맥락에서 개인은 특정한 연령에 반드시 정규적으로 취업해야 할 필요도, 연애-결혼-출산 등의 과업을 수행해야 할 필요도 없다. 또한 남자가 남자다워야 하거나 여자가 여자다워야 할 필요도 없으며 그것은 개인이 선택하고 책임질 수 있는 몫으로 여겨지게 된다.

62 공정성 개념의 다차원성에 대해서는 다음의 문헌을 참고할 수 있다. Hegtvedt, Karen, "Justice frameworks", ed. Burke, Peter, *Contemporary social psychological theories*, Stanford University Press, 2006.

63 한국 사회가 불공정하다고 생각하면서도, '한국 사회는 공정한 사회'라는 모순된 인식을 많은 청년들이 가지고 있는 것으로 나타난다. 이는 한국 사회의 공정성에 대한 믿음이 자기 자신이 가지고 있는 크고 작은 성취물을 정당한 것으로 만들어주는 논리이기 때문이며, 개인주의/능력주의와 연관된 사회의 공정성을 도덕적 이상으로 배우며 자라왔기 때문이기도 하다. 청년층의 가치관에 대한 사회조사 통계치들은 다음의 문헌을 참고할 수 있다. 김선기 · 천주희 · 최태섭 · 최혁규, 《통계로 본 서울 청년의 삶》, 서울시청년활동지원센터 연구보고서, 2019.

64 Anoop Nayak and Mary Jane Kehily, "Gender Relations in Late-Modernity: Young Masculinities in Crisis", *Gender, Youth and Culture*, Palgrave Macmillan, 2013.

65 배은경, 〈'청년세대' 담론의 젠더화를 위한 시론: 남성성 개념을 중심으로〉, 앞의 책, 33~34쪽.

66 남상호, 〈가계 자산 분포와 불평등도의 분해: 노동패널 자료를 중심으로〉, 《제9회 한국 노동패널 학술대회 자료집》, 2008; 신광영, 〈세대, 계급과 불평등〉, 앞의 책; 이상봉, 〈부의 불평등 시각에서 바라본 연령 집단의 경제 불평등〉, 《현상과 인식》 112, 2010, 201~219쪽; 이상봉, 〈경제 불평등구조 분석: 계급, 지역 및 연령 집단을 중심으로〉, 《한국사회학》 45(2), 2011.

67 June Edmunds and Bryan S. Turner, *Generations, culture and society*, Open University, 2002, pp.16-19.

68 386세대를 '정치적 · 경제적 이익 추구 및 분배 네트워크'로서의 세대로 보는 비판적인 논의로는 다음 문헌을 참고할 수 있다. 이철승, 〈세대, 계급, 위계: 386세대의 집권과 불평등의 확대〉, 《한국사회학》 53(1), 2019.

69 Andy Bennett, "As young as you feel: Youth as a discursive construct", *Ibid*.

70 천정환, 〈'헬' 바깥으로, 세대 담론을 넘어〉, 《동국대학원신문》 193, 2015. 12. 7.

71 김원, 〈80년대에 대한 '기억'과 '장기 80년대': 지식인들의 80년대 해석을 중심으로〉, 《한국학연구》 36, 2015.

72 《주간경향》의 정용인 기자가 대표적인 관련 담론 생산자다. 정용인, 〈'장기 386 시대'가 다가오고 있다〉, 《주간경향》 1128호; 정용인, 〈88만원세대 10년, 세상은 달라졌을까〉, 《주간경향》 1280호(《주간경향》 1280호에는 '88만원세대' 이후 10년이 지난 2018년 현재의 상황을 진단하는 특집 기획기사들이 실렸다.)

73 김세은·김수아, 〈저널리즘과 여성의 이중 재현: 여성 유권자 보도 담론 분석〉, 《한국언론학보》 51(2), 2007, 237쪽.

74 〈2030, 치열하게 헤매야 길이 보인다··· 단, 조금만 시야 넓히고〉, 《조선일보》, 2013. 1. 3.

75 조국, 〈'88만원세대'가 88퍼센트 투표하면 세상은 88퍼센트 나아진다〉, 《한겨레》, 2010. 5. 31.

76 고득성, 〈'캥거루족'의 득세··· 자녀 전셋집 마련보다 경제 자립심 교육을〉, 《경향신문》, 2014. 7. 14.

77 김호기, 〈꿈을 상실한 세대를 위하여〉, 《경향신문》, 2013. 2. 26.

78 허문명, 〈2030과 박근혜의 거리〉, 《동아일보》, 2012. 8. 17.

79 김선권, 〈청년들이여, 안녕하지 못하다고? 도전하라!〉, 《조선일보》, 2014. 1. 7.

80 곽병찬, 〈늙은 철부지〉, 《한겨레》, 2011. 11. 1.

81 원용진·이동연·노명우, 〈청소년주의와 세대 신화〉, 《한국언론정보학보》 36, 2006, 326~327쪽.

82 최태섭, 〈[2030 콘서트] 마지막 인사〉, 《경향신문》, 2013. 7. 10.

83 김민하, 〈[2030 세상읽기] 청년활동가의 고민〉, 《경향신문》, 2012. 7. 10.

84 김사과·정다혜·한윤형·정소영, 〈20대 얘기, 들어는 봤어?: 청년세대의 문화와 정치〉, 《창작과비평》 147, 2010, 274쪽.

85 너멀 퓨워, 《공간 침입자: 중심을 교란하는 낯선 신체들》, 김미덕 옮김, 현실문화연구, 2017, 113~122쪽.

86 '미디어오늘'에서 창간 21주년 기획으로 현직 언론인들을 대상으로 한 설문을 바탕으로 '주목해야 할 젊은 언론인 21명'을 선정했는데, 거기에 '젊어진 수요일'을 총괄 기획한 만 40세의 《중앙일보》 정강현 기자가 '청년 기획'에 강하다는 이유로 포함되었다. 〈'송곳' 같은 젊은 기자들, 이들이 있어서 희망이 있다〉, 미디어오늘, 2016. 5. 18.

4장

1 한동안 나는 세대 개념을 통해 가치관의 차이나 경제적 손익을 계산하는 것(세대 회계)은 부적절하지만, 참여나 발언권, 참정권 등의 영역에서 실질적인 세대 차가 존재

한다고 생각했다.

2 쿠르트 뤼셔, 〈양가성: 세대 문제의 이해를 위한 하나의 시도 – 오늘날 세대 문제의 의미〉, 미하엘 빌트·울리케 유라이트 엮음, 한독젠더문화연구회 옮김, 앞의 책.

3 전상진, 〈세대 개념의 과잉, 세대 연구의 빈곤: 세대 연구 방법에 대한 고찰〉, 앞의 책.

4 주디스 버틀러, 《젠더 트러블: 페미니즘과 정체성의 전복》, 조현준 옮김, 문학동네, 2008, 97쪽.

5 같은 책, 131쪽.

6 김정란, 〈젠더 정체성은 왜 억압적인가?: 버틀러의 젠더 해체의 필요성〉, 《한국여성철학》 6, 2006, 62쪽.

7 어빙 고프먼, 《자아 연출의 사회학》, 진수미 옮김, 현암사, 2016, 27~28쪽.

8 Candace West and Don H. Zimmerman, "Doing Gender", *Gender and Society* 1(2), 1987, p.127.

9 인종 문제에서도 생물학적으로 결정된 피부색이 인종 간 차이를 나타내는 것이 아니라 오히려 백인이나 흑인, 다른 유색인종과 관련해 사회적으로 형성된 관념과 규범이 이 차이를 지속적으로 인지시키고, 재생산하고 있음을 인종 수행성에 관한 논의들이 분명하게 보여준다. Jonathan Xavier Inda, "Performativity, materiality, and the racial body", *Latino Studies Journal* 11(3), 2000; Minelle Mahtani, "Tricking the Border Guards: Performing Race", *Environment and Planning D: Society and Space* 20, 2002; John T. Warren, "Doing Whiteness: On the performative dimensions of race in the classroom", *Communication Education* 50(2), 2001.

10 M. 라이너 렙지우스, 〈세대 연구에 대한 비판적 제언〉, 미하엘 빌트·울리케 유라이트 엮음, 앞의 책, 74쪽.

11 피에르 부르디외, 《혼돈을 일으키는 과학》, 문경자 옮김, 솔, 1994.

12 Candace West and Don H. Zimmerman, "Doing Gender", *Ibid.*

13 김홍중, 〈서바이벌, 생존주의, 그리고 청년세대: 마음의 사회학의 관점에서〉, 《한국사회학》 49(1), 2015, 183쪽.

14 조현준, 〈젠더 계보학과 여성 없는 페미니즘: 주디스 버틀러의 《젠더 트러블》〉, 《영미문학연구 안과밖》 26, 2009, 195쪽.

15 Judith Butler, *Bodies that matter: On the discursive limits of "sex".*, Routledge, 1993, p.ix.

16 반본질주의적인 이론에 바탕을 둔 정치의 가능성에 대해서는 다음의 글을 참고할 수 있다. 샹탈 무페, 《좌파 포퓰리즘을 위하여: 새로운 헤게모니 구성을 위한 샹탈 무페의 제안》, 이승원 옮김, 문학세계사, 2019.

17 주디스 버틀러, 《혐오 발언: 너와 나를 격분시키는 말 그리고 수행성의 정치학》, 유민석 옮김, 알렙, 2016, 167~177쪽.

18 〈[지승호가 만난 사람] 《아프니까 청춘이다》 저자 김난도 교수〉, 《주간경향》 997호.

19 언론학자 김수아는 한국 사회의 난민 이슈에 관해서도 비슷한 의견을 제시한다. 이주

민 남성에 대한 특정한 '믿음'과 확증 편향은 그 전제에 맞춰 지속적으로 '편향된 통계'와 '가짜 뉴스'가 생산되고 유통되는 현상의 기반이 된다는 것이다. 김수아, 〈혐오 뉴스와 확증 편향, 그리고 그것이 만들어내는 '괴물'〉, 2018. 6. 27, https://www.facebook.com/feminismwithoutborders/posts/630832743960879.

20 〈2030 vs 5060… 세대 대결 뚜렷〉,《동아일보》, 2014. 6. 6.

21 〈[경향마당] 누가 '청년들 연금'에 손을 대려 하나〉,《경향신문》, 2014. 3. 11.

22 집단의 구획은 그 자체가 특수한 집단 구성의 원리를 지배적인 것으로 부과하고자 하는 범주화 작업의 결과로서만 이뤄진다. 이런 문제의식에 따르면, 20~30대가 스스로를 '청년세대' 당사자로 인식하지 않는 것이 특별히 의아한 일도 아니다. 로익 바캉, 〈상징권력과 집단 형성: 피에르 부르디외의 계급 문제 재구성에 관하여〉, 이상길·배세진 옮김,《언론과 사회》 21(2), 2013, 39~40쪽.

23 '청년운동'이라는 기표의 역사적 변이 과정을 간단히 살펴보자. 국내 학술논문 DB에서 '청년운동'을 검색하면 1920년대 일제강점기의 청년운동, 그리고 기독교/불교 내의 청년운동에 대해 역사적으로 접근하는 문헌들이 주로 발견된다. 그러나 정작 청년 연령대가 주로 참여하는 사회운동에는 오랜 기간 '청년운동'이라는 이름이 부여되지 않았다. 이는 '청년운동'과 의미의 경합 관계에 있던 '학생운동'의 영향 탓이라고 추측할 수 있다. 사회운동이 쉽게 조직할 수 있었던 집단은 개인으로 존재하는 청년들 전체가 아니라 학생회를 중심으로 조직화된 (대)학생이었기 때문이다. 이러한 이유로 해방 이후 국내 민주화운동에서 '청년운동'이라는 기표는 매우 제한적으로 사용되었으며, 2000년대 후반에서야 '청년운동'이 새롭게 논의되기 시작했다.

24 민철기, 〈1990년대 학생운동의 쇠퇴 원인: 정치적 기회 구조를 중심으로〉, 서강대학교 신문방송학과 석사학위 논문, 2003.

25 류연미, 〈지속 가능한 삶으로서의 활동: '서울시청년일자리허브'와 청년활동가의 실천 연구〉, 서울대학교 사회학과 석사학위 논문, 2014, 74쪽.

26 최성민, 〈'청년' 개념과 청년 담론 서사의 변화 양상〉,《현대문학이론연구》 50, 2012.

27 최철웅, 〈'청년운동'의 정치학〉,《문화과학》 66, 2011, 27쪽.

28 홍명교, 〈대학의 위기와 대안적 학생운동의 전망〉,《문화과학》 66, 2011, 119쪽.

29 대표적인 사례로 2017년 서울청년의회에서 청년활동가들이 내세운 구호 '일자리를 넘어 삶으로, 숫자가 아닌 자존으로'를 들 수 있다. 이런 구호는 청년당사자운동이 청년 개인들의 선택과 욕구, 나아가 '삶 자체'가 존중받을 수 있는 사회안전망을 구축하고자 한다는 것을 잘 보여주었다. 이는 청년들을 '일자리'나 '정상가족'으로 상징되는 기성 사회에 재통합하는 문제와는 명백히 다르다.

30 물론 당사자주의라는 개념을 발전시켜온 장애인권 분야 등에서는 이런 주장에 축적된 역사가 있기 때문에 당사자성 주장이 상대적으로 더 힘을 얻을 수 있다. 그러나 '청년당사자'라는 자기주장은 오히려 스스로의 이해관계가 걸린 일에 대해 청년들이 객관적이기 힘들다는 식으로까지 언급되고 있어서, 정당하지 못한 것으로 무시될 가능성이 크다.

31 페르마타, 〈이낙연 총리가 청년들에게 '노오력'을 주문했다〉, 2017. 12. 28, http://www.goham20.com/56690.

32 낸시 프레이저·악셀 호네트, 《분배냐, 인정이냐?》, 김원식·문성훈 옮김, 사월의책, 2014, 118쪽.

33 유창복, 《협치서울 기본교재》, 서울특별시 서울협치추진단, 2017, 8쪽.

34 이 과정에서 청년활동가들의 노동을 행정이 '착취'하고 있는 것은 아닌지 의문을 갖게 하는 상황들이 발생하기도 한다. 이와 관련해서는 다음 보고서를 참조하라. 김선기·양대은·옥미애·임동현·채웅준, 《전국 청년활동가의 노동 경험 연구: 지방정부 청년 거버넌스를 중심으로》, 시흥시 청년정책팀 정책연구보고서, 2017.

35 Doug McAdam, "Recruitment to High-Risk Activism: The Case of Freedom Summer", *American Journal of Sociology* 92(1), 1986; Gregory L. Wiltfang and Doug McAdam, "The Costs and Risks of Social Activism: A Study of Sanctuary Movement Activism", *Social Forces* 69(4), 1991.

36 해외 사례로는 다음을 참조할 수 있다. Maria Bernard, "Affirmative governmentality and the politics of youth inclusion: A critical analysis of youth voice and engagement in dominant political discourse in ontario", *Canadian Review of Social Policy* 75, 2016; Judith Bessant, "Youth participation: a new mode of government" *Policy Studies* 24(2-3), 2003; Sara Bragg, ""Student Voice" and Governmentality: The production of enterprising subject?", *Discourses: Studies in Cultural Politics of Education* 28(3), 2007; Danielle Hong, "Shaping Citizen Youth: The Thin Line Between Citizenship and Activism in Singapore", 2015, [On-Line]. Retrieved from https://www.academia.edu/21863189/; Soo Ah Kwon, *Uncivil Youth: Race, Activism and Affirmative Governmentality*, Duke University Press, 2013.

37 권유미, 〈청년 호명과 주체의 전유: 서울시 '지역혁신청년활동가'를 중심으로〉. 연세대학교 사회학과 석사학위 논문, 2018; 류연미, 〈지속 가능한 삶으로서의 활동: '서울시 청년일자리허브'와 청년활동가의 실천 연구〉, 앞의 논문, 2014; 이영롱·명수민, 《좋은 노동은 가능한가: 청년세대의 사회적 노동》, 교육공동체벗, 2014.

38 물론 몇몇 청년들은 청년당사자로 활동하며 얻은 상징자본을 중장년이 되어 더 큰 무대에서 활용할 수도 있다. 그러나 어찌되었든 '청년'이라는 연령 위치에서는 발언권을 제대로 행사하기 어렵다는 문제는 여전히 남는데, 새롭게 청년이 되는 세대들은 계속해서 이 문제에 부딪히기 때문이다.

39 너멀 퓨워, 《공간 침입자: 중심을 교란하는 낯선 신체들》, 김미덕 옮김, 현실문화, 2017.

40 자크 랑시에르, 《정치적인 것의 가장자리에서》, 양창렬 옮김, 길, 2013, 116~122쪽.

41 마크 로즈만, 〈'상상의 공동체'로서의 세대: 18세기부터 20세기까지 독일에서 나타나는 신화, 세대 정체성, 세대 갈등〉, 미하엘 빌트·울리케 유라이트 엮음, 앞의 책, 244~272쪽.

42 베네딕트 앤더슨, 《상상된 공동체》, 서지원 옮김, 길, 2018.

43 장-특정적 세대 개념과 관련해서는 다음의 문헌을 참고할 수 있다. 김선기, 〈청
    년-하기를 이론화하기: 세대 수행성과 세대연구의 재구성〉, 《문화와 사회》 25,
    2017; Purhonen, Semi, "Generations on paper: Bourdieu and the critique of
    'generationalism'", *Social Science Information* 55(1), 2015.

44 전상진(《세대 게임》, 2018)은 오늘날 정치적 세대로서 출현하고 있는 노년세대(소위
    '태극기부대')와 관련해 세대라는 관념, 그리고 세대 공동체를 감각할 수 있게 하는 매
    개로서 시간 고향이 갖는 일종의 힘돋우기 현상에 관해 논의한 바 있다. 이때 보수 세
    력은 "어르신들에게 '과거 생애에 대한 자긍심'을 느끼게 함으로써 현실의 고통과 소
    외를 상상적으로나마 극복하고, 진보 세력의 퇴물 취급으로 인해 손상된 자부심을 회
    복할 수 있도록"(259쪽) 돕는 역할을 하고 있다. 이것은 실질적으로 노년세대의 문제
    를 해결하지는 않는다는 점에서 기만적이지만, 오히려 노년세대 개인들이 의지할 곳
    으로 여겨지는 시간 고향과 상상된 공동체 자체를 훼손시키는 '진보 세력'의 행위에
    비해 그들에게는 나름대로 긍정적으로 비춰질 수 있다.

참고문헌

국내문헌

강원택, 〈세대, 이념과 노무현 현상〉, 《계간 사상》 54, 2002년 9월.

강준만, 〈광고회사가 만드는 신세대 '가상현실'〉, 《월간 말》 98, 1994년 8월.

강지웅, 〈청년도 늙는다〉, 서울시청년허브 편, 《2015년도 서울특별시 청년허브 공모연구 '청년, 자기 삶의 연구자가 되다'》, 2016.

구자순, 〈신세대와 문화 갈등〉, 《사회이론》 14, 한국사회이론학회, 1995년 12월.

권유미, 〈청년 호명과 주체의 전유: 서울시 '지역혁신활동가'를 중심으로〉, 연세대학교 석사 학위 논문, 2018.

김병권·박형준·신윤정·오윤덕·이수나, 《지방 정부 청년정책 변화 분석을 통한 서울시 청년정책 2.0 과제 도출》, 서울시청년허브 기획연구보고서, 2017.

김사과·정다혜·한윤형·정소영, 〈20대 얘기, 들어는 봤어?: 청년세대의 문화와 정치〉, 《창작과비평》 147, 2010년 3월.

김선기, 〈청년-하기를 이론화하기: 세대 수행성과 세대연구의 재구성〉, 《문화와 사회》 25, 2017년 12월.

김선기·구승우·김지수·정보영·박경국·채태준, 《청년 연구과제 개발을 위한 기초연구: 연구동향의 메타분석을 바탕으로》, 서울시청년허브 기획연구보고서, 2016.

김선기·양대은·옥미애·임동현·채웅준, 《전국 청년활동가의 노동경험 연구: 지방정부 청년 거버넌스를 중심으로》, 시흥시 정책연구보고서, 2017.

김세은·김수아, 〈저널리즘과 여성의 이중 재현: 여성유권자 보도 담론분석〉, 《한국언론학보》 51(2), 한국언론학회, 2007년 4월.

김원, 〈80년대에 대한 '기억'과 '장기 80년대': 지식인들의 80년대 해석을 중심으로〉, 《한국학연구》 36, 인하대학교 한국학연구소, 2015년 3월.

김유선, 《정년 60세 시대, 임금피크제가 청년고용 해법인가?》, 양대노총 공공부문 노동조합 공동대책위원회 주최 정책토론회, 2015년 6월.

김정란, 〈젠더 정체성은 왜 억압적인가?: 버틀러Judith Butler의 젠더 해체의 필요성〉, 《한국여성철학》 6, 한국여성철학회, 2006년 11월.

김현아, 〈청년 여성의 불안정 노동 경험과 "가족 실행" 전략에 관한 연구〉, 성공회대학교
　　NGO대학원 석사학위 논문, 2015.

김혜경·이순미, 〈'개인화'와 '위험': 경제위기 이후 청년층 '성인기 이행'의 불확실성과 여성
　　내부의 계층화〉, 《페미니즘 연구》 12(1), 한국여성연구소, 2012년 4월.

김홍중, 〈서바이벌, 생존주의, 그리고 청년세대: 마음의 사회학의 관점에서〉, 《한국사회학》
　　49(1), 한국사회학회, 2015년 2월.

남상호, 〈가계자산 분포와 불평등도의 분해: 노동패널 자료를 중심으로〉, 《제9회 한국 노동
　　패널 학술대회 자료집》, 한국노동연구원, 2008년 1월.

류연미, 〈지속가능한 삶으로서의 활동: '서울시청년일자리허브'와 청년활동가의 실천 연
　　구〉, 서울대학교 석사학위 논문, 2014.

문화이론연구회, 〈'신세대론'을 비판한다〉, 《문화과학》 5, 문화과학사, 1994년 1월.

민철기, 〈1990년대 학생운동의 쇠퇴원인: 정치적 기회 구조를 중심으로〉, 서강대학교 석사
　　학위 논문, 2004.

박경숙·서이종·김수종·류연미·이상직·이주영, 《세대 갈등의 소용돌이》, 다산출판사,
　　2013.

박상훈, 《만들어진 현실: 한국의 지역주의, 무엇이 문제이고, 무엇이 문제가 아닌가》, 후마
　　니타스, 2009.

박소영, 〈청소년 담론분석을 통한 청소년관 변천사 연구: 신문사설을 중심으로〉, 명지대학
　　교 박사학위 논문, 2016.

박이대승, 《'개념' 없는 사회를 위한 강의: 변화를 향한 소수자의 정치전략》, 오월의봄,
　　2017.

박재흥, 〈한국 사회의 세대 문제: 질적 접근〉, 《사회와역사》 38, 한국사회사학회, 1992년 12
　　월.

박재흥, 〈신세대의 일상적 의식과 하위문화에 관한 질적 연구〉, 《한국사회학》 29, 한국사회
　　학회, 1995년 9월.

박재흥, 〈세대연구의 이론적·방법론적 쟁점〉, 《한국인구학》 24(2), 한국인구학회, 2001년
　　12월.

박재흥, 〈세대 명칭과 세대갈등 담론에 대한 비판적 검토〉, 《경제와사회》 81, 비판사회학회,
　　2009년 3월.

배은경, 〈'청년 세대' 담론의 젠더화를 위한 시론: 남성성 개념을 중심으로〉, 《젠더와 문화》
　　8(1), 계명대학교 여성학연구소, 2015년 6월.

서복경·신윤정·엄창환·오윤덕·장수정, 《청년정책 결정 및 집행체계에 대한 경험연구: 효
　　율성, 참여성, 적합성의 원리에 따른 협력적 거버넌스 모델 제안》, 서울시청년허브 기
　　획연구보고서, 2017.

소영현, 〈청년과 근대: 《少年》을 중심으로〉, 《한국근대문학연구》 6(1), 한국근대문학회,
　　2005년 4월.

신광영, 〈세대, 계급과 불평등〉, 《경제와사회》 81, 비판사회학회, 2009년 3월.

신선미·민무숙·권소영·고혜원, 《미취업 여성청년층의 취업준비활동 효과와 취업지원방안》, 한국여성정책연구원 연구보고서, 2013.

신임선, 〈청년세대의 보수화 담론 연구〉, 연세대학교 석사학위 논문, 2016.

심광현, 〈세대의 정치학과 한국현대사의 재해석〉, 《문화과학》 62, 문화과학사, 2010년 6월.

원용진·이동연·노명우, 〈청소년주의와 세대 신화〉, 《한국언론정보학보》 36, 한국언론정보학회, 2006년 11월.

우석훈·박권일, 《88만원 세대: 절망의 시대에 쓰는 희망의 경제학》, 레디앙, 2007.

유정미, 〈청년세대 노동시장 진입 단계의 성별임금격차 분석〉, 《한국여성학》 33(1), 한국여성학회, 2017년 3월.

유창복, 《협치서울 기본교재》, 서울특별시 서울협치추진단, 2017.

이갑윤, 〈촛불집회 참여자의 인구·사회학적 특성 및 정치적 정향과 태도〉, 《한국정당학회보》 9(1), 한국정당학회, 2010년 2월.

이기훈, 《청년아, 청년아, 우리 청년아》, 돌베개, 2010.

이동연, 〈세대정치와 문화의 힘〉, 《문화과학》 33, 문화과학사, 2003년 3월.

이동연, 〈세대문화의 구별짓기와 주체형성: 세대담론에 대한 비판과 재구성〉, 《문화과학》 37, 문화과학사, 2004년 3월.

이상봉, 〈부의 불평등 시각에서 바라본 연령 집단의 경제 불평등〉, 《현상과 인식》 112, 한국인문사회과학회, 2010년 12월.

이상봉, 〈경제 불평등 구조 분석: 계급, 지역 및 연령집단을 중심으로〉, 《한국사회학》 45(2), 한국사회학회, 2011년 4월.

이재원, 〈時代遺憾, 1996년 그들이 세상을 지배했을 때: 신세대, 서태지, X세대〉, 《문화과학》 62, 문화과학사, 2010년 6월.

이철승, 〈세대, 계급, 위계: 386 세대의 집권과 불평등의 확대〉, 《한국사회학》 53(1), 한국사회학회, 2019년 2월.

이혜숙, 〈'청소년' 용어 사용 시기 탐색과 청소년 담론 변화를 통해 본 청소년 규정방식〉, 《아시아교육연구》 7(1), 서울대학교 교육연구소, 2006년 3월.

전상진, 〈세대사회학의 기능성과 한계: 세대개념의 분석적 구분〉, 《한국인구학》 25(2), 한국인구학회, 2002년 12월.

전상진, 〈세대 개념의 과잉, 세대 연구의 빈곤: 세대 연구 방법에 대한 고찰〉, 《한국사회학》 38(5), 한국사회학회, 2004년 10월.

전상진, 〈세대 경쟁과 정치적 세대: 독일 세대논쟁의 88만원 세대론에 대한 시사점을 중심으로〉, 《한·독사회과학논총》 20(1), 한독사회과학회, 2010년 3월.

전상진, 〈미래예측, 복고, 청소년: 후기근대 청소년의 위험과 도전과제에 대한 시간사회학적 고찰〉, 《청소년문화포럼》 27, 한국청소년문화연구소, 2011년 8월.

전상진, 〈경제민주화와 세대: '연금을 둘러싼 세대들의 전쟁' 레토릭에서 나타나는 세대의 미론과 활용전략의 변화〉, 한국사회학회 편, 《상생을 위한 경제민주화》, 나남, 2013.

전상진, 《세대 게임: '세대 프레임'을 넘어서》, 문학과지성사, 2018.

정수남·권영인·박건·은기수, 〈'청춘' 밖의 청춘, 그들의 성인기 이행과 자아정체성: 빈곤 청년을 대상으로〉, 《문화와 사회》 12, 한국문화사회학회, 2012년 5월.

정수남·김정환, 〈'잠재적 청년실업자'들의 방황과 계급적 실천〉, 《문화와 사회》 23, 한국문화사회학회, 2017년 4월.

정진민, 〈한국 선거에서의 세대 요인〉, 《한국정치학회보》 26(1), 한국정치학회, 1992년 11월.

정진민·황아란, 〈민주화 이후의 한국의 선거정치: 세대 요인을 중심으로〉, 《한국정치학회보》 33(2), 한국정치학회, 1999년 10월.

조선정, 〈포스트페미니즘과 그 불만: 영미권 페미니즘 담론에 나타난 세대론과 역사쓰기〉, 《한국여성학》 30(4), 한국여성학회, 2014년 12월.

조성호, 〈최근 미혼 인구의 특성과 동향: 이성교제를 중심으로〉, 《보건복지포럼》 213, 한국보건사회연구원, 2014년 7월.

조해영·진선민, 〈노동시장에서의 성차별 경험이 여성 구직자에게 미치는 영향: 서울 4년제 대학 여성을 중심으로〉, 서울시청년허브 편, 《2017 청년허브 공모연구 결과자료집: 청년, 자기 삶의 연구자가 되다》, 2017.

조현준, 〈젠더 계보학과 여성 없는 페미니즘: 주디스 버틀러의 《젠더 트러블》〉, 《영미문학연구 안과밖》 26, 영미문학연구회, 2009년 5월.

주경필, 〈성인도래기Emerging Adulthood의 개념정립을 통한 국내청년복지정책에 대한 소고小考〉, 《청소년복지연구》 17(1), 한국청소년복지학회, 2015년 3월.

주은우, 〈90년대 한국의 신세대와 소비문화〉, 《경제와사회》 21, 비판사회학회, 1994년 3월.

진(채민진), 〈청년 담론에서 보이지 않는 여성〉, 고함20 편, 《8998: 헬조선의 여자들》, 2017.

천호영, 〈'운동권 신세대' 미메시스의 신세대문화론〉, 《월간 말》 88, 1993년 10월.

최상진·김양하·황인숙, 〈한국문화에서 청소년이란 무엇인가?〉, 《한국심리학회지: 문화 및 사회문제》 10, 한국심리학회, 2004년 2월.

최성민, 〈'청년' 개념과 청년 담론 서사의 변화 양상〉, 《현대문학이론연구》 50, 현대문학이론학회, 2012년 9월.

최율·이왕원, 〈청년층 취업선호도와 노동시장 진입의 관계: 잠재집단분석과 생존분석을 통한 접근〉, 《한국사회학》 49(5), 한국사회학회, 2015년 10월.

최종렬, 〈'복학왕'의 사회학: 지방대생의 이야기에 대한 서사분석〉, 《한국사회학》 51(1), 한국사회학회, 2017년 2월.

최철웅, 〈'청년운동'의 정치학〉, 《문화과학》 66, 문화과학사, 2011년 6월.

한국사회학회 편, 《한국 사회의 세대문제》, 나남, 1990.

한윤형, 〈월드컵 주체와 촛불시위 사이, 불안의 세대를 말한다: 강제로 규정된 청년세대의 복잡미묘함에 대해〉, 《문화과학》 62, 문화과학사, 2010년 6월.

허진재, 〈대선과 대통령 평가를 통해 살펴본 세대 차이〉, 국민대통합위원회 편, 《세대별 투표 양극화 어떻게 볼 것인가?: 세대별 정치 성향과 투표 경향을 중심으로 본 갈등과 소통 방향》, 2014년 7월

홍기삼, 〈신세대란 누구인가〉, 《월간 샘터》 25(12), 샘터사, 1994년 12월.

홍명교, 〈대학의 위기와 대안적 학생운동의 전망〉, 《문화과학》 66, 문화과학사, 2011년 6월.

홍성태, 〈세대갈등과 문화정치〉, 《문화과학》 37, 문화과학사, 2004년 3월.

국외문헌

Anderson, Benedict, *Imagined Communites*, Verso, 1983[한국어판: 서지원 옮김, 《상상된 공동체: 민족주의의 기원과 보급에 대한 고찰》, 길, 2018].

Arnett, Jeffrey Jensen, "Emerging adulthood: A theory of development from the late teens through the twenties", *American Psychologist* Vol.55, No.5, May 2000.

Bernard, Maria, "Affirmative governmentality and the politics of youth inclusion: A critical analysis of youth voice and engagement in dominant political discourse in ontario", *Canadian Review of Social Policy* Vol.75, June 2016.

Bennett, Andy, "As young as you feel: Youth as a discursive construct", eds. Paul Hodkinson and Wolfgang Deicke, *Youth Cultures: Scenes, Subcultures and Tribes*, Routledge, 2007.

Bessant, Judith, "Youth participation: a new mode of government", *Policy Studies* Vol.24, No.2/3, June 2010.

Bourdieu, Pierre, *Questions de sociologie*, Minuit, 1984[한국어판: 문경자 옮김, 《혼돈을 일으키는 과학》, 솔, 1994].

Bourdieu, Pierre, "The Social Space and the Genesis of Groups", *Theory and Society* Vol.14, No.6, November 1985.

Bourdieu, Pierre, *On the State: Lectures at the Collège de France, 1989-1992*, eds. Patrick Champagne, Remi Lenoir, Franck Poupeau and Marie-Christine Rivière, trans. David Fernbach, Polity, 2014.

Bragg, Sara, ""Student Voice" and Governmentality: The production of enterprising subject?", Discourses: Studies in Cultural Politics of Education Vol.28, No.3, July 2007.

Bude, Heinz, "Generation" im Kontext. Von den Kriegs-zu den Wohlfahrtsstaatsgenerationen, 2005[한국어판: 한독젠더문화연구회 옮김, 《'세대'란 무엇인가?: 카를 만하임 이후 세대담론의 주제들》, 한울, 2014, 43~65쪽].

Butler, Judith, *Gender trouble: Feminism and the subversion of identity*, Routledge, 1990[한국어판: 조현준 옮김, 《젠더 트러블: 페미니즘과 정체성의 전복》, 문학동네, 2008].

Butler, Judith, *Bodies that matter: On the discursive limits of "sex"*, Routledge, 1993.

Butler, Judith, *Excitable Speech: A Politics of the Performative*, Routledge, 1997[한국

어판: 유민석 옮김,《혐오 발언: 너와 나를 격분시키는 말 그리고 수행성의 정치학》, 알렌, 2016].

Collins, Patricia Hill and Bilge, Sirma, *Intersectionality*, Polity, 2016.

Connell, Raewyn, *Masculinities*, Polity, 2005[한국어판: 안상욱 · 현민 옮김,《남성성/들》, 이매진, 2013].

Crenshaw, Kimberle, "Mapping the margins: Intersectionality, identity politics, and violence against women of color", *Stanford law review* Vol.43, No.6, July 1991.

Edmunds, June and Turner, Bryan S., *Generations, culture and society*, Open University, 2002.

Foster, Karen, "Generation and discourse in working life stories", *The British Journal of Sociology* Vol.64, No.2, May 2013.

Fraser, Nancy and Honneth, Axel, *Umverteilung oder Anerkennung? Eine politisch-philosophische Kontroverse,* Suhrkamp, 2003[한국어판: 김원식 · 문성훈 옮김,《분배냐, 인정이냐?》, 사월의책, 2014].

Gill, Rosalind, "Post-postfeminism? New feminist visibilities in postfeminist times.", *Feminist Media Studies* Vol.16, No.4, June 2016.

Goffman, Erving, *The Presentation of Self in Everyday Life*, Harmondsworth, 1959[진수미 옮김,《자아 연출의 사회학》, 현암사, 2016].

Halberstam, Judith Jack, *Gaga Feminism*, Beacon Press, 2012[한국어판: 이화여대 여성학과 퀴어 LGBT 번역 모임 옮김,《가가 페미니즘: 섹스, 젠더, 그리고 정상성의 종말》, 이매진, 2014].

Hodkinson, Paul, "Youth Cultures: A critical outline of key debates", eds. Paul Hodkinson and Wolfgang Deicke, *Youth Cultures: Scenes, Subcultures and Tribes*, Routledge, 2007.

Hong, Danielle, "Shaping Citizen Youth: The Thin Line Between Citizenship and Activism in Singapore", 2015, [On-Line]. Retrieved from https://www.academia.edu/21863189/

Inda, Jonathan Xavier, "Performativity, materiality, and the racial body", *Latino Studies Journal* Vol.11, No.3, Fall 2000.

Kertzer, David I., "Generation as a sociological problem", *Annual Review of Sociology* Vol.9, 1983.

Kohli, Martin, "The Problems of Generations: Family, Economy, Politics.", Collegium Budapest: Public Lecture Series No. 14, Budapest, 1996.

Kwon, Soo Ah, *Uncivil Youth: Race, Activism and Affirmative Governmentality*, Duke University Press, 2013.

Laclau, Ernesto, *Emancipation(s)*, Verso, 1996.

Laclau, Ernesto and Chantal Mouffe, *Hegemony and socialist strategy: Towards a radical democratic politics*, Verso Trade, 2001[한국어판: 이승원 옮김, 《헤게모니와 사회주의 전략: 급진 민주주의 정치를 향하여》, 후마니타스, 2012].

Lepsius, M. Rainer, "Kritische Anmerkungen zur Generationenforschung", 2005[한국어판: 한독젠더문화연구회 옮김, 《'세대'란 무엇인가?: 카를 만하임 이후 세대담론의 주제들》, 한울, 2014, 66~77쪽].

Lüscher, Kurt, "Ambivalenz: Eine Annäherung an das Problem der Generationen", 2005[한국어판: 한독젠더문화연구회 옮김, 《'세대'란 무엇인가?: 카를 만하임 이후 세대담론의 주제들》, 한울, 2014, 78~109쪽].

Mahtani, Minelle, "Tricking the Border Guards: Performing Race", *Environment and Planning D: Society and Space* Vol.20, No.4, August 2002.

McAdam, Douglas, "Recruitment to High-Risk Activism: The Case of Freedom Summer", *American Journal of Sociology* Vol.92, No.1, July 1986.

Mouffe, Chantal, *For a left populism*, Verso Books, 2018[한국어판: 이승원 옮김, 《좌파 포퓰리즘을 위하여: 새로운 헤게모니 구성을 위한 상탈 무페의 제안》, 문학세계사, 2019].

Nayak, Anoop and Kehily, Mary Jane, "Gender Relations in Late-Modernity: Young Masculinities in Crisis", *Gender, Youth and Culture*, Palgrave Macmillan, 2013.

Purhonen, Semi, "Generations on paper: Bourdieu and the critique of 'generationalism'", *Social Science Information* Vol.55, No.1, October 2015.

Puwar, Nirmal, *Space Invaders: Race, Gender and Bodies Out of Place*, Berg, 2004[김미덕 옮김, 《공간 침입자: 중심을 교란하는 낯선 신체들》, 현실문화연구, 2017].

Rancière, Jacques, *Aux bords du politique*, Folio Essais, 1990[한국어판: 양창렬 옮김, 《정치적인 것의 가장자리에서》, 길, 2013].

Rauvola, Rachel S., Rudolph, Cort. W., and Zacher, Hannes, "Generationalism: Problems and implications", *Organizational Dynamics* (in press), May 2018. URL: https://doi.org/10.1016/j.orgdyn.2018.05.006

Roseman, Mark, Generationen als "Imagined Communites" Mythen, *generationele Identiäten und Generationenkonflikte in Deutschland*, vom 18. bis zum 20. Jahrhundert 180, 2005[한국어판: 한독젠더문화연구회 옮김, 《'세대'란 무엇인가?: 카를 만하임 이후 세대담론의 주제들》, 한울, 2014, 244~272쪽].

Warren, John T., "Doing Whiteness: On the performative dimensions of race in the classroom", *Communication Education* Vol.50, No.2, April 2001.

Wacquant, Loïc, "Symbolic Power and Group-Making: On Pierre Bourdieu's Reframing of Class", 2013[한국어판: 이상길·배세진 옮김, 〈상징권력과 집단형성: 피에르 부르디외의 계급 문제 재구성에 관하여〉, 《언론과 사회》 21(2), 언론과 사회, 2013년 5월].

West, Candace and Zimmerman, Don H., "Doing Gender", *Gender and Society* Vol.1,

No.2, June 1987.

White, Jonathan, "Thinking generations", *The British Journal of Sociology* Vol.64, No.2, May 2013.

Wiltfang, Gregory L. and McAdam, Douglas, "The Costs and Risks of Social Activism: A Study of Sanctuary Movement Activism", *Social Forces* Vol.69, No.4, June 1991.

신문기사 및 전자매체 자료

고덕영, 〈주체의 기획이 좌초된 20대 세대론을 다시 읽는다: '88만원 세대'의 확산과 그 변형〉, 《미디어스》, 2013. 10. 11.

고득성, 〈'캥거루족'의 득세… 자녀 전셋집 마련보다 경제자립심 교육을〉, 《경향신문》, 2014. 7. 14.

고란, 〈[취재일기] 암호화폐 규제 "완벽한 규칙은 없다"〉, 《중앙일보》, 2017. 12. 4.

곽병찬, 〈늙은 철부지〉, 《한겨레》, 2011. 11. 1.

김민하, 〈[2030 세상읽기] 청년활동가의 고민〉, 《경향신문》, 2012. 7. 10.

김수아, 〈혐오뉴스와 확증편향, 그리고 그것이 만들어내는 '괴물'〉, 페이스북 페이지 '경계 없는 페미니즘', 2018. 6. 27.

김선권, 〈청년들이여, 안녕하지 못하다고? 도전하라!〉, 《조선일보》, 2014. 1. 7.

김용민, 〈너희에겐 희망이 없다〉, 《충대신문》, 2009. 8. 20.

김호기, 〈꿈을 상실한 세대를 위하여〉, 《경향신문》, 2013. 2. 26.

남재일, 〈투표 대 로또〉, 《경향신문》, 2012. 12. 19.

노치원, 〈'헬조선'이 그렇게 궁금하세요?〉, 《중앙문화》, 2015. 12. 7.

박상근, 〈[편집자에게] 2030세대가 과잉복지에 제동 걸어야 하는 이유〉, 《조선일보》, 2011. 11. 8.

배인준, 〈30대, 386 선배를 넘어서라〉, 《동아일보》, 2011. 11. 16.

성한용, 〈호남 유권자 욕하면 안 된다〉, 《한겨레》, 2016. 4. 29.

안수찬, 〈가난한 청년은 왜 눈에 보이지 않는가〉, 민주정책연구원 기고 칼럼, 2011.

압생트(채태준), 〈비트코인 열풍, 청년들의 한탕주의 때문일까?〉, 고함20, 2018. 2. 13.

엄기호, 〈학교는 하나인데 '출신'은 여러 개〉, 《시사IN》, 362호.

오찬호, 〈'학내 카스트' 당신 대학은 예외인가〉, 《한겨레21》, 1020호.

우석훈, 〈움직이는 10대 소녀, 어떻게 볼 것인가?〉, 《한겨레》, 2008. 5. 8.

이영해, 〈[특별기고] 475세대가 앞장설 때다〉, 《주간조선》, 1768호.

이현, 〈[시선 2035] 툭하면 2030 세대론〉, 《중앙일보》, 2018. 1. 24.

조국, 〈'88만원 세대'가 88% 투표하면 세상은 88% 나아진다〉, 《한겨레》, 2010. 5. 31.

천정환, 〈'헬' 바깥으로, 세대담론을 넘어〉, 《동국대학원신문》, 2015. 12. 7.

최태섭, 〈[2030콘서트] 마지막 인사〉, 《경향신문》, 2013. 7. 10.

최태욱, 〈[정동칼럼] 스펙 쌓기는 그만! 정치로 '곳간'을 털자〉, 《경향신문》, 2014. 5. 23.

최효찬, 〈[우리 모두가 행복한 교육]청소년 파고드는 '하이티즘 신드롬'〉, 《주간경향》, 1033호.

페르마타(김선기), 〈이낙연 총리가 청년들에게 '노오력'을 주문했다〉, 고함20, 2017. 12. 28.

함재봉, 〈[동아광장] 20대는 우파다〉, 《동아일보》, 2011. 12. 8.

허문명, 〈2030과 박근혜의 거리〉, 《동아일보》 2012. 8. 17.

〈총선 투표분석: (2) 세대〉, 《경향신문》, 2004. 4. 21.

〈[2040 왜] ① 세대가 계급이다: 양극화 덫에 걸린 2040, 단일 계급으로 묶였다〉, 《경향신문》, 2011. 10. 29.

〈TV 안 보고 SNS도 안 하고 대선 결과 인정 못한 채 '멘붕 상태'〉, 《경향신문》, 2012. 12. 26.

〈[박근혜 핵심공약 후퇴] 무너지는 '박근혜 공약'… 기초연금 반발 '복지 대전쟁' 예고〉, 《경향신문》, 2013. 9. 24.

〈누가 '청년들 연금'에 손을 대려 하나〉, 《경향신문》, 2014. 3. 11.

〈[부들부들 청년] 1부 ③ 우리도 청년인가요? "헬조선이 뭐예요? 우린 그런 거 신경쓸 여유도 없어요〉, 《경향신문》, 2016. 1. 11.

〈대한민국 20대, 바리케이드는 자기 마음에 쳤고 짱돌은 386에 던졌다〉, 《경향신문》, 2018. 6. 3.

〈4·13총선 5대 어젠다 〈1〉 투표율이 힘〉, 《국제신문》, 2015. 12. 31.

〈60대, 열명중 한명 가상화폐 투자… 넣은 돈은 2030의 두배↑〉, 뉴시스, 2018. 3. 7.

〈[허리 휘는 20대, 재정부담] 현 세입-복지 지출 유지땐 2008년 이후 출생자 4억 부담해야〉, 《동아일보》, 2011. 6. 8.

〈[사설] 지구촌 곳곳 확산되는 '좌절 세대'의 분노〉, 《동아일보》, 2011. 8. 13.

〈2030 vs 5060… 세대 대결 뚜렷〉, 《동아일보》, 2014. 6. 6.

〈[지금 SNS에서는] 2030이 부르는 또 다른 대한민국 '헬조선'〉, 《동아일보》, 2015. 7. 10.

〈하늘이 감동할 만큼 노력해봤나요?"… 흙수저 탓만 하는 세대에 일침〉, 《동아일보》, 2015. 12. 21.

〈2030 분노·박탈감, 열풍 넘어 태풍으로… 靑에 청원글 17만개〉, 《매일경제》, 2018. 1. 14.

〈[사설]조코비치 꺾은 정현에게서 한국 청년세대의 저력과 패기를 본다〉, 《매일경제》, 2018. 1. 24.

〈헬조선 OECD 50관왕? 70%는 왜곡 또는 거짓〉, 《머니투데이》, 2016. 3. 8.

〈'송곳' 같은 젊은 기자들, 이들이 있어서 희망이 있다〉, 미디어오늘, 2016. 5. 18.

〈임금피크제 놓고 충돌하는 까닭〉, 《시사IN》, 411호.

〈朴대통령 "학벌보다 창의성·능력으로 평가받아야"〉, 연합뉴스, 2013. 7. 16.

〈[정현 신드롬]"포기는 없다… N포세대 '학습된 무력감' 깬 정현 돌풍〉, 이데일리, 2018. 1. 25.

〈청년희망펀드 의혹, 1463억 모금… 사용처 모르고 해지도 '불가'〉,《이코노믹리뷰》, 2017.
    11. 1.

〈[괴담의 나라] 2030 3不(불안·불만·불신)+3反(반정치·반정부·반언론)이 온라인 군
    중 심리와 맞물려 괴담 급속 확산〉,《조선일보》, 2011. 11. 11.

〈2030, 치열하게 헤매야 길이 보인다… 단, 조금만 시야 넓히고〉,《조선일보》, 2013. 1. 3.

〈아무 일도 안 하며 '헬조선' 불만 댓글… '잉여'인간 160만 명으로 급증〉,《조선일보》,
    2015. 10. 13.

〈[Why] 엄마가 안 가르친 '밥상머리 예절'… 부장님이 나섰다〉,《조선일보》, 2016. 2. 13.

〈[지승호가 만난 사람] 〈아프니까 청춘이다〉 저자 김난도 교수〉,《주간경향》, 997호.

〈'장기 386시대'가 다가오고 있다〉,《주간경향》, 1128호.

〈88만원 세대 10년, 세상은 달라졌을까〉,《주간경향》, 1280호.

〈대학생들 "좌우향~ 우!"〉,《주간조선》, 1775호.

〈한국의 두 코드 'P세대' vs 'Wine세대'〉,《주간조선》, 1802호.

〈[편집장 레터] 고령화 사회의 수채화〉,《주간조선》, 1825호.

〈새내기 유권자 400만… 첫 여론조사〉,《주간조선》, 1970호.

〈지난 21년간 軍 사망자 연평균 195.6명〉,《주간조선》, 2320호.

〈남북 정상회담 세대차, 3040 부정적 검색 5060보다 많아〉,《중앙선데이》, 2018. 5. 5.

〈청춘들은 말한다, 이념? 내게 중요한 것은 현실〉,《중앙일보》, 2011. 12. 23.

〈[인터뷰] 성난 2030 "헬조선, 죽창 앞에선 모두 평등"〉, 프레시안, 2015. 8. 6.

〈"오후 2시 넘어서며 이상했어요…20대가 하나둘씩…"〉,《한겨레》, 2010. 6. 4.

〈[사설] 영국 시위사태, 복지 무너뜨린 재정정책이 부른 재난〉,《한겨레》, 2011. 8. 11.

〈2030의 '선거 반란'〉,《한겨레》, 2016. 4. 14.

〈[한겨레 사설] 고맙다, 정현〉,《한겨레》, 2018. 1. 24.

〈"청년층, 생존에 내몰려 공정성에 민감… '세대 연대' 절실"〉,《한겨레》, 2018. 2. 12.

〈이기권 고용노동부 장관 "30대 기업 정규직이 양보·배려 실천해달라"〉,《한국경제》, 2016.
    1. 28.

〈청소도 못해 도우미 부르는 '어른 아이들'〉,《한국일보》, 2016. 8. 30.

〈비트코인이 흙수저 탈출구? 젊은층 한탕주의에 광풍〉,《한국일보》, 2017. 12. 13.

〈'5색 매력' 정현에 반하다〉,《한국일보》, 2018. 1. 25.

찾아보기

기관/단체명

대통령 직속 청년위원회 121
대학내일20대연구소 94, 230
더불어민주당 168, 269
문화이론연구회 64
미메시스 55~57, 59, 63
민달팽이유니온 15, 212
새누리당 99, 107, 163~165, 184
서울시마을공동체종합지원센터 262
서울시청년허브 11
서울시청년활동지원센터 262
서울청년의회 124, 273, 274
서울청년정책네트워크 15, 265, 273, 274, 279
한국사회학회 50
한나라당 67, 83, 96, 98, 105

매체명

《경향신문》 18, 67, 75, 85, 93, 94, 97~100, 102, 103, 114, 116, 149, 197, 224

'고함20' 11
《동아일보》 32, 92~94, 97, 105~107, 111, 114, 117, 120, 149
《연세통》 173, 174
《조선일보》 73, 74, 91~95, 97, 105~108, 111, 113, 114, 118, 149, 182, 190, 221, 283
《중앙일보》 37, 41, 74, 93, 97, 105~107, 110, 111, 114, 118, 224, 227, 228
《한겨레》 92, 93, 97~100, 103, 104, 114, 118, 120, 160, 164, 182, 221, 224
《한겨레21》 75, 173, 175, 176, 179, 200
《한국일보》 92, 93, 190, 224, 227, 228

문헌명

《가가 페미니즘: 섹스, 젠더, 그리고 정상성의 종말》 209
《만들어진 현실: 한국의 지역주의, 무엇이 문제이고 무엇이 문제가 아닌가》 71
《세대 게임: 세대 프레임을 넘어서》 42

《신세대: 네 멋대로 해라》 55

《우리는 차별에 찬성합니다: 괴물이 된
  이십 대의 자화상》 175, 177

《청년아 청년아 우리 청년아: 근대,
  청년을 호명하다》 61

《한국 사회의 세대문제》 50

《1914세대The Generation of 1914》 29

《88만원세대: 절망의 시대에 쓰는
  희망의 경제학》 79, 82, 84, 87, 90,
  113

영화명

〈국제시장〉 27, 29

〈돌연변이〉 22, 26, 29

〈성실한 나라의 앨리스〉 18, 19, 21, 26,
  29, 212

〈소공녀〉 24, 26

인명

고프먼, 어빙 240

김용민 87

김원 218

김현아 201

나약, 아눕 215

노무현 66, 67, 69, 73, 77, 112

라클라우, 에르네스토 128, 196

랑시에르, 자크 269

박권일 149

박근혜 69, 99, 107, 118, 121, 122, 156,
  165, 171, 248

박상훈 71

박원순 31, 98, 105, 106, 109

박이대승 127, 128

박재홍 15, 42, 54

버틀러, 주디스 238~241, 243, 244

베넷, 앤디 218

변희재 92, 95, 107

볼, 로버트 29

부르디외, 피에르 152, 158

빌게, 서마 207

소영현 142

신광영 79

안수찬 200

앤더슨, 베네딕트 272

에드먼즈, 준 217

오찬호 175~177

우석훈 87, 113, 149

웨스트, 캔더스 241

유선영 80

이갑윤 88

이기훈 61, 141

이낙연 37, 257

이동연 74

이명박 69, 77, 93, 95, 104, 157, 171

이재원 59

전상진 15, 42, 54, 80, 84

짐머만, 돈 241

천정환 218

최경환 286

최종렬 204

케힐리, 매리 215

콜린스, 패트리샤 힐 207

크렌쇼, 킴벌리 207

터너, 브라이언 217

포스터, 카렌 30

푸코, 미셸 152, 264

퓨워, 너멀 226, 268

한윤형 94, 112, 225

핼버스탬, 주디스/잭 209, 210

홋킨슨, 폴 142

홍성태 75

화이트, 조너선 30, 115

세대 명칭

글로벌 P세대 111, 114

낀세대 74

껑깡족 56

니니세대 118

달관세대 29, 62, 82, 94, 131, 149, 198, 283

막장세대 87, 157

비트코인세대 29

사토리세대 283

세월호세대 62, 93, 99

신안보세대 93, 111, 114

실버세대 71~73

실크세대 29, 91, 92, 94, 95, 171

앵그리397세대 93, 95

오렌지족 56, 59, 82

웹2.0세대 86

촛불세대 62, 86~88, 104, 283

G20세대 93~95

G세대 29, 40, 62, 92, 94, 95, 111, 114, 171, 198, 283

N세대 62, 82

N포세대 25, 39, 130, 197, 198, 200, 201, 210~212, 214, 215, 228

P세대 71, 74, 82, 93, 94, 250

S세대 93~95

V세대 92, 93, 95

V-V세대 92, 95

WINE세대 74

W세대 82

X세대 59, 60, 82

1000유로세대 118

2030세대 33~35, 37, 39, 43, 75, 82, 98, 99, 103~106, 108, 110, 113, 149, 156, 224, 248

297세대 82

3포세대 10, 18, 19, 23, 28, 29, 63, 86, 101, 102, 114, 130, 131, 149, 196, 197~199, 201, 209, 210, 216, 252, 283

386세대 9, 62, 66, 72, 74, 76, 82, 85, 86, 95, 112, 113, 114, 149, 162, 199, 218

3C세대 92, 95

4564세대 72, 74

475세대 72, 74, 112

700유로세대 118

88만원세대 9, 29, 62, 63, 79, 80, 83~86, 88, 90~92, 94~96, 101, 113~115, 121, 130, 149, 198, 221, 222, 252, 266, 283, 284

키워드

가족적 세대 145

가족주의 176

간성 238

개념언어 128

거버넌스; 협치 11, 124, 258, 262~264

계급 범주 54

계도의 말 걸기 221~223

계보적 세대 145

고용의 취약성 147

고위험 사회운동 263

공연 240

교차성 207, 209

구성된 현실 71

권능화; 힘돋우기 266, 277

남성성의 위기 215

'노무현 현상' 66

능동적/전략적 세대 211, 217

당사자(성) 59, 60, 104, 149, 198, 209,
　　230, 245, 251, 253, 255, 257, 258,
　　265, 274, 275, 277, 278, 284

대상화 223

대표; 대의 266

대항 담론 63, 110

동년배집단 146, 279

'동성 결혼 합법화' 운동 209

동성애자 209

몰성 202

문화 매개자 219, 220

물화 131, 206

민족; 국민 35, 57, 61, 64, 145, 147, 152,
　　272, 273, 276, 277

민족주의 75, 139, 141, 272, 277

민주주의 54, 55, 61, 107, 162, 163, 267

민중적 요구 128, 129

박근혜 정부 121, 122

반본질주의 243, 244

발화 주체 219~221, 224, 226

버려진 세대 30

범주화 52

베이비부머 218

보수 청년단체 111

(20대) 보수화 담론 78, 111, 169~172

복지국가 145, 147

본질주의 239, 270, 275

부정적 청소년관 150

분리주의 267, 289

비진학 청년 274, 277

비트코인 29, 37~39, 126

사과의 말 걸기 222, 223

사회혁신청년활동가 262

상상된 공동체 272, 277, 278

상징자본 263, 276

상징적 절멸 199

상징적 지배 152, 218

상징폭력 211

생애주기 (모델) 111, 139, 145, 146,
　　148, 163, 177, 200, 220, 243

생태학적 오류 236

(생물학적) 성별 200, 202, 203, 206,
　　207, 238~242, 274

성별 이분법 238

성소수자 196, 209, 273, 275, 276

성소수자 운동 273, 276

성인 도래기 140

세대 간 (경제) 불평등 79, 81, 84, 101, 115, 116, 118, 121, 159, 217, 241, 273

세대 간 경쟁 113

세대 간 이익 재분배 122

세대 간 정치 대결; 세대 간 투표 대결 105, 156

세대 갈등 10, 27, 55, 67, 75, 97, 99, 118, 122, 123, 138, 159, 217, 229, 248, 250, 258

세대 계승 145

세대계약 145, 147

세대 관념 143, 146

세대 교체 31, 58, 59, 73

세대 내 경쟁 113

세대 내 불평등 84

세대 명칭 9, 40, 43, 74, 82~84, 91, 92, 95, 111, 113, 131, 236, 283,

세대 범주 42, 54, 241, 242

세대 수행성 11, 238, 240~243

세대 연구 11, 54, 62, 177, 236

세대 차이 8, 40, 41, 52, 80, 247

세대 효과 177

세대별 투표 성향 105

세대사회학 7, 8, 15, 42, 53, 139

세대의 정치성 63

세대 이기주의 57, 258, 259

세대 정치 74, 79, 82, 96, 136, 157, 159, 160, 167, 169, 241

세대화 36, 252, 261

(사회 담론의) 세대화 261

(시대적인 것의) 세대화 176

소수자 10, 155, 196, 255, 268

소확행 131

수동적 세대 217

'수저 계급론' 32

수행성 238, 240~243

시간성 242

시기 효과 77

신사회운동 274~275

신세대 담론; 신세대론 55~59, 60, 64, 66, 149, 199, 283

신자유주의 통치성 204

암호화폐 37

여성혐오 167

연령 코호트 60, 127, 140, 146, 184, 224, 233

연령 효과 177, 178

연령주의 267, 269, 270, 288

외부규정(적 세대론) 59

유령 노동자 204

임금피크제 122, 123, 273

자기규정(적 세대론) 59

장기 80년대(장기 386시대) 218

장-특정적 세대 275~276

저위험 사회운동 263

저출생 고령화 147, 256

적당주의 204

절합; 접합 96, 115, 123, 126, 159, 272, 273

정상성 규범 210

정체성 64, 113, 128, 180, 204, 207, 209, 226, 232, 233, 239~241, 243, 244, 252~254, 258, 259, 262, 265, 268, 269, 275, 286

정체성정치 267, 274

정치언어 128
정치적 기회 구조 11
정치적 세대 담론 69
정치적 주체 10, 63, 85, 86, 89, 91, 103,
  135, 198, 213, 264, 266, 269
젠더 격차 200
젠더-하기 240, 241
존재론 157, 236~238
주체화 (담론) 85, 86, 89, 91, 103, 113,
  141, 158, 239, 241, 269
중산층적 연애 210, 215
지방 소멸 124, 257
지방정부 124, 125, 263, 276
지식-권력 152
지역 격차 70
지역 청년 204, 206, 207
지역혁신청년활동가 262
청(소)년 문화 142
청년 논객 224~226
청년당사자 103, 194, 198, 206, 219,
  220, 224, 234, 246, 247, 252, 253,
  255, 256, 259, 262, 266, 271, 284,
  286
청년 일자리 122, 123
청년 정체성 226
청년고용촉진특별법 144
청년기본법 154
청년기본조례 124, 144
청년다움 225, 228
청년당사자운동 11, 233, 246, 253~259,
  263, 264, 273, 278
청년문화론 149, 199
청년배당 124

청년비례대표 150, 262
청년성 243
청년수당 124, 259, 274
청년실업(률) 23, 27, 81, 122, 123, 151,
  221, 222, 254, 255, 262
청년운동 58, 155, 233, 241, 243, 244,
  251, 255, 256, 258, 261, 263, 267,
  271
청년정책 15, 122, 124, 125, 140,
  198, 199, 205, 253, 257, 258, 259,
  262~264
청년친화도시 125
청년팔이 12, 289
청년-하기 11, 238, 243
청년활동(가) 15, 124, 125, 233, 254,
  256~258, 261~263, 269, 274~276,
  278
청년희망펀드 123
청소년 9, 86, 88, 119, 140~142,
  144~148, 150, 151, 184, 186~188,
  205, 218, 223, 224, 257, 270
청소년주의 223
출생 코호트 7, 60, 113, 126, 139, 233,
  282
코호트 효과 177
퀴어 209, 276
타자화 9, 131, 135, 137, 145, 155, 158,
  167, 169, 170, 182, 186, 193, 219,
  220, 253
탈물질주의 10, 63, 275
탈-세대 268, 270
탈이념화 170
탈정체화의 정치 269

탈정치화 86~88, 91, 94, 95, 100~103, 111, 114, 171, 251, 252, 254, 283
탈-청년 232, 233, 268, 270, 287, 288, 289
통치성 152
투표율 10, 88, 89, 97, 98, 101, 103, 156, 157, 159~169, 180, 250, 251
페미니즘 172, 209, 240, 256
폴리가미 211
학벌 카스트 173~175, 179
학벌주의 6, 173~177, 179, 180, 285
학생운동 101, 254, 255
해석적 혁신 80, 82
행위자성; 행위주체성 223, 244

헤게모니 투쟁 128
헤게모니적 관계 128, 129
헬조선 28, 32~38, 41, 49, 51, 149, 228
후기 청소년 140, 147, 151
흙수저 37, 38, 203
10대 희망론 88
1920년대 청년운동 58
1인 청년가구 274, 277
20대 개새끼론 87, 104, 157, 167, 168, 171, 180
20대 남성 169, 170, 172, 206
20대 투표율 89, 98, 156, 159, 161~164, 167, 169
NEET 청년 277

청년팔이 사회

세대론이 지배하는 일상 뒤집기

초판 1쇄 펴낸날 2019년 6월 18일
초판 2쇄 펴낸날 2019년 12월 2일

지은이   김선기
펴낸이   박재영
책임편집   임세현
마케팅   김민수
디자인   당나귀점프
제작   제이오

펴낸곳   도서출판 오월의봄
주소   경기 파주시 회동길 363-15 201호
등록   제406-2010-000111호
전화   070-7704-2131
팩스   0505-300-0518

이메일   maybook05@naver.com
트위터   @oohbom
블로그   blog.naver.com/maybook05
페이스북   facebook.com/maybook05
인스타그램   instagram.com/maybooks_05

ISBN   979-11-87373-91-9 03300

이 도서의 국립중앙도서관 출판시도서목록(CIP)은 e-CIP홈페이지(http://nl.go.kr/ecip)와
국가자료공동목록시스템(http://www.nl.go.kr/kolisnet)에서 이용하실 수 있습니다.
(CIP 제어번호 : CIP2019022071)

• 책값은 뒤표지에 있습니다. 잘못된 책은 바꾸어 드립니다.